1885, 1886, 1887

LE CANADA

1885

QUÉBEC

(Vue prise de la citadelle.)

TROIS ANS DANS L'AMÉRIQUE SEPTENTRIONALE

1885, 1886, 1887

LE CANADA

PAR LE

P. CHARLES CROONENBERGHS, S. J.

DELHOMME ET BRIGUET, ÉDITEURS

PARIS
13, rue de l'Abbaye, 13

LYON
3, Avenue de l'Archevêché, 3

1892

OUVRAGES DU MÊME AUTEUR

Trois ans dans l'Afrique-Australe. — Le pays des Matabélés. — Au pays d'Umzila. — Chez les Batongas. — La vallée des Barotsés. Lettres des pères H. Depelchin et Charles Croonenberghs, S. J., 1879, 1880, 1881. 2 vol. in-8°, Bruxelles, Polleunis, Ceuterick et Lefébure, 35, rue des Ursulines, 1882.

Die Zambesi-Mission, von 1879 *bis* 1886.
Ouvrage paru dans « l'Amérika » de Saint-Louis du Missouri, 1886.

Nouvelle grammaire anglaise, précédée d'un traité de prononciation, et suivie d'un abrégé de prosodie, avec un recueil d'exercices, d'après les ouvrages qui font loi en Angleterre et en Amérique. Un vol. in-12. Namur. Librairie A. Wesmael-Charlier, 51, rue de Fer, 1888.

SOUS PRESSE :

Trois ans dans l'Amérique septentrionale, *deuxième partie* : les États-Unis, 1886-1887.

Trois ans dans l'Amérique septentrionale, *troisième partie* : le Mexique, 1887.

ÉMILE COLIN. — IMPRIMERIE DE LAGNY.

INTRODUCTION

Dans ce siècle d'émigrations, où l'Europe peuplée à l'excès déverse sur le monde entier le trop-plein de ses habitants, l'Amérique du Nord attire à juste titre le courant le plus suivi de l'expatriation. Ce courant s'explique aisément. En se rendant dans l'Amérique septentrionale, l'Européen s'en va vers un climat dont les températures maxima et minima s'accommodent à son tempérament. Il va rencontrer des nationalités peu différentes de la sienne, si pas exactement la même. Il sait que ses usages, ses mœurs, sa vie, sa religion, il les retrouvera en somme là-bas. Il est fondé en raisons pour croire qu'il y trouvera une existence laborieuse peut-être, mais honnête. Cela suffit pour le rassurer sur l'avenir qu'il affronte, et ce sont bien là les raisons qui déterminent la partie la plus saine et la plus sérieuse des émigrants.

Il en est d'autres que les récits vrais ou faux, réels ou

exagérés des merveilles du Nouveau Monde ont fascinés, et qui s'imaginent volontiers qu'en cette terre fantastique qu'ils ont rêvée, ils n'auront qu'à étendre la main pour saisir la fortune qu'ils désespèrent de réaliser dans leur pays.

Je voudrais guider les recherches des premiers et décourager les folles espérances des seconds.

En effet, qu'on ne s'y méprenne pas. Dans ce monde nouveau où toutes les initiatives et toutes les convoitises de l'ancien se rencontrent et s'entre-choquent, il n'y a que les forts qui survivent, et gagnent leur pain ; il n'y a que les hommes sobres et économes qui prospèrent ; il n'y a que le génie et le capital qui créent des fortunes.

Je publie ces pages avec l'espoir de faire mieux connaître les vastes régions du Canada, des États-Unis et du Mexique. Dans ces notes, écrites au jour le jour durant mes trois années de voyage à travers l'Amérique du Nord, j'ai tâché de décrire les choses telles que je les ai vues, simplement et fidèlement, m'efforçant avant tout de ne point juger l'Amérique avec nos idées d'Europe et aussi de ne point exalter le bien que je rencontrais, au point d'oblitérer les points noirs qui ne manquent pas à l'horizon des grandes républiques septentrionales.

Dès l'abord, le lecteur remarquera que les voyages dont il suivra les incidents n'ont pas été entrepris par pur plaisir ou curiosité. Attaché pendant plusieurs années aux rudes missions de l'Afrique australe sur les bords du Zambèze, l'auteur avait été chargé de chercher dans le Nouveau Monde des ressources et des secours pour le soutien de l'œuvre de conversion et de vraie civilisation que l'Église a entreprise dans le « Continent Noir ».

Tout en poursuivant ce but, j'ai été amené naturellement à observer de près le mouvement religieux dans l'Amérique du Nord. Le lecteur ne s'étonnera donc point que dans mes récits les intérêts religieux priment les merveilles du progrès matériel, et que le missionnaire perce sous le voyageur.

Le présent volume contient les voyages de l'auteur durant l'année 1885. Il débute par un coup d'œil rapide sur l'Afrique australe et sur les missions du Zambèze dans l'intérêt desquelles fut entrepris le voyage d'Amérique. Il mène le lecteur à travers le Canada et s'arrête au Niagara.

Le volume suivant a trait aux États-Unis; le troisième comprend les notes et observations sur le Mexique.

Je dédie ce livre à tous les vrais amis de la régénération des races africaines, et je l'offre comme un témoignage de profonde gratitude aux hommes généreux qui m'ont aidé de leurs encouragements, de leurs conseils ou de leurs aumônes dans cette œuvre d'évangélisation, à laquelle je serais heureux de consacrer le reste de ma vie.

LE CANADA

1885

I

DU TRANSVAAL EN ANGLETERRE

Du 10 janvier au 8 avril.

Le départ. — Carl Carlsson. — Le Winkelier. — Un Flamand. — Kimberley. — A travers la Colonie. — Un parc à autruches. — Dunbrody. — A bord du *Grantully-Castle*. — Les Boërs. — Sainte-Hélène. — Ténériffe. — Funérailles à bord. — Plymouth.

Nous sommes en vue de Christiana! Nous avons traversé le Transvaal, nous allons rentrer dans la colonie du Cap. Ce 23 janvier 1885, je retrouve une ville à ce gué du Vaal où en 1879 j'avais compté... une seule maison.

Dieu aidant, j'ai achevé la dernière tâche qui

m'a été confiée dans l'Afrique australe, et la mission des Batlapins aux Dwarsbergen est debout, pleine d'avenir, et déjà riche de travail. Sitôt la maison bâtie, la cuisine terminée et mon remplaçant arrivé, j'ai dit adieu aux chefs de la bourgade *bantou* et je suis parti de Tseni-Tseni, le 10 janvier dernier; en route pour l'Europe, pour l'Amérique!

De Zeerust sur le Marico (Malekwëï), j'expédiai la toiture en tôle qui doit couvrir l'école. Mon voyage a été aquatique au possible. Je l'ai fait seul avec mes nègres jusqu'à Zeerust. Là je trouvai un gentil Suédois, Carl Carlsson, revenant du pays des Namakwas et des Ovampos de l'ouest. A Tséni-Tséni, à son passage par notre maison en construction, je l'avais reçu lui et ses 250 bœufs, avec toute la courtoisie que permettaient notre jeune établissement et notre abondante fontaine.

A Zeerust il nous a rendu le centuple pour le café et l'eau et l'herbe de Tseni-Tseni. Il m'a pris dans son wagon gratis, et voilà quinze jours que je vis à sa table et dans sa maison ambulante. Le désert unit tout ce qu'il rapproche. C'est un de ses charmes. Le voyage a été « aquatique ». En effet, par des pluies tropicales, diluviennes, nous avons nagé à travers le pays. Depuis lors, pour nous consoler, nous avons pu voguer dans la poussière. Une pluie de sable nous a surpris et fouettés durant en-

Dans les Dwarsbergen.

viron 4 heures. Ne vous imaginez pas un coup de vent ; non, je parle d'une tempête, d'une pluie de poussière, réminiscence des plaies d'Egypte.

L'an dernier, je descendais la route du Transvaal par le Harts Rivier et la fusillade retentissait au Stella-Land. Les Boërs poussaient les Barolongs. En ce moment tout est en suspens. La guerre va-t-elle éclater au sujet du Stella-Land conquis, entre le Transvaal et l'Angleterre, entre l'Angleterre et l'Allemagne unie aux Boërs? J'ignore quel sera le résultat de l'entrevue de Christiana.

Le général Charles Warren et Paul Krüger s'y rencontrent demain. Entre parenthèse : les Boërs me prennent partout pour Paul Krüger. Ils disent en chuchotant : « Hy es ja onse Paul » — Je ne savais pas j'eusse l'air d'un Boër !

Quel que doive être le résultat de l'entrevue, je serai de l'autre côté du Vaal, et la mission n'a rien à craindre de la guerre éventuelle. Sur ma route j'ai eu une fois de plus l'heureuse surprise de découvrir des catholiques. Nous avions quitté la famille irlandaise des Lonergan à Zeven-Fonteyn et nous avions pris le droit chemin de 8 journées sur Christiana. Un soir, je me sentis fatigué et dis à mon brave compagnon : « Carl, prends garde ; à une lieue d'ici à peu près, une route part à gauche. Elle est mauvaise et mène à Bloemhof. Tiens bien la droite ». Je m'endors, et, trois heures après, nous sommes en plein marais, fourvoyés sur la route obscure de Bloemhof. A la chandelle nous dûmes chercher les vieilles ornières pour retrouver le chemin.

Dieu avait ses vues. A l'aube, nous voyons au loin une pauvre maison, isolée dans une plaine brûlée. A tout hasard nous y virons : « où il y a maison, il doit exister de l'eau ». Il s'agissait d'abreuver les 250 bœufs altérés depuis 28 heures.

Nous entrons dans la modeste habitation appelée « Winkel » c'est-à-dire bazar, et où en effet, on voit encore, appendus au mur, quelques lanières en cuir et quelques fouets de rhinocéros, qui se vendaient autrefois aux voyageurs. Un « winkel » africain est à peu près un guêpier, où l'on doit nécessairement laisser une aile. Il n'en devait pas être ainsi pour moi. Le boutiquier était un petit homme sec, et jasant comme une pie. Il affectait un sentiment boër prononcé, et mâchait des anglais. Il vit bientôt que malgré notre langage, nous n'étions ni Transvaaliens ni Orangistes. Il se calma par degrés ; et quand je lui demandai en bon allemand de quel pays il était, il tomba des nues. « Von Coblentz », répondit-il timidement. « Vous êtes donc catholique », ajoutai-je aussitôt. « En effet ! » répondit-il ; « et vous qui êtes vous, monsieur ? » — « Je suis prêtre catholique ; je reviens des missions du Zambèze », fut la réplique.

Le brave homme devint pensif, et sa conversation, si volubile d'abord, fut toute distraite. Le soir venu je le pris à part : « Et votre enfant est-il baptisé ? » demandé-je. « Oui, dit-il, je l'ai fait baptiser par le ministre protestant, cela me semblait mieux que rien ». — « Ne saviez-vous pas baptiser aussi bien que lui ?... Nous rectifierons cela », lui dis-je. « Etes-vous marié ? » fut l'autre demande. Il gémit et répondit : « Je suis marié devant le Landdrost ; je n'ai pas voulu me marier devant le ministre protestant, et il n'y avait pas de prêtre ».

Sa jeune femme survint alors, et quoique protestante, elle se mit à le supplier de faire baptiser son fils par le prêtre catholique, et de lui permettre à elle-même d'embrasser la religion de son mari. Je réglai leur mariage et je baptisai l'enfant sous condition. Je lui donnai les noms de Florimond, Joseph, Jacques. L'admission de la femme dans le sein de l'Eglise fut différée le temps voulu pour l'instruire convenablement des obligations de notre foi. Il fallait partir. Les 250 bœufs du brave Carl Carlsson mouraient de soif, près de l'étang à sec. Deux jours après cette heureuse rencontre, nous nous trouvions sur la grande route de Christiana, arrêtés devant une masure fermée et une flaque d'eau ou plutôt de boue. Le maître de la maison, un Anglais, était en fuite, par crainte des Boërs, et à son *kraal* travaillait tout seul un pauvre

« Blanc ». Mû par la curiosité, je dirigeai mes pas vers ce kraal ou parc à bétail, et m'assis au milieu de cette morne solitude, en face du pauvre maçon.

« Goeden dag, mijnheer », me dit-il, avec une franche bonhomie. Son accent flamand me frappa. « Bonjour, mon ami », répliquai-je ; « n'êtes-vous pas de Schellebelle ou de Zele ? » « Du canton de Zele, de la Flandre, monsieur », fut la réponse étonnée. « Et êtes-vous belge aussi, monsieur », demanda-t-il, en jetant ses briques. — « Je suis le Père Croonenberghs de Hasselt, et jésuite belge. » — Vous jugez de la stupéfaction et de la joyeuse surprise du pauvre enfant de la Belgique égaré dans les solitudes du Transvaal, après avoir quitté son pays à la solde d'une Compagnie d'exploitation qui construisit des chemins de fer, dans la colonie africaine.

Le temps pressait ; cinq minutes après, nous étions assis dans le pied d'ombre que projetait le mur en gazon et une confession excellente fut le fruit de cette heureuse journée. Je laissai à ce bon Flamand, fidèle à sa vieille foi, un chapelet, et « *Le petit mois de Marie* » du P. Hillegeer.

Ainsi Dieu ménage à la fois ses consolations, aux pauvres catholiques égarés dans ces déserts lointains, et à nous qui allons y chercher les élus du Seigneur.

Chemin faisant, j'ai recueilli l'espoir fondé

d'étendre à bref délai, sur plusieurs villages de Batlapins, l'action de la nouvelle mission des Dwarsbergen.

La dénomination de Batlapin signifie « gens de la pierre » montagnards. Ces peuplades nichent en effet entre les aspérités des monts comme nos ancêtres de l'âge de la pierre, à Chauvaux.

Quand nous eûmes fait nos provisions de vivres, et surtout de bois de chauffage pour la route désormais dénudée de tout vestige de végétation, nous nous mîmes en devoir de traverser la rivière qui nous séparait du pays de Kimberley aux « Diamond Fields ». Ces Champs des Diamants sont devenus rapidement fameux. Les sémites ont monopolisé entre leurs mains habiles, la presque totalité du *carbone pur* qui sort de ces inépuisables mines.

25 janvier. — Le passage du Vaal avec deux cent cinquante bœufs à moitié sauvages a été une scène digne du crayon de Gustave Doré. La rivière le Vaal se jette dans le fleuve Orange. C'est près de Barckley que le passage s'est effectué en un endroit où la rivière a 200 mètres de largeur et 5 à 6 mètres de profondeur. Un ponton à câble fait le service entre les deux bords. Cinquante bêtes y étaient attirées à la fois, conduites par quelques vieux bœufs habitués à la périlleuse manœuvre. Des cordes tendues aux deux extrémités du ponton et gardées par des nègres armés d'énormes pieux tenaient le troupeau en respect sur l'embarcation. Tout marchait bien jusqu'au milieu de la rivière ; mais là, l'inquiétude gagnait les plus jeunes. Un tumulte subit se produisait, et soudain une bête s'élançant par-dessus bord, toute la troupe faisait le saut périlleux à sa suite, emportant cordes et nègres et disparaissant dans les profondeurs du fleuve. Quelques secondes se passaient, soudain les cornes reparaissaient partout sur les flots, et les bêtes s'en allaient gagner qui un bord, qui l'autre. Les nègres, eux, s'en tiraient d'une étrange façon. Leur pieu leur servait de cheval. Ils le tenaient serré entre leurs genoux, et s'appuyant la poitrine dessus, ils ramaient doucement des mains et gagnaient le bord en allant à la dérive. Le passage dura six heures ; un des derniers bœufs devint furieux d'impatience sur l'autre bord. Il chargeait quiconque l'approchait à mille pas. Il fallut l'abattre à long tir.

En rentrant dans Kimberley, j'allai visiter quelques amis que j'avais connus en 1879, quand nous montâmes vers le Zambèze.

Il m'arriva par hasard de m'enquérir d'un certain monsieur D. qui m'avait jadis présenté une poignée de diamants bruts, comme aumône pour notre mission. J'avais pour beaucoup de motifs décliné cette offre magnifique, qui nous eût aidés puissamment alors.

En 1879, ce gentleman était venu me trouver un soir au wagon, près de Kimberley, et m'avait confié ses peines.

Pour motifs de santé il avait quitté la congrégation religieuse à laquelle il appartenait et avait été régulièrement relevé de ses vœux. Malgré cette assurance, il n'avait plus été tranquille. S'étant marié, il avait eu cinq enfants et était devenu riche. La tristesse néanmoins ne l'avait pas abandonné. Il me disait qu'il était convaincu qu'il mourrait bientôt et que tous les siens finiraient misérablement. En vain j'avais essayé de le calmer, je l'avais laissé inconsolable. Or, à six années de distance, j'appris que ce pauvre ami était mort la même année 1879, que sa femme l'avait suivi au tombeau à peu de mois de là après avoir perdu toute sa fortune et qu'enfin, les cinq enfants étaient décédés les uns après les autres chez les charitables catholiques qui les avaient recueillis par compassion.

A la peine que me firent ces nouvelles, s'ajouta le départ de Carl Carlsson. Il avait vendu ses bœufs de l'Ovampo Land et regagnait ses lointaines forêts. Dieu daigne conduire ce noble ami.

Je pars demain pour Hopetown où je prendrai le nouveau train du chemin de fer sur Grahamstown. Le véhicule qui me transportera d'ici à Hopetown, est un wagon sans tente, et sans couchette ni siège aucun, emporté au galop constant de seize mules.

Notez qu'il n'y a pas d'autre route que les ornières profondes creusées par le trafic journalier, à travers les sables, le schiste crayeux, les rochers et les fondrières. Jugez comment je dormirai. On ne s'arrête ni la nuit ni le jour, durant trois fortes journées d'épouvantable chaleur. Cela manquait encore dans les agréments de ma pénible route.

27 janvier. — Le voyage de la côte du sud à Hopetown s'était effectué en 1879 en quatre longues semaines, si mes souvenirs sont fidèles. Je le referai cette fois en sens contraire, en moins de quarante-huit heures, grâce à la vapeur qui a supplanté les trains trois fois séculaires des wagons à bœufs.

30 janvier. — Le tracé du chemin de fer que les ingénieurs anglais ont construit à travers le centre de la colonie sud-est, est marqué à chaque pas au coin du génie et de l'audace. Ils ont évité les tunnels, mais ils ont multiplié les remblais, les barrages, les viaducs et les ponts les plus hardis. La ligne grimpe le long des flancs des montagnes, serpente sur la crête des rochers, plonge dans les gouffres des ravins et file par-dessus les grands fleuves et les immenses vallées. Je voudrais m'arrêter à dépeindre les mines de diamants de la république d'Orange, mais j'ai hâte de gagner le port.

Disons un mot toutefois des fameuses fermes à autruches ; allons les voir. Nous sommes arrivés à Grahamstown, ville située à 85 milles anglais ou 136 kilomètres de Port-Elizabeth, et où nous fîmes nos préparatifs de voyage au début de la mission du Zambèze. Deux chevaux et un excellent ami m'attendent. Nous sommes en selle. A travers les avenues d'eucalyptus et les haies de cactus chargés de fleurs et de fruits, nous sortons de la riante ville, coquettement assise dans sa pittoresque vallée, à cheval sur sa rivière toute veuve d'eau, sauf aux jours de tempête, et dont toutefois on veut faire une Seine ou un Escaut! En Belgique, on parle de Bruxelles port de mer ; ici on fait aussi bien, ou mieux encore! Nous attaquons les dernières crêtes des monts et nous débouchons sur le plateau élevé d'où notre regard porte au nord jusqu'aux Zuurbergen et à l'Est jusqu'aux falaises de l'océan. Le temps est splendide et l'air est élastique. Quel calme et quelle poésie dans cette brillante nature du Sud, dans ces forêts de mimosas, de cactus, d'euphorbias étagées au-dessus du rivage, et rafraîchies par les vapeurs salubres de la mer! Voyez à vos pieds, de-ci de-là, les tortues voiturer leur maison dans la fraîche matinée. Qu'un cheval s'ébroue, ou qu'une gazelle s'élance, et elles s'arrêtent soudain et déposent leur carapace, pour la relever quand nous aurons passé. Singulières bêtes que ces tortues si variées de forme et de taille ; mais plus singulières encore ces travailleuses infatigables dont nous voyons partout les tertres, ces termites redoutables qui ne respectent ni les mimosas de la forêt ni le toit de chaume du missionnaire. Mais ne nous arrêtons pas davantage.

Nous sommes déjà à l'extrémité du plateau et nous descendons maintenant de vallée en vallée jusqu'à la villa Penrock. C'est la demeure hospitalière où j'avais coutume d'aller me reposer avant et après mes grandes expéditions ; c'est là que la bonne et noble famille Johnson veut cette fois encore, m'entourer de ses soins affectueux au retour de mon long voyage dans les régions de l'intérieur. Ces braves gens appréhendent pour moi de nouveaux travaux ; ils s'effraient à l'idée de me voir affronter les dangers de la mer, et les périls des pays lointains ! Comme mes frères et mes sœurs, ils tremblent pour ma vie. Ils n'osent espérer de me revoir encore.

Allons, mes bien-aimés, ne pleurez pas, il n'y a pas de quoi. Qu'importent les difficultés à rencontrer ; je ne dois pas encore y succomber !

Je vous reverrai, sœurs bien-aimées, et vous mes frères, et plus vite que vous ne l'espérez ! Nous aurons essayé de faire un peu plus pour Dieu, nous aurons vieilli un peu plus ; ce sera toute la différence.

2 février. — Sous le front sourcilleux d'une montagne rocheuse, sur la pente d'une colline boisée, s'élève une habitation riante, bâtie tout en granit, et flanquée de deux ailes à coins en encorbellement, qui lui donnent l'air un peu aristocratique du vieux manoir. Un vivier artificiellement ménagé dans le roc et alimenté par des eaux vives, entretient autour de la demeure seigneuriale une délicieuse fraîcheur. La famille Johnson m'attend près de l'aquarium. Ce sont des calédoniens du type le plus pur, de vrais écossais. Quel timbre dans leurs voix, quel teint dans leurs fortes physionomies ! Père et mère, filles et garçons donnent la franche et vigoureuse poignée de main au missionnaire venu « from the interior » du fond des pays sauvages, et avec humour on l'introduit dans le « dining room » où un repas copieux est tout servi.

Les questions se succèdent et se pressent. Quand les nouvelles des missions furent épuisées, on passa tout naturellement aux autruches. M. Johnson est « member of parliament » il est vrai, mais il est avant tout « ostrich farmer » et un des plus riches propriétaires de ces intéressants bipèdes qu'il y ait dans les colonies.

De la véranda on voit s'étendre une vallée d'une lieue de large, de deux à trois lieues d'une extrémité à l'autre. Tout ce vaste fond est couvert de jungles fort serrées, où le cactus, l'aloès, l'euphorbia dominent parmi les fougères en arbres, et mille essences propres aux régions intertropicales. Un ruisseau divise cette vallée sauvage, et de nombreuses clairières, ou naturelles ou déboisées exprès, parsèment la forêt. Droit devant nous, une gorge profonde ouvre une perspective lointaine sur une autre vallée de même aspect et que terminent à l'horizon les sommets tourmentés des Zuurbergen.

Vous avez là, sous vos yeux, ce qui s'appelle en style du terroir un « ostrich camp », un parc à autruches.

Il y a quatre cents autruches sur le domaine de mon ami Johnson. La grande vallée est toute clôturée sur son pourtour et partagée en trois sections séparées par des haies en fil de fer. Le plus grand des trois parcs sert de pâturage aux vieux oiseaux mâles et femelles ; le deuxième est réservé aux couvées de deux à trois ans. Le troisième parc enfin, est divisé en portions de quatre à six hectares environ, destinées chacune à un couple de « breeding-birds » ou oiseaux de reproduction.

L'autruche d'Afrique distincte du « coureur », analogue de l'Amérique méridionale, comme aussi de l' « Emeu » de l'Australie, est le plus gigantesque des oiseaux actuellement existants, une des merveilles de la création, et n'est surpassé que par un seul oiseau préhistorique, le « dinornis » australien, dont les œufs fossiles sont plus gros qu'une tête d'homme.

La patrie de l'autruche semble être actuellement l'Afrique sud-congolienne, mais doit s'être étendue autrefois par-delà l'Equateur, puisque dans la langue imagée du Psalmiste on entend la « puissante voix » de l'autruche.

C'est dans les steppes élevées et arides du Kalahari et dans les régions des Machounas de l'est, qu'on rencontre maintenant les troupes les plus nombreuses de ces magnifiques oiseaux. Il y a cinquante ans à peine que les Cafres et les nègres leur donnaient la chasse jusque sur la côte du sud.

Sur le bord de la mer, les plumes des autruches domestiquées sont plus soyeuses et plus blanches; sous les tropiques, les plumes des oiseaux sauvages sont plus grandes et plus fines.

Le mâle (le coq dans le langage du sud) mesure jusqu'à six pieds dans le désert, et sa tête dépasse l'épaule de deux pieds, dominant un cavalier sur son cheval. Ses pattes sont dénudées, et les tibias deviennent rouges au temps du rut. Les plumes noires prennent naissance au sternum et atteignent douze pouces sur les épaules. Son long cou est couvert d'un léger duvet gris-perle. Les plumes des ailes sont blanches, et le panache palmiforme de la queue revêt une légère teinte carminée.

Chez la femelle, la couleur chocolat domine. Ses

pennes blanches et sa queue sont moins longues et plus faibles que chez le mâle.

C'est sur les jeunes coqs qu'on trouve les plumes blanc et noir, appelées plumes de fantaisie.

En ce moment-ci, les plumes des jeunes oiseaux valent 35 francs la livre au marché de Grahamstown; les grandes plumes noires des mâles, 300 francs; les plumes blanches des femelles, 350 francs, et les « primes » ou meilleures pennes de mâles, 500 francs la livre.

Il y a sept ans, tous ces prix étaient d'un tiers plus élevés; mais depuis qu'en Amérique les plumes d'autruche ont été supplantées sur les chapeaux, par la mode des oiseaux empaillés, le marché de l'Afrique australe est tombé notablement.

Jusque vers l'an 1865, on ne connaissait que les plumes des autruches sauvages. Alors la chasse de ces magnifiques oiseaux offrait un attrait considérable aux chasseurs. Les Boërs, montés sur leurs « chevaux salés » (1), sillonnaient toute

(1) *Chevaux salés :* Les chevaux, importés jadis dans le sud par les Hollandais, sont attaqués généralement par une maladie du caractère de la morve. Le cheval qui a surmonté la maladie est assuré contre l'épidémie dans la colonie, et est dit « salé ». Le cheval salé dans la colonie subit le mal une seconde fois quand il entre dans la République d'Orange. De même, le cheval « salé », dans ce pays-là, est encore exposé à ce mal s'il monte dans le Transvaal. « Salé » au Transvaal, il peut aller en toute sécurité jusqu'au Zambèze. Les chevaux du Transvaal sont d'un grand prix.

l'Afrique australe à la recherche des autruches, et
toutes les tribus de l'intérieur faisaient un commerce actif de plumes avec les marchands blancs
de la côte.

Cette grande chasse aux autruches a perdu maintenant beaucoup de son puissant attrait. L' « audax
Japeti genus », depuis qu'il est armé de la foudre
des fusils de précision, a presque exterminé ces
nobles animaux.

Il en a été de même dans l'Amérique septentrionale, jadis si giboyeuse, où le mouse, l'orignal
et le buffle ont presque disparu : ainsi l'Afrique
verra-t-elle rapidement disparaître les dernières
merveilles du règne animal, l'éléphant, le lion, le
rhinocéros, l'hippopotame et la douce autruche.

J'aime les Boërs dans leur noble et fière indépendance, j'aime tout ce qui les touche ; mais,
quand je les vois s'acharner ainsi à l'extermination
des plus nobles des animaux, je ne puis m'empêcher
de lancer à ces rudes et fougueux « Normands »
d'Afrique, le mot vengeur du Romain d'autrefois :
« Robur illi et œs triplex circa pectus erat » ! Mais,
il ne m'écoute pas, il n'entend point le latin, ce fougueux Normand ! Et « om vlees te schiet, om vet te
hè, om kerse te maak en zeep te kook » pour
« tirer » de la viande, pour se procurer de la graisse
et faire des chandelles et du savon, il tirera quand
même, il achèvera jusqu'au dernier ces milliers,

ces millions de têtes de gros gibiers et de gracieuses antilopes qui, tout récemment encore, faisaient ressembler l'Afrique australe à un paradis terrestre.

Par esprit de lucre, le Boër chassait jadis les autruches; par le même esprit, il les élève et les multiplie maintenant autour de sa demeure.

Vers l'an 1865, quelques Boërs revinrent du « Dorstland » ou « Terre de la Soif », c'est-à-dire du Kalahari, emmenant avec eux de jeunes autruches que, pour leur plaisir, les femmes et les enfants avaient nourries autour des wagons. C'est sur les hauts plateaux que l'autruche fait son nid, un simple trou, peu profond, formé dans le sable nu. Chaque couple se sépare de la troupe aux temps de la ponte, c'est-à-dire trois ou quatre fois par an. Une compagnie se compose des parents et des couvées de l'année. La femelle pond de deux en deux jours. Parfois deux oiseaux déposent leurs œufs dans le même nid. La ponte varie de quatre à dix-huit œufs. Une erreur populaire porte que l'autruche abandonne au soleil le soin de faire éclore les œufs. Il n'en est pas ainsi. La femelle et le mâle les couvent à tour de rôle; et quand l'un des deux est au nid, l'autre fait le guet, élevant assidûment sa tête au-dessus des hautes herbes, et mesurant constamment la plaine de son œil à la fois doux et perçant. Qu'un danger approche, soit du chasseur, soit du léopard, le couple disparaît avec la rapidité de la flèche.

A deux ou trois mille mètres, ils aperçoivent l'homme.

En 1879 je traversais un matin le lit desséché du fleuve Chachi (lat. 21°45', long. E. 23°10') en compagnie d'un excellent chasseur, le bon frère De Vylder, noyé depuis dans le Zambèze. Nous tombâmes tout à coup sur onze sveltes autruches qui prenaient leurs ébats dans le sable échauffé du grand fleuve. Elles étaient à une distance d'environ un kilomètre et par intervalles le mâle lançait à travers l'immensité des forêts ses trois notes profondes et imposantes. Nous eûmes à peine le temps de ramper à la distance de quelques pas pour les approcher, que le mâle nous ayant aperçus, tous disparurent dans les fourrés.

Quant après une incubation de 42 à 48 jours, les jeunes éclosent, ils restent pelotonnés par terre durant un quart d'heure, et ainsi ramassés ils ressemblent assez bien à un levraut blotti au gîte, ou à un hérisson roulé.

La femelle rompt alors l'écaille de trois ou quatre œufs non couvés que son instinct lui a fait rejeter du nid, et de cette nourriture les petits font leur premier repas. Ils se lèvent ensuite et ont déjà la taille d'une poule ordinaire. Dès ce moment ils suivent leur mère au pâturage, et six jours après

il faut un bon cheval pour les gagner de vitesse.

En 1884, j'en rencontrai deux de cet âge sur les
bords du Limpopo. J'étais à pied et me mis à leur
poursuite avec toute la vitesse de mes jambes de
41 ans. Je dus abandonner la partie et n'eus plus
même la chance de les avoir à portée de mon
fusil.

Ce furent des oiseaux de cet âge que les Boërs
rapportèrent du désert. Ils les nourrirent de millet
et de maïs et les laissèrent brouter près des
wagons.

Au temps où on gagna le pays d'Orange, les
jeunes autruches avaient atteint la taille d'un dindon.
Revenus à leurs fermes dans la colonie, les chasseurs imaginèrent de faire un camp au moyen de
haies et ils y mirent les oiseaux apprivoisés. On
les vit grandir rapidement et bientôt les mâles au
plumage foncé se distinguèrent des femelles plus
grisâtres.

L'autruche dévore réellement tout ce qu'elle peut
avaler. Elle gobe des baies, des pommes, des
citrons, des figues ; elle avale les feuilles hachées
du cactus épineux et ses fruits, des éclats de bois,
des pierres, du fer, du verre et jusqu'à de jeunes
tortues. J'ai trouvé de tout cela dans leur gésier.

Elle se nourrit toutefois de préférence d'herbes
et de plantes grasses. Le « spek boom » et le

« gocum » succulents font ses délices. Les aiguillons dont les fruits du cactus sont enveloppés sont nuisibles à l'animal. Ces pointes infiniment fines tapissent tout l'estomac comme d'un drap épais, et en arrêtant le mouvement moléculaire et la digestion, elles tuent l'oiseau le plus robuste.

Il est prudent pour cela d'écarter les autruches des fourrés de cactus en fruit.

Dès la troisième année les Boërs virent rougir les tibias des mâles. Jugeant que le moment était venu, ils parquèrent quelques couples dans des enclos de six acres environ. Les autruches firent leur nid comme au désert. Elles pondirent leurs dix, leurs dix-huit œufs, et, dès le 42e jour, on vit éclore les petits. On enleva les couvées et on les confia à des négrillons qui les menèrent paître comme des oies.

On ne fut pas longtemps sans découvrir qu'on pouvait « plumer » les autruches. J'ignore comment les fermiers s'y prirent au début. L'opération se fait aujourd'hui très simplement. Chaque semaine, d'ordinaire le lundi matin, quelques jeunes gens montent à cheval, et, battant le grand parc de pâture, ils assemblent toutes les autruches en une troupe, et les mènent dans un enclos restreint qui n'a qu'une vingtaine de mètres de diamètre. Une porte pratiquée dans la haie de cet enclos ouvre sur un couloir en forme de boxe d'écurie, long de six pieds, large de deux, et garni d'une seconde porte donnant sur la campagne.

On n'a qu'à jeter une poignée de maïs dans ce couloir pour qu'aussitôt un ou deux des avides oiseaux s'y précipitent. Les deux portes se ferment alors et un Boër descend dans la stalle étroite derrière l'oiseau. L'animal est tellement vorace qu'il se laisse plumer sans résistance. Le Boër arrache les plumes noires et il coupe aux ciseaux les pennes blanches des ailes et de la queue. Cette taille se fait à deux pouces de la chair. Trois mois après il arrachera avec des tenailles les tronçons séchés. L'oiseau ne souffre point de ces opérations qui ne font qu'aider à la mue.

En domesticité les mâles sont dangereux, surtout au temps du rut ; ils ont déjà occasionné beaucoup de malheurs. Aussi est-il fort malavisé à tout étranger de pénétrer dans un parc de couvaison. L'an dernier, notre voisin, M. Franck Mandy, un homme de haute stature, fut assailli par une autruche tandis qu'il traversait le camp. Il était à cheval. D'un premier coup de patte, le mâle furieux désarçonna le cavalier, et du second coup de son orteil cornu, il lui ouvrit la poitrine et le ventre, le laissant baigné dans son sang. En pareille rencontre le plus sûr est de se jeter par terre et de faire le mort, si l'on ne veut pas fusiller le redoutable adversaire.

Mais, autant il est peu agréable d'avoir affaire à ce dangereux bipède en champ clos, autant il est intéressant d'en observer une troupe auprès de la ferme, dans la fraîcheur d'une belle matinée. C'est alors un spectacle ravissant, un tournoi à armes

Camp à autruches.

courtoises. Nous assistâmes à ce petit lever des « coureurs » du haut de la terrasse du manoir de Penrock.

Longtemps avant l'aurore, avant que les premières lueurs de l'aube aient blanchi l'Orient, on entend la voix sonore, profonde et mélodieuse du mâle, se prolonger trois fois, comme le son d'une trompe puissante, à travers la solitude de la forêt. Un silence plus solennel succède à ce réveil nocturne ; mais, à peine les vapeurs de la nuit viennent-elles à se détacher du sol, à peine les oiseaux attentifs peuvent-ils plonger du regard sous la buée montante, que toute la troupe silencieuse se lève à la fois et s'avance d'un pas mesuré sur la clairière humide.

A cent pas de leur gîte nocturne ils s'arrêtent, se regardent et se concertent. Ils semblent se saluer : c'est de l'élégance de grande maison. Soudain tous dressent leur long cou, gonflent leur riche plumage et, partant comme des flèches, se précipitent dans toutes les directions, se servant des ailes et de la queue comme de rames et de gouvernail, pour tournoyer et changer de pied dans leur course furibonde.

Tout aussi soudain ils s'arrêtent de concert, pour se rassembler une seconde fois. Alors commence une voltige, une valse échevelée : les têtes et les pieds vont en cadence, les ailes et les panaches s'éploient et se referment avec une rapidité fébrile. Tous pivotent, tournent et s'entre-croisent sans jamais se coudoyer. On dirait une danse macabre ou une mêlée d'Indiens, moins le bruit ; car, la scène se passe dans un silence à donner le frisson. Et ce mouvement tourbillonnant se prolonge jusqu'à extinction de forces, jusqu'à ce que pris de vertige, les beaux animaux s'affaissent les uns après les autres, et alors encore les têtes font la roue et les ailes frémissantes continuent à battre la mesure.

En 1879 le commerce des plumes d'autruches était devenu si énorme, qu'il se produisit parmi les fermiers de la colonie, une véritable fièvre de spéculation. L'argent étant rare, les Boërs vendirent des troupeaux de bœufs, puis des fermes entières pour quelques couples d'oiseaux de reproduction. Plus l'offre du bétail et des fermes grandissait, plus leur prix tomba, tandis que la valeur des autruches montait en raison de la demande. La chose alla bien pendant quelque temps. Mais bientôt l'excès de la production des plumes gâta le marché. Elles n'eurent plus de valeur. Dès lors, un mouvement de bascule contraire se fit : l'offre des autruches abondant, leur prix devint dérisoire et la plupart des Boërs ne purent plus rentrer en possession de leur bétail et de leurs terres dont la valeur remontait en raison directe de la nouvelle demande. Ils avaient lâché la proie pour l'ombre et beaucoup de fermiers boërs appauvris émigrèrent au pays d'Orange, au Transvaal et au Betchouana Land.

Depuis lors l'équilibre s'est assez bien rétabli. Cultivateurs et éleveurs d'autruches trouvent des prix rémunérateurs pour leurs produits.

4 février. — Il n'y a si bonne compagnie qu'il ne faille quitter! C'est une vérité que le missionnaire constate tous les jours. L'homme en souffre, le prêtre s'en console en Celui dont il visite la grande famille éparpillée sur la surface du globe! Avec émotion nous nous fîmes nos adieux. Des prières, c'est tout ce qu'on put se donner pour s'aider mutuellement à toucher un jour à cette terre meilleure où l'on ne se sépare plus. A dix heures du matin je remontai en selle et un quart d'heure après, je saluai d'un dernier regard la demeure hospitalière de Penrock. Nos chevaux rappelaient les coursiers d'Hippolyte ; ils semblaient pensifs comme leur maître.

A midi je rentrai dans la charmante ville épiscopale de Grahamstown. J'y fus reçu par le vénérable évêque, Mgr Ricards, avec cette simplicité tout apostolique qui caractérise les prélats des missions, et avec cette franche et loyale cordialité qui est le propre des nobles enfants de la verte Erin. Mgr Ricards est une des plus hautes personnalités de l'Afrique australe. Il doit son immense prestige à sa vaste érudition, à ses grandes vertus et à l'indomptable énergie qui ont fait de son très long épiscopat, une ère de triomphe et de vraie grandeur pour sa jeune Eglise. Tel j'ai vu Monseigneur en 1879, tel je le retrouve aujourd'hui, vieilli mais non affaibli par l'âge ou par les travaux.

Au Saint-Aidan's College où demeurent les Pères Jésuites, la réception fut ce qu'on peut s'imaginer aisément, une vraie fête de famille. Mais le supérieur général de la mission du Zambèze, le R. P. Alfred Weld, issu de l'illustre maison des Weld du Lancashire, était absent. Il se trouvait à la maison-mère de la mission, à Dunbrody, cette abbaye fondée par les Trappistes en 1880, et cédée depuis aux missionnaires du Zambèze, quand les vaillants fils de saint Benoît entreprirent, près de Natal, la fondation de leur nouvelle maison de Mariahilf aujourd'hui si prospère.

8 février. — Je descendis donc vers la côte en chemin de fer. Je me rendis au district de Uitenhagen. Arrivé à la station de Blue-Cliff, je pris la voiture de l'abbaye, que le bon Père Weld, dans sa paternelle sollicitude, avait envoyée à ma rencontre.

Prendre la voiture en Afrique signifie souvent déposer sa valise dans le véhicule, et se mettre à la tête des chevaux pour les tirer par la bride. Ce fut le cas pour mon équipage de Blue-Cliff.

Les deux chevaux que six mois auparavant j'avais amenés frais et vigoureux de Penrock, étaient réduits à l'état de squelettes vivants, et n'eût été la botte de foin achetée pour eux, je n'aurais pu réussir à les traîner jusqu'à Dunbrody.

Pendant mon absence au Transvaal, tandis que j'y fondais la mission des Batlapins, la sécheresse s'était prolongée dans le sud, et les pluies n'étant pas venues rajeunir les pâturages brûlés durant l'hiver (mars à septembre) le pays était vraiment triste à voir. Le bétail languissait dans les jungles, broutant le lichen ou recherchant les lobules du « spek boom » ; les chevaux arrachaient l'écorce de certains arbres plus spongieux, et les autruches mouraient d'inanition au milieu des touffes de cactus. De l'eau, on n'en trouvait plus que dans quelques courbes du fleuve desséché.

Tel était l'aspect de Dunbrody à mon retour. Au carré de bâtiments composé d'un simple rez-de-chaussée bâti par les Trappistes, on venait d'ajouter deux modestes constructions faisant façade aux deux ailes, et donnant de loin à l'humble agglomération un air quelque peu abbatial. On avait aussi creusé et cimenté une citerne de 36,000 gallons de contenance, où hélas! il ne manquait plus que l'eau.

En dépit de la désolation de la terre, en dépit de ce ciel d'airain, nos jeunes étudiants, nos futurs missionnaires étaient pleins de santé et d'ardeur. Nos Frères coadjuteurs, les survivants de 1879 en tête, étaient allègrement occupés à planter des vignobles, se promettant bien de revoir au retour de la pluie, les beaux jours et les riches moissons qui avaient quelquefois récompensé les labeurs des enfants de saint Benoît.

Les Trappistes avaient obtenu à force de travail et grâce à une irrigation artificielle, des champs de froment qui faisaient l'admiration du voisinage.

Dunbrody Abbey.

Pour mieux en assurer la récolte, ils les avaient entourés d'une clôture de fils de fer doublée de haies épineuses.

Par malheur on avait compté sans l'ennemi précisément le moins attendu. Le gouvernement du Cap tient en chasse réservée une soixantaine d'éléphants, dans la crainte de l'extermination prochaine de ces magnifiques pachydermes. Ces animaux voyagent librement à travers les immenses forêts depuis le Cap jusqu'au Natal.

Une nuit quatre de ces gigantesques protégés, attirés sans doute par la fraîcheur du maïs et du tendre froment, franchirent les haies en les piétinant, et sans se douter du dégât ultérieur, marchèrent contre l'enclos de fil de fer qu'ils emportèrent tout d'une pièce, pieux et treillis, à cent mètres dans les champs. A leur suite les antilopes de la forêt et le bétail en liberté pénétrèrent dans le délectable pâturage, et quand le matin, après les prières d'usage, les Frères silencieux arrivèrent aux champs, ils purent mesurer sans mot dire toute l'étendue du désastre. Il n'y restait que le sol ravagé. Un trappiste, appuyé sur sa bêche, médita longtemps au milieu de cette scène de désolation; c'était un autrichien. Tout à coup, se ressouvenant peut-être de ses prouesses du Sleswig ou de Sadowa, il s'en alla sans mot dire chercher un vieux fusil de quatre à la livre, qu'il bourra jusqu'à la gueule et chargea d'une lourde balle. Il avait remarqué la tranchée étroite par où l'ennemi était monté du fleuve dans son champ. A cette place, le crépuscule venu, il fixa son terrible engin contre le pied d'un arbre, et par un système de fils aboutissant à la détente, il en assura la décharge, mesurée juste à hauteur de poitrail du redoutable dévastateur.

Il avait bien calculé. Au milieu de la nuit, une

formidable détonation réveilla presque tous les Frères en sursaut, et quand à l'heure du travail, notre vieux soldat revint au champ, il trouva l'ennemi étendu au bas du talus : l'éléphant était mort de suicide involontaire.

8 mars. — Ce fut à Dunbrody que le R. P. Weld vint me trouver un matin pendant que je disais mes heures dans ma cellule voûtée. Il s'assit sur ma chaise tandis que je prenais place sur le bord de mon matelas. « Mon Père, me dit-il avec son calme britannique et son sourire habituel, vous savez qu'il nous manque des hommes et de l'argent pour assurer la grande œuvre que le Saint-Siège nous a confiée. Vous me feriez plaisir si vous alliez chercher l'une et l'autre chose. Vous pourriez aller en Australie et en Amérique à cet effet. Vous avez vu et vous connaissez l'Afrique. Vous pourrez faire des conférences pleines de charme sur nos grandes et laborieuses missions, et, je n'en doute pas, vous intéresserez les catholiques ainsi que nos confrères au salut des pauvres nègres. A Port-Elisabeth, il y a des vaisseaux en partance. Si vous le voulez, vous pouvez choisir, et partir soit par l'orient, soit par l'occident. »

Pendant que le saint supérieur me déroulait ce discours substantiel, j'avais pris ma résolution. Je lui répondis que son désir était un ordre pour moi. Je reçus de sa main les lettres d'autorisation de Son Eminence le cardinal Siméoni, du Très Révérend Père Général de la Compagnie de Jésus ainsi que les siennes propres, et m'acheminai vers la chapelle pour y recommander à Dieu la rude mission qui venait de m'être confiée.

En réponse à mon télégramme adressé au bureau maritime de Port-Elisabeth, je reçus la nouvelle que le premier départ à ma convenance était par le « Grantully Castle », fixé au 14 mars, en destination de Londres. Il fut donc décidé que je partirais pour l'Amérique et reviendrais par l'Océanie, en faisant le tour du monde. J'avais deux ans pour l'effectuer.

Ce voyage impliquait mon passage par l'Europe, et j'expédiai les lettres suivantes pour préparer ma famille et mes supérieurs à cette visite inattendue.

« Dunbrody, 9 mars 1885.

« Mes frères, mes chères sœurs,

« Aujourd'hui, fête de feu notre mère, j'ai célébré pour elle la sainte messe. Huit jours après que vous aurez reçu ce billet, je serai à Londres. Nous devons pourvoir au développement de la mission du Zambèze, et, après avoir reçu de la Belgique et de l'Europe de généreux secours pour fonder ce qui existe, nos supérieurs ont décidé de m'envoyer solliciter la charité du *Nouveau Monde* pour les nombreuses maisons et missions que nous aurons à ouvrir d'ici à deux ans.

« Je pars du Cap le 18 ou le 19 mars par le « Grantully Castle », et arriverai sain et sauf à Londres environ vingt jours après. Vous serez avertis.

« A bientôt la joie de nous revoir, Dieu aidant.

« CHARLES CROONENBERGHS, S. J.

« *De la mission du Zambèze* ».

« Dunbrody, 11 mars 1885.

« Madame et chère tante,

« J'ai reçu les souhaits de fête dont vous m'avez honoré. Je vous en remercie cordialement. Je me suis mis à prier Dieu afin qu'il vous rende en bénédictions et en bonheur la joie que m'a causée votre lettre. A quatre-vingt-un ans, il est plus que probable que je n'écrirai plus avec la fermeté et la justesse qui caractérisent votre belle et encourageante épître.

« La mission que j'ai ouverte dans les Dwarsbergen, parmi les Cafres Batlapins, se développe rapidement. Le Père qui en est le supérieur demande un renfort immédiat de quatre hommes. Dieu soit loué !

« Depuis mon retour à Dunbrody, une nouvelle station de mission a été achetée dans un abîme des monts Drakenbergen, à cinquante lieues à l'est d'ici, parmi les Tembo-Cafres.

« Ma bien honorée tante, votre « Carlo » n'est

pas au bout de son travail. Bientôt vous allez vous étonner ; vous allez le suivre par la pensée dans le Nouveau Monde.

« Faites-moi la charité de me recommander bien vivement à Notre-Dame de Hasselt, à la « Virga Jesse » dont la protection tutélaire m'a toujours accompagné. Faites prier pour moi le cœur de Jésus au Très-Saint Sacrement de Miracle de Herckenrode. Plus que jamais, je sens le besoin de me trouver dans la main de Dieu.

« Je vous reverrai donc encore sur cette terre, grâces en soient rendues à la douce Providence qui me ménage cette grande consolation.

« Je vous salue avec respect...

« CHARLES CROONENBERGHS, S. J. »

Mes préparatifs de voyage ne furent pas longs, mon bagage personnel pas lourd du tout. Si Dieu m'appelle de nouveau, mes « impedimenta » ne seront plus guère que mon bréviaire et mon crucifix, avec le nécessaire indispensable de la toilette. Toilette, oui ! il en faut, même pour un missionnaire.

Le 13 mars, au matin, je pris congé de cette chère et intéressante jeunesse de Dunbrody, la force vive de nos missions à venir, et dont j'emportais toutes les espérances et tous les vœux d'heureux voyage et de bon succès.

Je trouvai à Port-Elisabeth, le révérend M. Fanning, grand-vicaire de Mgr de Grahamstown et l'abbé Allen, deux Irlandais qui, après des années de travail parmi les fidèles de la colonie, allaient respirer pendant quelques mois l'air frais et pur de la verte Erin et se retremper au foyer de leurs lointaines familles.

Port-Elisabeth est une ville moderne bâtie sur un plan largement conçu. Son port est mauvais, une méchante barre tenant les navires en haute mer. Mais, il n'y en a guère d'autres sur les côtes de l'Afrique australe, et comme il est au terminus naturel des voies de l'intérieur, son avenir est assuré.

Une magnifique avenue borde la mer. La ville commerciale s'étage en amphithéâtre sur le flanc de la colline, et des chalets, de charmantes villas couronnent son plateau élevé. Après sept ans, je l'ai retrouvée considérablement agrandie et embellie. Oh! la jolie église Saint-Augustin avec sa tour gothique! C'est là que j'ai vu pontifier Sa Grandeur Mgr James Ricards. Ses Irlandais étaient à genoux devant lui, bondant la vaste église. Il tenait leurs cœurs dans sa main, et quand, du haut des marches du maître-autel, crosse en main et mitre en tête, il leur adressa le sermon de saint Patrick, leur développant la vocation providentielle de la race d'Erin, c'est-à-dire rien moins que la conversion du monde anglais, oh! alors, il était beau! Il rappelait l'évêque d'Hippone prêchant le peuple de Carthage.

Les Frères de la Doctrine Chrétienne et les religieuses de saint Dominique se partagent la formation tout européenne des enfants blancs. L'éducation des « gens de couleur » y est, comme dans le reste de l'immense vicariat, singulièrement négligée par les catholiques. Ils s'y sont mis pourtant ; mais les ouvriers manquent pour ce grand travail.

Quand j'approchai de Port-Elisabeth en longeant la mer, une tempête soufflait du sud-est sur la ville, une marée formidable poussait les navires sur la barre. Huit remorqueurs et trois vaisseaux étaient en détresse.

On s'occupait en ce moment à faire échouer un gros navire, une barque norvégienne qui chassait sur sa dernière ancre. Tout l'équipage était dans les cordages. La compagnie de sauvetage avait réussi à lancer une fusée sur le bâtiment et un câble puissant avait été ramené sur la grève. Une locomotive fut attachée à ce câble, et la machine, par une traction puissante, ayant imprimé au vaisseau condamné un mouvement circulaire, le coucha heureusement sur la plage. Tout l'équipage fut sauvé, mais avant le soir les lames eurent achevé de démolir le bâtiment, et les épaves jonchaient le rivage.

Le lendemain, 14 mars, temps splendide, soleil radieux. La mer en convulsion par l'effet de l'ouragan de la veille présentait un spectacle grandiose.

Malgré le gros temps, Sa Grandeur Mgr Ricards, le R. P. Weld, le Post Master General, et quelques personnes marquantes de la ville voulurent nous faire escorte, et montèrent avec nous sur le vapeur qui nous menait à notre léviathan. Le *Grantully* tenait majestueusement le large. Déjà les immenses cheminées lâchaient leurs panaches de fumée noire, le rauque sifflet et la cloche du bord annonçaient que l'ancre allait être levée. Au salon, le champagne nous fut versé. On boit le coup de l'étrier, on se donne le « shake hands » et tandis que, hissé dans le panier, un dernier passager, un malade, vient à bord, le monstre de fer, bouleversant derrière lui toute la profondeur des eaux, reprend sa longue et laborieuse course d'un hémisphère à l'autre.

Nous longeâmes la côte à la distance de quatre à soixante milles pour tenir la limite des récifs et des bas-fonds. Les effets de l'ouragan avaient été terribles. Nous comptâmes plusieurs petits bâtiments jetés à la côte. Près du cap Francis un trois-mâts se voyait « high and dry » tout debout, lancé par-dessus la plage dans les falaises.

La physionomie du bord sur un bateau colonial qui retourne à la mère-patrie, est bien différente de celle qu'il présente à sa sortie d'Europe. Les émigrants, les voyageurs, les commerçants de tout genre qui s'embarquent à Londres, à Dartmouth

ou à Southampton sont généralement partagés
entre le regret cuisant du monde qu'ils quittent et
le souci secret d'un avenir inconnu qu'ils redou-
tent. La politesse de la vieille société qu'ils appor-
tent toute fraîche du continent, en jetant sur ce
double sentiment le voile d'une réserve naturelle,
donne à leur commerce un attrait sympathique qui
inspire la confiance et facilite les bons rapports et
souvent l'amitié. Les voyageurs d'Europe en
Afrique sont communicatifs et sociables. Ils *s'intéressent* à tout ce qu'ils voient, et partant, ils sont
intéressants.

Ceux qui retournent, au contraire, sont pour la
plupart ou des aventuriers qui ont fait une rapide
fortune, ou des malheureux déçus dans leurs rêves
de bonheur. Ces derniers sont taciturnes et tristes,
les autres se livrent à une gaîté bruyante. Entre la
mélancolie des uns et les excès des autres, il n'y a
guère de place pour le plaisir de la bonne société.

Cette fois, les sémites engagés dans la traite des
diamants bruts dominaient à bord, et parmi les
plus remarqués d'entre eux, je reconnus un jeune
homme que j'avais vu brocanteur de faux bijoux
et de vieilles montres en 1879, parmi les nègres
des chantiers de l'île de l'Ascension.

Le chef de la police secrète du Cap avait pris
passage sur notre vaisseau. Un vol énorme de diamants, évalué à plus de trois millions, venait de se

perpétrer à Kimberley. Le policier ne découvrit rien ; mais quand nous fûmes sortis des eaux coloniales, la nouvelle s'ébruita que c'était bien à notre bord, que se trouvaient les *illicit diamonds*... C'était trop tard.

Quoiqu'il en fût de la société, l'air salubre de l'océan, le bercement cadencé de notre léviathan, et le repos délicieux que je retrouvais après huit mois d'un travail excessif, ne manquèrent pas de me faire un bien considérable. L'appétissante table du bord ne contribuait peut-être pas moins au bien-être que j'éprouvais. J'avais eu le « magro stretto » parmi les sauvages de l'Afrique. Jugez, par les menus ci-joints, si notre Vatel nous traitait bien.

SOUTH AFRICAN ROYAL MAIL SERVICE

DONALD CURRIE & CO.'S

COLONIAL MAIL LINE OF STEAMERS

BILL OF FARE — BREAKFAST

March 14, 1885

PORRIDGE
Rump Steak and Onions

IRISH STEW
Mutton chops

DRY HASH
Hashed Poultry
Lockfine Herrings

TWICE LAID
Sausage cakes
Devilled Bones
Currie and Rice
Potato Chips
Tea, Coffee and Cocao

H. M. R. M. S. GRANTULLY CASTLE

BILL OF FARE — DINNER

March 14, 1885

SOUPS

Giblet

FISH AND ENTRÉES

Forced Cucumbers
Sheep's Head and Brain Sauce
Bœuf aux Olives

JOINTS

Roast-Beef and Yorkshire Pudding
Boiled Mutton and Caper Sauce
Roast Pork and Apple Sauce
Roast Mutton
Braized Salt Pork
Ox Tongue

POULTRY

Roast and Boiled Fowls

French Beans   Roast and Boiled
Turnips   Potatoes

SWEETS

Gooseberry Fool
Stewed Prunes and Rice
Bread and Butter Puddings
Jam Tartlets

DESSERT

Water Melons
Apples
Dates
Almond Nuts
Tea and Coffee

Le dimanche 15 mars, j'eus la joie de célébrer
la sainte messe pour les catholiques de l'équipage
et des passagers. Dans l'après-dînée nous passâmes le cap Agullas, la pointe extrême de l'Afrique,
située par 34°53′ de latitude sud. Il faisait froid à
cette latitude. Ceci me rappela que la température
baisse plus rapidement, toutes conditions égales,

dans l'hémisphère austral que dans l'hémisphère boréal, remarque qui fit faire à un gros banquier la réflexion « qu'on ne découvrira jamais le pôle sud ». Je crois que sa remarque est juste.

Le lendemain, nous dépassâmes la Fausse-Baie où se trouve un arsenal maritime de l'Angleterre, et nous doublâmes le vrai cap de Bonne-Espérance, par 34°23′5″ de latitude. Remontant de ce point à peu près en droite ligne vers le nord, nous avons la satisfaction de ne plus devoir constamment pousser l'aiguille de notre montre, l'heure restant stationnaire.

A notre droite s'alignent ces formidables blocs de granit tout dorés de géraniums, ces pics singuliers qui semblent garder ces mers du sud et que les premiers navigateurs dans leur esprit chrétien ont appelés du beau nom des « douze Apôtres ».

... A l'aube du 16 mars 1885, nous dépassons Robin-Island, lazaret des quarante-huit lépreux des colonies du sud, et nous venons mouiller dans la magnifique *Baie de la Table*, au pied de la ville du Cap.

La ville est par 33°55′ sud, tandis que le vrai Cap de Bonne-Espérance est au 34° 23′5″ de latitude.

Table Bay, Table Mountain, Table Cloth : voilà trois noms graphiques dont les premiers colons hollandais furent les inventeurs.

Quand le *Grantully-Castle* pénétra dans le

havre du Cap, nous vîmes resplendir dans les feux du soleil levant, les cimes étrangement unies et horizontales de l'hémicycle des montagnes, sur la pente desquelles la ville est bâtie.

Du sommet plat comme une table de ces monts élevés, descendait en forme de vaste toile une nappe de vapeur, qui s'étirait lentement par-dessus la ville et jusque sur la mer. De loin ce brillant phénomène nous voilait la cité. Quand notre vaisseau se glissa sous le nuage, nous nous trouvâmes dans un demi-jour qui revêtait le port, la cité et les monts de teintes d'une douceur que nul pinceau ne saurait rendre.

C'est ce spectacle journalier qui suggéra aux premiers colons les trois noms de Tafel Berg, Tafel Laken et Tafel Baai. Naturellement, ces noms mêmes ravivèrent en nous le souvenir des conquérants bataves ; mais, pour achever l'illusion et donner à tout ce spectacle une teinte vraiment néerlandaise, des centaines d' « afrikaanders » se dessinèrent bientôt sur les bords. Ils étaient occupés à pêcher, à étendre leurs filets ou à sécher les énormes « kaapsnoeks », poisson qui nous rappela au vif le cabillaud national et le *stokvisch* de Hollande.

En entrant dans la riante ville, si pittoresquement étagée sur ces montagnes roses, nous entendîmes des Anglais. Le Cap est une colonie anglaise depuis 1806. Découvert par Vasco de Gama, puis abandonné par le Portugal, le Cap fut occupé par la Hollande, et ensuite, avec la Hollande par la République française. En 1795, le stathouder s'étant réfugié d'Amsterdam à Londres, l'Angleterre s'était chargée de la défense du Cap contre les surprises des croiseurs français, et, en 1806, elle se paya de ses peines par l'annexion de toute la colonie.

De ce chef, Albion octroya, en 1815, quelques millions et quelques canons à la Hollande, et c'est avec cette indemnité que furent élevées ces fortifications de nos villes frontières qui, rasées de nos jours, firent place à nos boulevards modernes.

Quand nous en vînmes à considérer de plus près les enseignes des maisons, nous remarquâmes les noms les plus singulièrement mêlés, tels que du Plessis, du Toit, de Villiers, Schùltz, Schùlte, Schnor, Pottgeisser, Petersen, Carllsen, Martinelli, Maggiorotti, Colona, etc., etc. Les noms hollandais et flamands abondaient naturellement. Il y a des van Rossum, des van Roermonde, van Renselaer ; des Vermaeck, des Engelbrecht, des De Greef.

Laissons de côté ces Zoulous et ces Cafres, la plupart prisonniers de guerre, travaillant au port ; et ces autres noirs aux proportions classiques, aux traits adoucis, ces « *Coulis* » amenés des Indes. Passons aussi ces Malais au teint ocré et qui met-

tent leur richesse dans la surcharge de leurs vêtements. Toutes les nations de l'orient se trouvent
représentées au Cap.

Quelques lecteurs, j'en suis sûr, me pardonne-
ront ici une digression. La question de la colonisation d'une part, et le mouvement antiesclavagiste de l'autre, sont d'une actualité telle, que je
ne crois pas devoir quitter l'Afrique sans m'arrêter
quelque peu à l'histoire des Boërs. Les Boërs sont
passés maîtres en fait de colonisation, et ils ont
pratiquement résolu le problème de l'abolition de
l'esclavage. Leur exemple est bon à suivre.

Examinons d'abord d'où viennent ces noms européens cités plus haut.

Il y a environ deux cents ans que les Hollandais
établirent une station navale au Cap de Bonne-
Espérance, pour y ravitailler leurs vaisseaux sur
la route des Indes. Bientôt les soldats hollandais
se mêlèrent aux indigènes de la côte, les Hottentots
et les Bushmens ; et c'est de ces tristes écarts que
procède cette race mêlée, répandue maintenant sur
toutes les colonies, race remuante et délétère,
connue sous le nom odieux de *Bastards*. Le gouvernement de la mère-patrie, suivant les idées du
temps, ouvrit alors ses prisons, et envoya deux
cents femmes à la nouvelle colonie.

Tels furent les humbles commencements de la
vie de famille au Cap de Bonne-Espérance. Bientôt

toutefois, des familles honnêtes commencèrent à prendre la route de l'Afrique, et l'émigration prit un cours régulier. Des Allemands, des Danois, des Flamands qui, après les guerres du dix-septième siècle, étaient restés dans les Pays-Bas, les suivirent. Finalement, à la révocation de l'édit de Nantes, beaucoup de familles de huguenots français et italiens allèrent chercher un refuge auprès de leurs coreligionnaires du Cap.

Le mélange de tous ces éléments hétérogènes à l'extrémité de l'Afrique explique la rencontre de tant de noms nationaux divers, tels que : Oranje, Vaal, Transvaal ; Normandy, La Rochelle, Pontac ; Hoch, Heidelberg, Tulbach ; Constancia, Saldanha et autres. Nul n'oublia son lieu natal. Ainsi, le Congo sera un jour le calque de la carte de la Belgique, comme l'Algérie l'est de la France.

Toutes ces races distinctes se fondirent à la longue pour ne plus former qu'une seule nation, les *Boërs* ou *Afrikaanders*. La langue hollandaise du dix-septième siècle survécut seule, en subissant toutefois l'influence ordinaire des langues classiques sur les idiomes saxons. Ainsi, comme pour la langue anglaise au temps du conquérant, le contact de l'idiome français enleva au dialecte hollandais du Cap les flexions des noms et des verbes, en réduisant déclinaisons et conjugaisons à la simplicité des langues bantu.

On dit en boër vulgaire : « ek praat, jei praat, hij praat, ons praat, welle praat, elle praat ; iën hond, twië hond, iën mens, twië mens. » Je parle, nous parle ; un chien, deux chien.

Naturellement, comme en tout pays, les lettrés parlent une langue un peu plus flexionnelle.

La religion commune était le calvinisme. Les mœurs, les coutumes et les usages furent et restèrent ceux de la Hollande dans leur expression la plus patriarcale.

Seul le type, résultant de tant de types divers, résista à l'assimilation hollandaise ; le type primitif des Germains reparut dans sa pureté. Généralement les Boërs sont de haute stature, leurs cheveux sont bruns foncés ou roux, leur teint est clair et fleuri comme celui des Allemands de la Baltique, et cela malgré le soleil du sud.

Chaque nation, entre temps, implanta dans la nouvelle patrie sa culture propre. Les Italiens et les Français plantèrent les champs de maïs et les vignobles de Wynberg, Champagne et Constancia ; les Hollandais se livrèrent à l'élève du bétail ; les Allemands firent fleurir l'agriculture. Zwellendam, Uitenhagen, Stellenbosch, de Paarl rivalisent de beauté avec nos belles Flandres.

Le Cap relevait, comme le Congo maintenant, de la mère-patrie ; il avait son administration propre et son gouvernement, exercé à peu près sans contrôle, par la Compagnie des Indes (Oost Indiesche Company), et à son profit presque exclusif.

Ce gouvernement local dégénéra bientôt en une véritable tyrannie : le népotisme, la coterie et le monopole y rendirent l'existence impossible à la masse des colons ; le plus clair des profits était absorbé par les agents de la Compagnie.

Alors commença ce mouvement continu d'émigration, connu parmi les Boërs sous le nom de « trek ». Les Boërs étaient arrivés au Cap pour y chercher leur fortune, et non pour faire la fortune de l'administration locale. Ils prétendaient rester libres, et se voyaient réduits en servage par la Compagnie.

« Elle fang dan aan trek » : ils se mirent à émigrer.

Cinq, six familles s'entendaient, réalisaient tant bien que mal leur petit avoir, achetaient chariots et bœufs de trait « trek-os en wààn », et allaient de concert, par delà les « Bakens » ou pierres limites de la Compagnie, disputer aux indigènes quelque vallon facile à défendre et pourvu d'eau, d'herbe et de bois, ces trois éléments indispensables de la fortune sud-africaine. Le gibier, grand et petit, abondait alors partout, ainsi que toutes les bêtes féroces.

Soit dit en passant, le chariot austral était naturellement ce véhicule solide et imperfectible dans ses avantages que nos pères avaient vu rouler sur les grand routes, reliant la métropole commerciale d'Anvers aux villes hanséatiques de l'Allemagne.

Ce chariot, vraie maison ambulante, est encore le grand moyen de transport du sud. Il est traîné par douze, seize, même dix-huit bœufs, et invariablement vert avec roues peintes en rouge, symbole de l'espérance et de la liberté. J'ai habité une année et demie dans ces wagons.

Quelque dix ou vingt ans se passaient ainsi dans une paix chèrement achetée. Les familles s'étaient développées et multipliées. Le Boër était, et est toujours resté d'une moralité sévère. Point de contact avec les « schepsels », c'est-à-dire avec les indigènes. Dans un pays vierge et riche de tous les dons de la nature, les bras font la fortune. Toutes ces vigoureuses familles comptaient donc dix, quinze enfants, comme encore maintenant. Le fils travaillait dix ou douze ans pour son père, au prix d'un cheval, d'un wagon et de ses douze bœufs. La fille mêmement pour ses ustensiles de ménage, ses vaches, ses moutons et ses chèvres. A l'âge nubile, de nouveaux couples se formaient, et allaient à vingt ou trente lieues de la ferme paternelle conquérir, sur les *schepsels*, les quatre bakens d'un nouvel héritage.

Ainsi, en vingt ou trente ans, un groupe de

familles émigrées constituait au delà des frontières de l' « Oost Indiesche Company » un vrai clan, occupant une province entière. De cette manière furent fondés le Breda's dorp, le Riebecks land et nombre d'autres cantons et provinces.

Ces centres nouveaux s'enrichissaient de bétail, de céréales, de vin, d'ivoire, de pelleteries et autres objets de commerce. Le débouché unique était le Cap... et la fortune des émigrés se trouvait trahie.

Bientôt on vit arriver dans l'heureux Breda's dorp ou chez les van Riebeck une escouade d'agents de la Compagnie. Les vexations recommençaient d'une part, le mécontentement grandissait de l'autre, et un beau jour toute la jeune colonie, laissant quelques patriarches en arrière, reprenait le « trek » pour s'enfoncer plus avant dans l'orient « in die Oostland. »

Il serait difficile de se faire une idée de la rapidité avec laquelle les Boërs couvrirent ainsi toute l'immense région qui s'étend entre le Cap de Bonne-Espérance au sud, le fleuve Orange au nord et la Cafrerie à l'est. Chaque ferme solidement bâtie valait un fort, et chaque fort commandait une zone de sécurité de vingt lieues de diamètre (zes uur te perd — six heures à cheval). Encore de nos jours les Sud-Africains « maak die land skoon », nettoient ainsi les contrées nouvelles. Chaque famille de blancs ne tolérant sur son territoire que six ou huit familles indigènes, il se fait naturellement que la masse des nations noires se trouve coupée, divisée, refoulée graduellement et irrésistiblement. C'est le fameux « divide et impera ». Quand ce coin de la famille blanche a pénétré dans une nation inférieure, la cohésion de cette nation est entamée, ses usages sont ébranlés, la civilisation y a trouvé sa route.

Disons, avant de passer à un autre article, que les migrations des Boërs ne finirent pas avec le monopole de la « Compagnie des Indes ».

Sous l'occupation anglaise en 1795 et 1806, ces migrations s'accentuèrent davantage encore. Ne voulant pas subir la domination britannique, les Boërs émigrèrent en masse, et fondèrent la colonie de l'est autour d'Uitenhage. Suivis de près par les Anglais, ils conquirent le pays de Natal, et lorsque l'Angleterre eut réduit cette côte en « terre de la Couronne » (Crown land), les Afrikaanders passèrent résolument les Drakenbergs, chassant les Zoulous Matabélés devant eux, et *nettoyèrent* l'Oranje Vrijstaat, puis le Transvaal. Au pays des Matabélés vivaient encore en 1880 quelques vieillards Zoulous qui me racontaient les épisodes de l'invasion des Boërs, entre autres Kich, l'oncle du roi actuel, et le vieux Mouphi qui fréquentait assidûment notre chapelle. J'ai eu l'honneur, en 1884, sur le Modder Rivier, de serrer encore la

main du vieux pionnier Wouter Badenhorst, de
descendance hanovrienne, qui le premier franchit
le Vaal à l'endroit où est maintenant Christiana, et
s'établit audacieusement tout seul avec les siens,
dans ce pays du Transvaal alors occupé par les
féroces Zoulous de Matchobáan et d'Oum Sélikatsi.
Le légendaire Piet Jacobs est un autre type que
je rencontrai en 1879 aux « Champs d'or de Tati ».
Piet Jacobs, déhanché par « die léouw », tua
jusqu'à onze lions en une matinée dans ce Transvaal
actuellement purgé de bêtes féroces. On voit que
le fameux Gérard tueur de lions, a eu ses précur-
seurs.

Les derniers « treks » des Boërs sont récents.
En 1877, à la suite d'un plébiscite provoqué au
Transvaal par une vingtaine de mécontents, l'Angleterre ayant étendu son sceptre sur ce beau pays,
trois cents familles transvaaliennes réalisèrent leur
avoir et tentèrent d'opérer leur exode vers l'ouest,
à travers le terrible « Dorstland », le désert du
Kalahari. Presque toutes périrent de soif et de
misère. Mais les soixante familles qui parvinrent à
le franchir, fondèrent un nouveau boërland actuellement déjà prospère, au sud des possessions portugaises, non loin de l'Atlantique.

Depuis ce temps, les Transvaaliens, après avoir
recouvré leur liberté, ont occupé une partie du
Zoulouland à l'est, et la majeure partie du territoire

des Bétchouanas à l'ouest. Et ils ne sont pas au bout de leurs aspirations. Déjà depuis des années ils convoitent le Machounaland qu'envahissent en ce moment les Anglais, et des familles de Boërs chasseurs sillonnent tout le pays des Matabélés, jusqu'au Zambèze.

Il est littéralement exact de dire qu'en deux siècles une poignée de Boërs implantés au Cap, ont de fait, occupé et subjugué presque toute l'Afrique australe, et que l'Angleterre, le Portugal et l'Allemagne n'ont eu qu'à bénéficier de l'âpre labeur de ces rudes pionniers.

Voyons maintenant la vie des Boërs, et leur manière de traiter avec les indigènes. A cet effet, nous étudierons le vrai Boër, le Boër des régions nouvelles.

Les fermes des Boërs.

L'Afrikaander est cultivateur et pasteur; il est par-dessus tout chasseur, et conséquemment nomade et pionnier. Nous avons pu remarquer qu'il n'emploie pas le mot conquérir : il affecte l'expression « skoonmaak », c'est-à-dire débarrasser et nettoyer. Voyons-le à l'œuvre, par exemple dans le Bétchouana land, récemment occupé et appelé un moment *Rooi land*, à cause de la couleur du sol, et *Stella land*. J'ai connu plusieurs des pionniers qui envahirent cet immense territoire indigène. Soit donc un Boër qui a fait partie de la petite troupe d'invasion ou d'occupation. Il est entendu que le « Nieuwland », considéré désormais comme terre trouvée, appartiendra au premier occupant. Notre pionnier prendra deux de ses « maats » ou compagnons d'armes, et se rendra auprès du chef de l'expédition. Le dialogue s'engage à peu près dans les termes suivants : « Dag kaptein ! ons es kom keik waar es for ons die plaats : ons hè mes baklei. » Cela signifie : « Capitaine, nous vous saluons. Nous sommes venus voir où nous pouvons choisir notre « place » ; car nous avons pris part à la campagne. » Le mot « plaats » signifie ferme d'occupation. Au Canada on dirait « home stead ».

Le Boër a combattu : son droit est acquis ; le capitaine répond : « Jei loop kijk daar so, en fat jei se plaats daar so ». Allez voir, cherchez et choisissez une ferme.

Les trois compagnons s'en vont alors et fixent leur choix sur quelque terrain où il y ait une fontaine ou un coude de rivière gardant de l'eau toute l'année. L'eau marquera le centre de la ferme. Ils remontent à cheval après cela et chevauchent au trot allongé, trente minutes vers le nord, trente minutes vers le sud, trente à l'est et trente à l'ouest. Aux quatre points terminaux ils placent, en guise de limites, quatre grosses pierres. Ce seront leurs « Bakens ». La nouvelle terre ainsi dé-limitée, le capitaine en délivre les « teitels » ou actes officiels, et voilà le pionnier devenu proprié-taire en titre et en fait.

On conçoit que selon la nature du terrain, le trot des chevaux aura rendu la nouvelle ferme ou plus grande ou plus petite. Elle sera toujours de 60 à 80 kilomètres carrés. C'est, selon la manière de parler des Boërs, une ferme de « een uur te perd », d'une lieue à cheval. Entre ce domaine et le domaine voisin, il doit rester un terrain vague d'au moins une lieue, pour prévenir les rixes entre les « schep-sels » bouviers ou bergers. « Dat die schepsels ni baklei. »

De cette manière, il y a généralement, d'un corps de ferme à l'autre, au moins « drie uur met de wâân, dat es ien uur te perd », soit trois lieues, Les Boërs n'ont pas de montres. Dix fermes con-tiguës couvrent ainsi une surface d'environ 80 *lieues carrées*.

Ce système assure tout d'abord la sécurité des colons. Voici comment :

Le Boër admet autour de sa demeure les huttes de quatre à six familles d'indigènes, et dispose ainsi d'environ douze hommes noirs. Il n'en tient guère plus. Chaque ferme a, au minimum, deux hommes blancs, capables de porter les armes. A la première alerte, au premier bruit, d'un mouvement des tribus noires, les femmes et les troupeaux sont réunis en un lieu central « die Kamp », tandis que les contingents armés de chaque ferme opèrent leur jonction et se portent là où menace le danger.

Cette poignée d'hommes décidés suffit toujours soit à repousser les attaques des indigènes, soit à les tenir en échec jusqu'à l'arrivée des troupes gouvernementales. Je n'ai entendu citer que deux cas contraires, et datant de fort loin.

On objectera le grand nombre des noirs, et la trahison possible des auxiliaires au service des blancs. Il serait difficile pour qui n'a pas vécu dans ces pays, de ne pas s'exagérer la valeur de ces objections. En réalité, la cohésion des noirs, divisés qu'ils sont en clans, est très faible, surtout quand ils se voient coupés et morcelés par le système d'occupation des Boërs.

D'autre part, la crainte de la supériorité du Blanc, l'espoir du butin et un sentiment indéniable de gratitude, font que le noir s'attache au maître, et combat sans difficulté pour lui.

N'oublions pas que toute population noire est composée de castes, de clans, de débris de clans distincts, qui, ne se fusionnant jamais comme nous le faisons en Europe, restent hostiles les uns aux autres et s'enrégimentent facilement au service de l'étranger. C'est même l'histoire de tous les peuples inférieurs.

D'ailleurs, dix Boërs avec leurs chevaux et leurs
« roers » ou rifles, défendant femmes et enfants
contre des hordes indigènes, valent mieux qu'une
armée ! Pour cette guerre d'Afrique, le Boër est
incomparable. Je l'ai vu à l'œuvre. Aussi, le nom
de Boër « Iboula » est-il synonyme d'épouvantail,
même pour les Zoulous, qui ne se gênent guère
pour une armée d'Anglais célibataires.

Cette crainte révérentielle du blanc établi avec
sa famille dans son bourg « oumousi » est telle,
qu'il n'y a pas d'exemple que des indigènes aient jamais molesté la femme de l'Iboula ou envahi sa
demeure durant son absence.

Il va sans dire qu'il n'est plus question de *traite
des noirs*, du moment que quelques familles de
Boërs ont planté leurs « bakens » sur un territoire
quelconque. Personne n'y passe plus impuné-
ment. Qu'un groupe ennemi essaie de nuit ou de
jour de fouler, de traverser la « terre » du Boër,
avant une heure on entendra accourir le coursier
du « Baes », et un instant après, les suspects le
verront fondre au milieu d'eux, la carabine dans la
main gauche, et la lanière de rhinocéros de l'autre.
Suivront l'une sur l'autre les questions sommaires :
« Ou velangapina ? d'où venez-vous ! « ouiengapi ? »
ou allez-vous ? « oudingani ? » que vous faut-il ? et
suivant la réponse, ce Boër vous chassera, comme
du bétail, ce groupe de dix, vingt vagabonds vers

sa frontière ou au chef-lieu. Si la troupe est nombreuse, il la comptera à distance ; prompt comme l'éclair, il volera vers sa ferme et vers les voisins ; l'ennemi sera rejoint en force quelques heures plus tard, et traité sans merci.

Comprend-on quel cordon sanitaire contre la peste de la traite seraient une vingtaine, une dizaine de familles de Boërs belges on français dans le Congo ? — Et figurez-vous qu'il y en ait cinquante, cent !

L'influence de la famille sud-africaine n'est pas seulement une influence de coercition : c'est une influence de civilisation réelle.

Dès son arrivée, le Boër commence par dresser sa tente à côté de son wagon, et il admet autour de son toit improvisé une dizaine de « schepsels » qui travailleront avec lui. Le lendemain, il appliquera ses fils et ses noirs à traîner les broussailles et les abatis d'arbres, qui formeront le « kraal » provisoire de son troupeau. La construction de la maison est la première grande œuvre. Celle-ci sera composée d'une chambre ou maison, avec une « achterkamer », deux chambrettes et « die Kombhuis » c'est-à-dire la cuisine. Le Boër sera lui-même le briquetier, tandis que les noirs extrayeront et pétriront l'argile. Il séchera ses briques au soleil ou les brûlera avec du bois presque vert. Son four à briques aura donc de larges tubulures. Il préparera lui-même sa chaux s'il y a du calcaire à proximité ; le fumier séché de son kraal lui fournira le combustible. La toiture sera horizontale comme la plate-forme du midi, ou à pignon et faite avec le chaume, c'est-à-dire l'herbe longue du pays. Pour attacher l'herbe sur les lattis, il fera découper en lanières les peaux brutes des bêtes sauvages. La charpente elle-même sera jointe avec des lanières : le Boër ne connaît pas les clous : « gansch afrika hang saam me rimpies en stokies. »

A cette école le « schepsel », pris d'ordinaire très jeune, apprendra tous les éléments de la civilisation. Quatre pilotis fichés en plein soleil et surmontés d'un châssis carré formeront l'établi de la tannerie rustique. Le premier bœuf « die sal verrek » qui périra d'épizootie ou d'inanition prêtera sa peau, laquelle, ajustée sur le châssis et chargée de sable mouillé, formera la cuve à tanner. La chaux ayant été brûlée sur place, les peaux d'antilopes, de koudous, etc., y seront défibrées, dépouillées.

Un buisson appelé « bast bosch » par les Boërs (le même je pense que la « Gobernadora » de la Floride et du Mexique) donnera un tan actif. Le schepsel verra graisser, assouplir et étirer les peaux pour les usages domestiques et agricoles. C'est dans ces cuirs que le Boër taillera les traits du wagon et des jougs, et les semelles et les empeignes de ses souliers. Il en fera son harnais et sa selle.

Voilà un exemple entre cent. La plupart des « *schepsels* » apprennent ainsi tous les arts domestiques, comme aussi l'agriculture. Ils apprennent le charronnage, la menuiserie, la forge, l'armurerie, la boulangerie, la laiterie, etc., tout ce que doit savoir et sait faire le Boër, c'est-à-dire tous les métiers ! Le Boër n'est jamais à court.

On me dira que l'émigrant célibataire pourra enseigner au nègre les mêmes choses ? Possible ; mais, c'est douteux. N'étant pas attaché au sol par les liens de la famille, il simplifiera son existence temporaire, et loin de s'ingénier à élever la vie des indigènes, il laissera choir la sienne propre jusqu'aux habitudes de la primitive simplicité des barbares.

Mieux que tout cela, le spectacle de la famille civilisée est pour le nègre une école vivante de moralité, que le missionnaire lui propose à imiter. Le Boër, d'ailleurs, est religieux ; il garde le dimanche strictement, et prie avec sa famille au vu de tout le monde. Le Boër ne boit pas, il ne blasphème jamais, il donne l'hospitalité pour Dieu.

Voit-on l'influence morale et religieuse que dix familles blanches exerceraient parmi les nègres du Congo, et de quel secours elles seraient au missionnaire pour la régénération de ces peuples que la Providence a jetés entre nos bras. Car enfin, régénérer le Congo, c'est bien le point essentiel : si nous ne parvenons pas à le régénérer, il parviendra à nous faire dégénérer, et les richesses qu'il pourra nous donner ne compenseront pas la corruption et le trouble profond qu'il nous renverra. L'histoire de la dégénérescence lamentable des nations qui ont failli à ce premier devoir d'une saine colonisation est là pour nous prémunir.

Les Boërs et l'antiesclavagisme.

Mais, me demandera-t-on, comment les Boërs ont-ils collaboré à l'abolition de l'esclavage ?

D'abord, les Boërs n'ont jamais exercé eux-mêmes la chasse et la traite des noirs ; jamais ils ne l'ont favorisée, ni tolérée dans les régions qui entraient dans la sphère de leur action.

Secondement, eux-mêmes n'ont jamais eu d'esclaves proprement dits. Ce qui a été parmi eux légalement reconnu sous le nom d'esclavage, jusque dans ces dernières années, n'était qu'un *servage mitigé*, en ce sens que le serf n'était pas vendu avec la terre de son maître ; et ce *servage mitigé* n'était pas autre chose que la *domesticité*, dans laquelle de nos jours ils tiennent leurs « schepsels » maintenant que le soi-disant esclavage est aboli chez eux.

Je ne conteste pas que les Boërs ont souvent traité leurs serfs avec rigueur et cruauté; qu'ils en ont parfois mis à mort. C'étaient là des excès isolés. Ces excès ont été singulièrement exagérés et généralisés; ils peuvent, d'ailleurs, se comprendre si pas s'excuser, par la position hasardeuse du blanc au milieu de la multitude des nègres.

En dernier lieu je puis dire, après avoir étudié la question durant des années en Afrique, où j'ai vécu environné de Boërs durant six ou sept ans, qu'ils traitent leurs familles de noirs avec humanité, et leurs domestiques indigènes, surtout quand ils sont jeunes, à l'égal de leurs propres enfants.

Le négrillon admis au service du Boër vit avec les enfants de sa famille, partage leurs plaisirs et s'instruit avec eux dans tous les arts élémentaires de la civilisation.

Seulement, le Boër a élevé entre sa race et les races indigènes une barrière sacrée pour lui : jamais il n'y a eu d'unions entre les deux races. Les très rares écarts sont l'objet de la réprobation publique la plus sévère. Ce respect de lui-même est le secret de sa force et de son empire incontesté sur les noirs.

Je résume.

Les Boërs, en se répandant au large sur de grandes régions à la fois, ont multiplié les centres de civilisation et assuré leur propre sécurité en même temps que la sécurité des peuples qu'ils assujettissaient. Leur système d'occupation et leur colonisation par familles a été une barrière naturelle et peu dispendieuse contre la traite des noirs.

Les Boërs ont directement travaillé à la civilisation des noirs en extirpant le cannibalisme et les sacrifices humains, et en brisant la tyrannie exercée par les noirs les uns contre les autres. L'esclavage entre gens de couleur a cessé d'exister dans les pays conquis par les Boërs.

Les Boërs ont amené les noirs de l'esclavage au servage, du servage à la simple domesticité.

De tout temps ils ont réussi à adoucir les mœurs des noirs ; ils les ont élevés graduellement jusqu'aux connaissances utiles et les ont préparés à recevoir enfin l'*émancipation* que le Gouvernement colonial leur a octroyée dans ces dernières années, *trop tôt* au dire de plusieurs.

Du moment qu'un système de colonisation analogue pourra être introduit dans l'Afrique centrale et s'y sera quelque peu étendu, nous pourrons dire que la grande œuvre de Léopold II sera sauvée, que la barbarie de l'esclavagisme aura reçu le coup de mort, et que la religion pourra désormais mener à pas rapides vers la vraie régénération, les peuples innombrables que Dieu a jetés entre nos bras. Ce moment me paraît venu.

Il va sans dire que ce même système de colonisation s'impose au Congo français, je dirais à toutes les possessions européennes en Afrique (1).

Le 16 mars, mes compagnons de voyage et moi nous fûmes invités à dîner chez Sa Grandeur Mgr Léonard, évêque de Cape-Town, qui nous reçut avec une affabilité toute paternelle. Il se réjouit beaucoup de la fondation des nouvelles missions, et me remit des lettres pour les prélats irlandais d'Amérique. L'après-dînée, il me montra les œuvres nouvelles de sa ville épiscopale, la splendide église gothique du port, et la maison des Petites Sœurs des Pauvres. Il me conduisit ensuite au charmant village de Wynberg, dont le nom dit la richesse, et m'y fit visiter le beau pensionnat des religieuses dominicaines. Poussant ensuite ma promenade un peu plus loin, parmi les ruisseaux et les cascades, parmi les délicieux ombrages des forêts qui pendent le long du Table-Mountain, j'allai payer une dette d'amitié ; je visitai la vieille mère de mon ami Carl Carlsson

(1) Cette relation sur la colonie sud-africaine et sur la colonisation des Boërs a été publiée dans le numéro de janvier 1891 du *Mouvement antiesclavagiste*, revue internationale de Bruxelles. L'éminent explorateur du pays africain de Kong, le capitaine Binger, trouve le système de compénétration des Boërs identique au système de colonisation suivi par les Arabes d'Afrique quant à la marche générale, et le préconise comme l'unique système dont l'application puisse garantir un succès durable.

et, suivant ma promesse, je consolai sa douleur maternelle en lui donnant « his love », c'est-à-dire l'assurance de toute l'affection de son fils absent.

Le lendemain, je déjeunai au consulat de Belgique, où le bon Monsieur Lauwers (1) me reçut comme des Belges se reçoivent loin du petit pays qui est si grand dans leur cœur. A une heure, je dînai chez Son Excellence M. Schermbrücker, un fils de la catholique Bavière, devenu colonel, puis ministre des travaux publics et de l'instruction, et enfin *commissioner of crownlands*. Cet éminent fonctionnaire me questionne longuement sur les progrès des missions, sur l'instruction des noirs, sur les subsides requis pour les écoles catholiques nègres de la province de l'est. Dans la colonie du Cap, toutes les écoles primaires sont traitées avec une justice distributive parfaite, au prorata de la population scolaire.

Dans ce pays protestant, le gouvernement patronne l'enseignement libre comme l'enseignement officiel, et ne fait aucune distinction entre les diverses confessions religieuses. Après ces graves entretiens, la conversation tomba sur une question d'un autre ordre. Le ministre s'enquit de l'inoculation de la pleuropneumonie épizootique de la race bovine. Je pus lui apprendre que l'inoculation était

(1) Ce fonctionnaire, aussi serviable que méritant, est décédé en 1888.

pratiquée déjà parmi les Matabélé-Zoulous des bords
du Zambèze, et que, malgré la défectuosité de son
application, elle y opérait avec succès comme moyen
préventif contre l'épidémie. Il rendit hommage à
son illustre inventeur belge, le docteur Willems
de Hasselt, et le vengea des attaques dont celui-ci
avait été l'objet devant l'Académie, en me confirmant que « contrairement à certaines allégations
jalouses, l'inoculation de la pleuropneumonie n'a-
vait pas été appliquée au Cap avant 1850 », année
où le savant spécialiste livra au public le secret de
sa précieuse découverte, « mais deux ans plus
tard, vers le commencement de l'année 1853. »

L'après-dîner fut réservé pour la séance d'ouverture du Parlement. Les élections récentes ont
été orageuses et l'opposition des « nationaux »,
appuyée par un bon nombre de nouveaux députés
boërs, se promet de renverser le ministère, le
parti anglais. Mon ami Stephen Johnson et les
membres pour Grahamstown me conduisent à la
Chambre. La lutte est chaude et courte ; je ne
puis pas dire qu'elle est aussi courtoise.

En vue du phylloxera, dont l'invasion est re-
doutée, un projet de loi radical fut déposé à l'effet
de prohiber l'introduction, dans les ports de mer,
de tous fruits, plantes ou céréales quelconques.

La langue hollandaise (afrikaander Deutch) fut
ce jour-là admise pour la première fois dans les

débats de la Chambre, où l'anglais avait été jusqu'alors la langue officielle.

Un orateur national ouvre le feu en sa langue sud-africaine. Elle fait l'effet des premières mitrailleuses ! La réplique du gouvernement est inintelligible, et l'opposition crie victoire. Deux ou trois orateurs boërs viennent compléter le triomphe au milieu des applaudissements frénétiques de leur parti ; le gouvernement ne riposte plus. Une demi-heure après le ministère donna sa démission, et un ministère national fut formé par l'opposition victorieuse. Ce ministère compte deux catholiques, le Premier ou chef du cabinet, et M. Schermbrücker qui conserve son portefeuille.

Dans l'après-dîner du 18, le « Grantully Castle » se trouva sous vapeur et nous rencontrâmes, à bord de notre vaisseau, Sa Grandeur Mgr Léonard et plusieurs ecclésiastiques, Son Excellence M. Schermbrücker, le consul de Belgique et quelques amis qui étaient venus nous faire leurs adieux. Dès qu'ils sont redescendus sur le quai, le « Grantully » se met en marche, au cri du « hip-hip-hourra » national, trois fois répété du bord et du quai. Longtemps encore on agite les mouchoirs de part et d'autre. Enfin nous sortons de la baie de Bonne-Espérance, et dès le soir nous virons nord-ouest sur Sainte-Hélène.

Les jours suivants calme absolu, mer unie comme

une glace, chaleur croissante. Scindés par la proue
tranchante du navire, les bancs de poissons ailés
s'élancent de l'eau à droite et à gauche, et filent
comme des hirondelles en rasant la mer. Par moments des escadrons de marsouins leur font la
chasse, et bondissant, plongeant et reparaissant,
les poursuivent comme au galop. Le matin des
bouffées de vapeur partent de l'eau à l'horizon. On
dirait la fumée d'autant de mousquets. Ce sont les
baleines qui respirent à la surface.

Un de ces monstres, qui dort sur l'eau, nous
laisse venir jusqu'à cent mètres de lui, et ne s'é-
veille qu'au contact des vagues du sillage. Quel
émoi sur le navire ! Il plonge comme un roc en
formant un abîme.

Les requins nous tiennent aussi compagnie. Volontiers nous leur ferions don d'un crochet de bou-
cher chargé d'un kilo de lard ; mais la course du
navire est trop rapide pour une pêche.

22 mars. — C'est dimanche. A 7 heures la pa-
rade. Le capitaine et son état-major passent l'équipage en revue. Quelle tenue, quel air martial,
quelle propreté ! Immédiatement après, le tinte-
ment de la cloche du bord annonce le service religieux ! A défaut de ministre, le capitaine lit la
Bible dans le grand salon et préside aux chants religieux. Les catholiques se réunissent au « salon des

dames » où le commandant a détaché les matelots et les marins catholiques qui ne sont pas de service. Le Rev. Mr Fanning célèbre la première messe tandis que j'entends les confessions des fidèles. A la messe de l'abbé Allen, 8 matelots irlandais s'approchent de la sainte table. Je dis la troisième messe tout seul, pendant que les passagers se rendent au breakfeast réglementaire.

Un dimanche, à bord d'un navire anglais, est d'un calme saisissant. Les jeux de hasard sont défendus. On voit les protestants lire la Bible, et les catholiques prier partout. L'après-midi on se livre à des jeux d'adresse; le soir, les passagers organisent d'ordinaire un concert au salon, parfois un bal sur le pont. Le capitaine allume la *morality lantern.*

Les soirées dans les mers australes, sont empreintes d'un charme qui va à l'âme. Une brise légère ramène la fraîcheur après la touffeur du jour; le doux roulis du vaisseau ressemble à un bercement; dans les mâts et dans les cordages vont et viennent les brillantes constellations du sud qui scintillent sur un fond d'indigo, et le navire poursuit sa route silencieuse en traçant sur les flancs et derrière lui, deux berges phosphorescentes et comme une chaussée lumineuse.

C'est l'heure des méditations, c'est l'heure des graves conversations. Que d'hommes deviennent

meilleurs dans ces heures bénies ! que de conversions s'y préparent ! Je m'en rappelle plus d'une.

23 mars. — Nous approchons de la prison du
grand captif, nous sommes en vue de Sainte-
Hélène. C'est la quatrième fois que j'aborde
au sombre rocher de basalte, et mon émotion est
plus profonde que les autres fois. La couronne de
nuages qui enveloppe les sommets émerge lentement à l'horizon : nous sommes à 70 milles de
l'île. Je vais m'asseoir à l'éperon du navire avec
quelques amis. On braque les jumelles, et on évo-
que... Bonaparte... « le héros expiré » dont
« l'ombre encore inquiète » semble hanter ces mers.

A mesure que le nuage se détache de l'horizon
et que grandissent les montagnes qu'il recouvre,
tous les regards se fixent davantage et cherchent
à distinguer un point blanc... Le voilà, sur la longue pente du sud !... c'est Longwood !... et

> Sur un écueil battu par la vague plaintive,
> Le nautonier de loin voit blanchir sur la rive
> Un tombeau près du bord par les flots déposé ;
>
> . . . .
>
> Ici gît... Point de nom !... demandez à la terre !
> Ce nom ? il est inscrit en sanglant caractère,
> Des bords du Tanaïs au sommet du Cédar,
> Sur le bronze et le marbre, et sur le sein des braves,
> Et jusque dans le cœur de ces troupeaux d'esclaves
> Qu'il foulait tremblants sous son char.

. . . .

> Jamais d'aucun mortel le pied qu'un souffle efface
> N'imprima sur la terre une plus forte trace ;
> Et ce pied s'est arrêté là !...

Il est là !.. à quelques centaines de pas de Longwood, sous le feuillage des cyprès et des saules, dans le ravin qu'il aimait, près de la source à laquelle il étancha sa dernière soif...

> Il est là !... sous trois pas un enfant le mesure !
> Son ombre ne rend pas même un léger murmure.
> Le pied d'un ennemi foule en paix son cercueil.
> Sur ce front foudroyant le moucheron bourdonne,
> Et son ombre n'entend que le bruit monotone
> D'une vague contre un écueil.

Napoléon mourut le 5 mai 1821, dans la maison de Longwood. Cette maison, une ancienne ferme, avait été aménagée avec simplicité et décence. A gauche on voit une véranda où l'empereur passait les heures du soir. Elle est contiguë à une chambre qui lui servait d'étude et de bibliothèque. Au milieu se voit la salle à manger. C'est là que Napoléon mourut. Son portrait a été placé entre les deux fenêtres à l'endroit où il exhala le dernier soupir. L'aile en saillie était la chambre à coucher de l'empereur. Montholon et les personnes de la maison impériale logeaient dans les combles. Le corps de bâtiments de droite était occupé par lord Hudson.

Le *Grantully-Castle* mouilla devant la ville, située dans la seule crique abordable de l'île. Contre le roc abrupt qui en fait le coin de gauche, il y a une pierre rouge et unie, de trois mètres de long, qui est l'unique débarcadère du sombre rocher.

Longwood.

C'est là qu'en 1815 la chaloupe du *Bellérophon* avait déposé le conquérant, au soir de sa grandeur. Nous foulâmes avec respect cette pierre qui avait reçu l'empreinte « du pied qui fit trembler la terre ».

L'île de Sainte-Hélène est située à 19° de latitude S. et 1°31' de longitude O.

L'intérieur en est aussi fertile que les bords en sont sauvages. Le figuier, le bananier, le palmier y abondent à côté de tous les arbres fruitiers de l'Europe. Le versant septentrional est brûlé par les chaleurs torrides qui viennent de l'équateur. Les hauteurs de Longwood et les pentes du sud ont un climat tempéré, d'une agréable douceur. Le thermomètre centigrade y marque 24°.

Deux jours plus tard nous touchâmes à l'île de l'Ascension, par 8° de latitude sud et 17° de longitude ouest. Cette île n'est qu'un amas brûlé de 28 volcans éteints, sur les flancs desquels s'ouvrent autant de cratères béants.

Le pic qui les domine tous à une hauteur de 3,000 pieds, et qu'enveloppent les nuages de la mer, est seul couvert de verdure, et présente une végétation luxuriante et d'autant plus agréable à voir que le reste de l'île volcanique est plus désolé. J'y étais monté en 1879 et j'avais été littéralement trempé, saturé par les vapeurs palpables de l'éternel nuage. Deux choses intéressent surtout le voyageur dans cette halte sur l'océan. La première est la vallée des *wide-awakes*, grands oiseaux particuliers à ces parages, et qui ont presque la taille et le plumage des cigognes. Ils sont d'une voracité telle qu'ils plongent du haut des airs sur les appâts que nous lançons par-dessus le bord pour la pêche.

Nous en prîmes trois à l'hameçon en leur tendant l'appât avec la main. Mis en cage, ils dévorèrent immédiatement les poissons que nous leur jetâmes.

Ils pêchent en troupes innombrables à cent lieues alentour et font leur ponte dans deux ou trois vallées de l'île. Ces vallées de cinq à six cents mètres de longueur sont littéralement couvertes de

L'île de l'Ascension.

nids, en sorte qu'on a peine à ne pas écraser les œufs et les jeunes en marchant. Nous fîmes une ample récolte d'œufs que nous emportâmes au navire, mais ce ne fut pas sans avoir à essuyer les assauts des wide-awakes au bec crochu.

L'autre curiosité de l'île c'est le réservoir aux tortues de mer. Dans les bas-fonds les pêcheurs les arrêtent au lacet, les hissent dans leurs barques ou les traînent au rivage pour les déposer dans le réservoir, d'où on les expédie vivantes en Angleterre. Couchées sur le dos à l'arrière-pont, ces amphibies de quatre à cinq pieds de long vivent sans nourriture jusqu'en Europe. Chaque steamer en destination de la mère-patrie en emporte une en don gracieux pour Sa Majesté la reine d'Angleterre. Les œufs de tortues sont abondants à l'Ascension. On en use pour la seule rareté. La partie solide de la tortue se mange sous forme de « steaks » comme du veau ; les parties visqueuses sont servies en étuvée d'où nous vient « la tête de veau à la tortue » ; les parties blanches, cartilagineuses et intestinales, sont préparées sous forme de consommé. De quelque manière qu'on la prépare, la tortue vaut ce que vaut la sauce.

L'île de l'Ascension fut occupée en 1815 par les Anglais pour observer de là le « dangereux Prisonnier » de l'Europe coalisée et parer à toute tentative d'un second retour de l'île d'Elbe. Actuellement l'Ascension est, comme False-bay à la pointe de l'Afrique, un arsenal de la marine militaire. Ces deux arsenaux sont fournis d'un matériel suffisant pour armer en guerre, en très peu de jours, tous les bâtiments utiles de la marine marchande des eaux du sud.

On sait que tous les capitaines et les officiers en premier des flottes des grandes lignes coloniales, comme l'Union-Line, la Donald and Currie Castle-

Line et autres, appartiennent à la réserve de la marine d'Angleterre.

Le 25 nous eûmes le bonheur de réunir à la sainte table les quelques catholiques qui vivent sur cette île. Le grand salon de l'hôpital militaire fut gracieusement mis à notre disposition.

Chaleur croissante. A bord du *Grantully-Castle*

Pic de Ténériffe.

28° à 36° centigrades, sur la plage et sous les monts 40° à une heure. Nous passons l'équateur le 29 par un temps superbe, et sous un ciel d'airain, puis, nous remontons par le cap Vert et le cap Blanc, jusqu'aux îles Canaries.

Nous ne pûmes apercevoir que dans la nuit les deux pics majestueux de Ténériffe. Par moments toutefois, quand le voile des nuages qui les enveloppe venait à se déchirer, nous les vîmes étinceler sur la profondeur du ciel. Ils ressemblaient alors à deux icebergs flottants parmi les brumes polaires.

Nous passâmes les Canaries en traversant les eaux mêmes des îles de Palma et de Goméra où Ignace d'Azévédo et ses quarante compagnons furent martyrisés pour la foi en 1570. Nous continuons à jouir d'un temps à souhait les jours suivants. Même, la température s'étant rafraîchie, en approchant des îles fortunées de Madère, tous nos malades relèvent du mal de mer; le pauvre phtisique embarqué presque mourant à Port-Elizabeth commence, lui aussi, à s'accrocher à la vie. A notre arrivée à Funchall, ce brave protestant me manda, et me pria d'expédier un télégramme à son frère, pour l'inviter à venir le recevoir à Plymouth. Malheureusement, à peine avons-nous quitté la rade et doublé l'îlot de Porto-Santo que la mer devient houleuse. Le Vendredi-Saint les vagues commencent à déferler et le thermomètre tombe rapidement. Nous courons à la rencontre d'une tempête. Tous nos convalescents sont redevenus malades, et l'infortuné protestant se trouve bientôt à toute extrémité. La tempête devient furieuse le samedi, et se change en ouragan durant la nuit de Pâques. L'énorme vaisseau embarque la mer, tantôt de l'avant, tantôt de l'arrière dans l'effrayant tangage, en même temps que par le roulis, il plonge ses vergues de droite et de gauche dans les flots.

Tout le navire est dans un tumulte indescriptible.
Le cliquetis de la vaisselle et des verres, le batte-
ment des portes, le roulement subit de l'hélice
tournant à faux quand la poupe émerge, et le grondement du navire battu par les vagues se mêlent
au sifflement de la tempête, aux ordres répétés des
officiers, aux cris désespérés des enfants et des
malades ! Plusieurs passagers réfugiés auprès de
moi, me supplient de prier pour eux dans leur
détresse. C'est à ce moment le plus terrible de
l'ouragan, qu'un vieux colonel pénètre dans ma
cabine et me présente une fiole d'eau de Lourdes.
Je ne puis dire quelle consolation, quelle confiance
cette eau, garante de la protection de « l'Etoile
de la Mer », nous apporte à tous ! J'en donnai
aux catholiques que je pus aborder, et tous se
mirent à prier avec l'assurance de leur préservation.

Le jour parut enfin après cette affreuse nuit ;
l'aurore amena la fin de la tempête, et, quand le
soleil se leva, nous voguions en eau tranquille.

Durant trois jours nous avions été suspendus
entre la vie et la mort, et il ne nous avait pas été
possible d'approcher de l'autel.

Aussi ce fut avec une joie extrême que les catholiques accoururent à la messe du saint jour de
Pâques. Nous la célébrâmes en grande pompe au
salon des dames. Presque tous communièrent en

action de grâces, et les protestants semblaient nous envier notre bonheur.

Cette joie fut, hélas ! mêlée de tristesse. Au fort de la tempête, le pauvre protestant de Port-Elizabeth était mort, sans que personne eût pu l'assister dans ses derniers moments.

A peine eûmes-nous déjeuné, que la cloche sonna le glas funèbre. Aussitôt les matelots se multiplient sur le pont pour ranger tout à la hâte, et une demi-heure après, nous nous trouvons alignés sur l'arrière, en attendant la funèbre procession.

Le cortège s'avance lentement de la proue du navire. En tête marchent sur deux lignes les marins et les matelots en grande tenue. Quatre hommes portent sur leurs épaules le cadavre cousu dans le canevas et posé sur la planche. Le drapeau national rouge et bleu couvre la dépouille mortelle. Le capitaine conduit le deuil, suivi des officiers, des quartiers-maîtres et des ingénieurs. En face de nous, au pied du mât, la tête du cortège s'arrête, et l'équipage se range en hémicycle, tandis que le défunt, porté sur la planche, est déposé par les pieds sur le parapet du vaisseau et soutenu par deux matelots du côté de la tête.

En ce moment, sur un coup de sifflet du premier officier, la vapeur est renversée, et le navire, tremblant sur lui-même, badine quelques moments, puis s'arrête. Un silence profond et saisissant succède au bruit de l'hélice et des machines. Le capitaine, à défaut d'un ministre protestant, se découvre alors, et, récitant d'une voix claire et distincte les prières liturgiques anglicanes, il arrive enfin à cette dernière oraison : « O Dieu, dans la miséricorde de qui reposent les âmes des fidèles, daignez bénir l'abîme de ces eaux et envoyer votre ange tutélaire pour les garder, et que celui dont nous immergeons aujourd'hui les restes mortels dans les flots de la mer soit absous de tous ses crimes, afin que pour toujours il jouisse de Vous avec vos saints. »

En ce moment tous les assistants courbèrent la tête, l'équipage porta la main à la toque, le canon tonna sur l'immensité de l'océan. Il y eut un instant de pénible attente et puis, les deux matelots ayant soulevé la fatale planche, le cadavre glissa de dessous le drapeau qui le couvrait, et plongea dans les flots ! Immédiatement le sifflet retentit, et le roulement de la machine et de l'hélice poussa le vaisseau, qui reprit son cours, tandis que la dépouille mortelle, descendant en zig-zag, disparaissait dans les insondables abîmes de l'océan. Ce fut le dernier épisode de la traversée.

Le 8 avril, après six jours d'un froid piquant qui chassa du pont tous les passagers, nous mouillâmes à l'entrée du port de Plymouth pour décharger la malle coloniale. Un homme fendit la foule du quai et se précipita sur la passerelle :

c'était le frère de l'infortuné, dont nous avions célébré en mer les tristes funérailles. On me confia la pénible mission de lui apprendre qu'il ne lui restait plus même le cadavre de son frère !

Nous levâmes l'ancre incontinent, et nous longeâmes la côte de l'Angleterre déjà couverte de verdure. Durant la nuit nous traversâmes la Manche et le Pas-de-Calais au milieu d'un épais brouillard et le 9, à marée haute, nous débarquions aux East India Docks.

J'avais souvent entendu parler de la proverbiale capacité des voitures de place de la cité de Londres. Les cab-men en sont fiers et je constatai qu'il y a de quoi. Mon automédon mit dans son four-wheeler et par-dessus, outre ma personne, la totalité de mes bagages. En voici la liste :

Un portemanteau, une sacoche, un chien de Ténériffe, une caisse contenant seize tortues vivantes, trois grands colis qui m'étaient confiés pour divers amis, un autel portatif, la canne, le chapeau, le parapluie et la chaise de bord. A Bruxelles il eût fallu requérir une voiture de déménagement.

II

DE LONDRES A QUÉBEC

Du 9 avril au 2 août.

Cantorbéry. — Slough. — Windsor. — Eton College. — Sur le continent. — En famille. — William Towry-Law. — Cardinal Manning. — Little-Hampton. — Park Minster. — Londres. — Liverpool. — L'interview. — Les Jésuites Anglais. — Une œuvre de charité. — La verte Erin. — En mer. — Canada et Canadiens. — Icebergs. — Le Labrador. — Terre-Neuve. — Nous entrons dans le Saint-Laurent. — Les Acadiens. — L'île d'Orléans. — Le Sault de Montmorency. — Québec.

Quelques jours de repos m'étaient nécessaires. Une lassitude inaccoutumée m'avait pris dans les derniers jours de la traversée ; j'avais ressenti les premières atteintes du mal de foie, et comme la cité de Londres avec son agitation fiévreuse n'était point de nature à me défatiguer, je me retirai au beau pays de Kent dont l'air est si pur à cette époque de l'année.

12 avril. — Me voici à la maison de nos Pères français de Cantorbéry, jouissant auprès d'eux d'une hospitalité attentive et toute fraternelle. Les expulsés de France occupent près de la ville un château anglais qu'ils ont à la hâte transformé en collège. Le R. P. du Lac y a réuni autour de lui toute sa chère jeunesse de la maison de Boulogne, à laquelle se sont joints des jeunes gens venus de tous les coins de la patrie. Parmi eux j'ai trouvé le fils de M. Albert de Mun, qui venait tout juste de tomber d'une fenêtre du second, et s'était ramassé en remarquant « que c'était bien haut ».

Les petits-fils de Louis Veuillot s'y trouvaient en compagnie du fils de l'amiral Courbet. J'y trouvai quelques jeunes Belges, entre autres le fils de M. Le Jeune, ministre de la Justice. J'y rencontrai aussi un élève de Notre-Dame de la Paix à Namur, don Francisco de Vélasco qui me pria « de porter une lettre à son père, au Mexique ». L'élite de la France, du reste, était représentée là, et ce qui me frappa beaucoup, c'est qu'on ne remarque point de «gommeux» parmi les jeunes gens de la bonne société française. Tout cela est simple et dégagé, tout cela porte le cachet de la vraie noblesse, le naturel.

La cathédrale de Cantorbéry ou la métropole anglicane.

Un vétéran des missions de la Chine et du Japon, un ami des arts, le bon P. Vasseur qui porte allègrement ses soixante et des années, me conduisit

Façade de la cathédrale de Cantorbéry.

à la cathédrale de Saint-Thomas Becket. Je ne pouvais désirer un guide plus autorisé. Il connaît les plus belles cathédrales et les plus beaux vitraux du monde.

La ville de Cantorbéry est simple et tranquille. C'est la ville sainte de l'Angleterre.

Au point de vue du pittoresque c'est Dinant ou les vieux quartiers de Bruges.

La cathédrale, longue de cinq cent quatorze pieds, se compose de deux églises, et au rebours de Notre-Dame de Tournai, les nefs de Cantorbéry sont de style gothique à lancettes, tandis que le chœur est roman et normand.

Quoique plus vaste, cet immense vaisseau est moins majestueux que les vaisseaux de Notre-Dame d'Anvers, de Saint-Bavon ou de Sainte-Gudule. Le transept est admirable. Il est séparé du chœur par un jubé qui, vu de la nef, n'est absolument qu'un mur prodigieusement élevé, par-dessus lequel on voit à grand peine les voûtes du chœur. A travers une poterne basse et étroite on entre dans ce chœur qui fait la seconde église. Là tout est roman, tout est admirable. Disgracieux cependant l'étranglement des lignes convergentes au second transept.

La cathédrale de Cantorbéry et Notre-Dame de Tournai peuvent être mises en parallèle. Pour moi, je ne marchanderai pas mes préférences pour l'admirable basilique des « Chonq Clotiers ! »

Dans la cathédrale de Cantorbéry, je me suis arrêté sur les dalles mêmes, et j'ai considéré attentivement la place où, dans le grand transept de gauche, fut massacré St Thomas Becket. Les deux mausolées du martyr ont disparu durant les persécutions protestantes.

Toute la partie ancienne, le chœur de la cathédrale, est rempli de tombeaux catholiques, de mausolées d'évêques catholiques. J'ai visité les cryptes de Cantorbéry et le tombeau du Prince Noir. J'ai vu le missel de Cranmer, premier évêque anglican et grand-père du protestantisme en cette Angleterre jadis le « douaire de Marie ». Je n'ai pas touché ce livre comme le font les visiteurs. Après avoir considéré la place où fut martyrisé saint Thomas, je visitai celle où il fut d'abord déposé et plus tard inhumé. Rien n'y existe plus du glorieux martyr que le souvenir de son héroïque triomphe.

J'ai entendu les chants protestants dans la vénérable basilique chrétienne, et j'ai respiré l'encens brûlé par l'erreur au Dieu de toute vérité. Quelle peine pour le cœur catholique, et quelle compassion il éprouve là pour nos frères séparés !

Trois bons mots sur les moines, les cloîtres et Henri IV, version protestante.

Le cicerone de la métropole religieuse nous déroulait ses explications historiques. Arrivé devant une tribune dérobée de l'abside, il nous dit que c'était là que les clercs du quatorzième siècle faisaient pour les rois d'Angleterre *les prières de ce temps-là*, c'est-à-dire catholiques.

Parvenu dans les admirables cloîtres où pria Thomas Becket, il eut l'idée de nous apprendre que ce fut là que « probablement les moines passaient la meilleure partie de leur temps ». Probablement donc, ils ne passaient pas tout le jour au réfectoire.

Dans la crypte, vraie basilique souterraine, il eut une autre rengaine à l'adresse de la *rapacité monacale*. « Un roi de France, nous dit-il, vint ici prier au tombeau de Thomas Becket. Il avait au doigt un diamant d'un prix inouï. La convoitise monacale s'étant éveillée, on lui demanda ce diamant comme gage de sa dévotion. Le roi, continuat-il, pour sauver son diamant, tendit aux moines une forte somme d'or; mais, au moment où il la livra, son diamant sauta de son anneau et se ficha si fortement dans la voûte qu'il ne put l'en retirer; d'où il suivit que le bon roi y perdit son or et son diamant. » Et les visiteurs d'écouter pieusement, mon compagnon et moi de partir d'un rire quelque peu gaulois! Sur ce, le cicerone, nous ayant jeté un regard furtif, changea de ton et devint presque catholique dans ses explications. Question de pennies pour ces hommes!

Toute la cathédrale est nue, ce n'est plus qu'un squelette religieux, l'image de l'arbre mort du protestantisme.

Après la cathédrale, j'ai visité le collège de Saint-Augustin, ancienne abbaye gothique des Bénédictins, maintenant séminaire des missions protestantes. Henri VIII, Élisabeth, Wolsley et d'autres y logèrent successivement.

Il y a là des murs romains bien reconnaissables; des constructions normandes en silex brut, des édifices romans, de superbes bâtiments gothiques. C'est beau, c'est émouvant à voir. On se sent renaître aux nobles sentiments des grands âges de foi, en parcourant ces admirables constructions élevées par la piété de nos pères. Les heures libres que je ne donnais pas à la visite des monuments de la ville, si intéressants pour l'artiste et l'archéologue, ou à celle des manoirs et des parcs voisins, tout remplis de daims, de chevreuils et de cerfs : je les consacrais à nos braves collégiens qui, dans leur juvénile ardeur, étaient aussi avides de nouvelles des missions australes que friands d'anecdotes des grandes chasses du « Continent mystérieux. »

Heureusement que les sept années que j'avais passées parmi nos pauvres nègres de l'Afrique m'offraient abondamment de quoi les satisfaire. Mais, je dus me borner. La fièvre cynégétique se fut bientôt emparée des uns, et l'ardeur apostolique

des autres. Ces bons jeunes gens insistèrent pour
me faire accepter une généreuse aumône qu'ils
prélevaient sur leurs menus plaisirs pour le soulagement des nouveaux chrétiens du sud.

Autant était riche et somptueuse même l'habitation de cette brillante jeunesse française à Saint-
Mary's de Cantorbéry, autant je trouvai pauvre et
nue la modeste maison de probation de Saint-
Joseph's house à Slough près de Windsor.

Je visitai ces autres expulsés de France, les
scolastiques, qui se forment ici aux études de la
compagnie, et les Pères qui y font cette troisième année de probation « après laquelle l'année
du repos ne se retrouvera plus sur terre. » Qu'ils
sont édifiants ces chers exilés ! Je les aime beaucoup. C'est peut-être parce que je suis un peu comme
eux, n'ayant plus de chez moi, au moins pour
bien du temps.

Non loin de Slough s'élève, sur les bords là encore riants de la Tamise, une masse imposante de
tours et de constructions élevées. C'est Windsor, ce
palais cyclopéen qui domine le plat pays. C'est la
gloire des âges autour d'une royauté respectée.
Dans la chapelle Saint-Georges, un bijou de l'architecture ogivale, j'ai vu avec émotion le mausolée du prince impérial, mort au pays de mes Zoulous quand nous montions pour la première fois,

de la côte du sud vers leurs congénères, les farouches Matabélés. Le jeune prince est là, couché en marbre blanc, dans sa tunique de guerre, les mains croisées sur son épée qui repose de sa poitrine à ses pieds. Sur ce mausolée on lit avec une indicible émotion ces mots touchants :

« Je mourrai avec un sentiment de profonde gratitude pour Sa Majesté la reine d'Angleterre, pour toute la famille royale et pour le pays où j'ai reçu pendant huit ans une si cordiale hospitalité. »

(*Testament du prince impérial*, 26 février 1879.)

Je me souvins que ce jour-là même je m'étais trouvé à Sainte-Hélène au tombeau de Napoléon Ier.

Dans le bas-côté se trouve la statue de Léopold Ier.

On y lit en anglais :

« Erigé par Sa Majesté la reine Victoria, en souvenir aimant de Léopold Ier roi des Belges, son oncle maternel, qui fut un père pour elle comme elle fut une fille pour lui. 1879. »

Hormis ces mausolées, il n'y a là que deux autres monuments. C'est simple et digne, et cela est anglais.

Sur la route de Windsor à Slough se trouve l'immense édifice d' « Eton-College », le moyen-âge devenu protestant. C'est là qu'étudia le Père Au-

Windsor (castle).

gustus Law, mon regretté compagnon de mission mort au pays d'Umzila en 1880, dont je dois visiter le vieux père. Celui-ci est un converti et un saint qui habite au palais de Hampton-Court.

Un voyage de retour n'est guère embarrassant ; pour s'y préparer il ne faut d'ordinaire que le temps de boucler sa malle. Il n'en est pas ainsi quand il faut partir pour un pays inconnu et parer aux éventualités d'un voyage lointain.

Dans l'occurrence, je me trouve en face du tour du monde, ni plus ni moins, et ma position n'est pas celle d'un financier à qui son portefeuille sert de toute-puissante recommandation : c'est bien celle d'un missionnaire en quête de ressources pour des œuvres en détresse, et qui, après Dieu, doit être à lui-même son seul appui.

Mon itinéraire est arrêté. Il faut commencer par l'Amérique septentrionale, et descendre par l'Amérique méridionale jusqu'en Australie, pour revenir de là, aidé de la charité du Nouveau Monde, à ces missions pénibles de l'Afrique zambézienne d'où je suis parti.

Dans le monde anglais on ne se hasarde pas sans de nombreuses, d'indispensables « introductions ». Force fut donc de passer sur le continent pour m'y munir des lettres nécessaires des personnages influents, et de toutes les personnes charitables auprès desquelles mes relations de missionnaire m'ont précédemment donné accès. Je visitai la France, l'Allemagne, la Hollande, la Belgique et l'Angleterre. Ces voyages préliminaires remplirent les mois d'avril et de mai 1885.

Je revis ma famille après une longue, une aventureuse absence. Comme toujours en pareilles circonstances, la joie de se retrouver fut tempérée de bien des regrets. Quelques-uns manquaient à l'appel : Dieu les avait rappelés à Lui ; le malheur aussi était venu frapper à la porte de plusieurs amis, nous rappelant à tous que la vie est un voyage dans une vallée de larmes, et que le bonheur parfait est au ciel.

Ces jours de joie relative eux aussi passèrent, et bientôt l'heure de la séparation sonna de nouveau. Une parente, âgée de quatre-vingt-un ans, et qui dans sa sereine et verte vieillesse portait la couronne d'une longue vertu, soutenait le courage de tous. A mes frères, à mes sœurs attristées, elle fit comprendre que : « s'aimer pour Dieu, c'est là comprendre pratiquement la foi ! qu'il fallait sacrifier quelque chose au Seigneur pour le salut des pauvres païens, et que de ma part ce quelque chose c'était eux, et que de leur part c'était moi. » Nous offrîmes donc à Dieu cette séparation : il ne nous restait rien de plus cher à lui offrir. Je visitai

quelques amis encore, j'allai faire mes adieux au
R. P. Provincial et aux jeunes « apostoliques »
de Turnhont, et le 10 juin, je repris la route de
l'Angleterre.

Un compagnon d'étude, un ami de jeunesse
m'accompagna seul à Ostende, et ne me quitta qu'au
bateau. C'était la troisième fois qu'il m'aidait à
quitter le sol natal. Je lui dis « adieu ». Il secoua
la tête, sourit et me répondit « que Dieu vous ramène ! au revoir » !

J'avais mis ordre au matériel de mon long voyage;
j'avais annoncé mon arrivée aux Pères du Canada
et leur avais exposé le but de mon expédition et les
ordres conformes de nos supérieurs. Il me restait
à préparer mon âme au travail qui m'attendait, à
la mort qui pouvait me surprendre désormais plus
qu'en aucun autre temps de ma vie. Je me retirai
dans la paisible maison des Jésuites français, à
Slough, au comté de Buckingham, et commen-
çai ma retraite annuelle sous la direction éclairée
du vénérable Père F.., un des hommes les plus
éminents de la province de Toulouse. A mon passage par la rue de Varennes à Paris, le Père
Marcel Bouix m'avait fait hommage de sa belle
traduction : « les Noms divins » du vénérable Léonard Lessius. Cette œuvre pleine d'onction, où respire toute l'âme du saint religieux en même temps

que son génie, fit les délices des moments libres que me laissaient les exercices de la retraite.

J'y puisai une pleine et entière confiance en celui pour qui j'allais travailler, et comme une assurance que sa main ne m'abandonnerait point. L'hypertrophie du foie que j'avais apportée d'Afrique et dont j'avais ressenti les premières atteintes sur mer, s'était rapidement développée en Europe, et depuis quelques mois je m'étais persuadé que ma mort était proche. Il me semblait maintenant que, grâce à beaucoup de prières, faites pour moi par des p ersonnes qui croient que je puis être utile encore à la cause de Dieu, un sursis m'avait été octroyé. Je sortis de ma retraite « armé en guerre » il est vrai, mais aussi rendu prudent.

26 juin. — Londres est un étrange monde. A part quelques rares jours, si vous sortez par un soleil brillant, vous n'êtes pas sûr de trouver votre chemin de Mount Street à Oxford Street, ou d'Oxford Street à Piccadilly. Un brouillard peut vous arrêter subitement, plus dense que le brouillard de l'Escaut, plus opaque que le chobar d'Afrique. Dans ce « London fog » tout jaune, et tout chargé de suie, vous respirez avec peine, vous ne voyez plus rien. C'est l'heure des gamins de Londres : pour un penny ou pour six pence (cela dépend des cas) ils vous conduiront, aveugle égaré, le long des maisons jusqu'à la limite de leur cercle d'opération. Soudain vous voilà planté à l'angle d'une rue. Votre conducteur a disparu, et son compère vous criera poliment : « A penny, sir ». Et l'on vit dans ce monde brumeux, où le plus grand commerce du monde se pratique, où la plus fière noblesse déploie le faste le plus opulent, et où grouille la plus hideuse populace !

Sorti de la serre chaude du monde français de Cantorbéry et de Slough, je suis rentré dans l'étiquette toujours un peu glaciale du monde anglais. Ces braves Anglais ! Ils vous donneront le spectacle de toutes leurs grandeurs et la jouissance de tout leur confortable, avec la même placidité que les conservateurs de nos musées mettront à vous exhiber les richesses qui surabondent autour d'eux. En Angleterre, l'enthousiasme, ce trait d'union des cœurs, ne nage pas à fleur d'eau comme en France. S'il m'eût fallu venir en ces parages pour m'animer à la poursuite de la grande œuvre à laquelle la Providence a bien voulu m'associer, j'eusse manqué mon coup. A n'en croire que les hommes d'ici, on ne tenterait pas le voyage d'Amérique.

Les Anglais comprennent parfaitement le dévouement, mais dans une entreprise où tout est clairement calculé pour le succès, et à cette entreprise nationale ou religieuse ils apporteront une résolution et une ténacité indomptables.

Ceux qui se lancent à moins sont rares. De ces exceptions fut feu le brave Père Augustus Law, ancien lieutenant de marine, qui, devenu jésuite, évangélisa les côtes de Démerara, et vint mourir parmi nous victime de sa charité, aux débuts de l'aventureuse mission du Zambèze.

Son père, un vénérable vieillard, m'attendait dans ses appartements du palais de Hampton-Court, témoin des splendeurs de la cour de Charles Ier.

Il vit là d'une modeste pension, attachée, comme son habitation, aux charges élevées qu'il a remplies autrefois. L' « honourable » William Towry Law porte assez bien ses quatre-vingt-quatre ans. C'est un homme éminemment sympathique, comme tous ceux qui ont souffert quelque chose pour une grande cause. Cette grande cause c'était celle de la foi; car lui-même est un converti, chancelier jadis de plusieurs collèges, petit-fils et arrière-petit-fils d'évêques anglicans, et ci-devant ministre protestant d'une riche cure. Quand il embrassa la foi catholique, il eut à sacrifier 25,000 francs de rente avec sa position, et à jeter sur le pavé ses neuf ou dix enfants, dont le plus cher à son cœur était cet Augustus Towry Law que j'eus le bonheur de connaître pendant quatorze mois. La conversation fut toute de souvenirs. Toutes les lettres, toute la vie du cher fils, tout ce qui le touche de loin ou de près est conservé là, avec le culte du respect. Quand je parus devant lui, ce grand chrétien s'arrêta devant moi sans proférer une parole; puis, me dominant de sa haute stature, il me mit ses deux mains sur les épaules, et me regardant jusque dans l'âme : « Qu'avez-vous fait », me dit-il avec une douce gravité, pour retrouver le corps de mon fils? »

Je répondis : « Cloué, seul avec deux Frères malades, au centre des trois expéditions en péril, dès le premier bruit du danger, ne pouvant pas abandonner mon poste, n'ayant au reste ni wagon, ni moyens pour partir moi-même au secours des nôtres, j'achetai, au prix de 80 livres sterlings, les services du chasseur anglais Harry Grant, et le persuadai d'aller à la recherche de mes Frères, promettant de doubler cette somme s'il les sauvait. Il partit, et ne put franchir le fleuve Sabi, à cause des crues d'été. Par la côte on organisa une autre caravane de sauvetage; celle-là aussi échoua. »

Il y eut un moment de silence; puis, le noble vieillard ajouta : « Et vous n'avez pas retrouvé le corps de mon enfant? » — « Non, lui répondis-je, Dieu ne nous a pas donné cette consolation. »

« Eh bien! reprit-il, avec un saint enthousiasme, au ciel je retrouverai mon fils, os de mes os, chair de ma chair; cela me suffit. »

Et, coupant court à cette émouvante scène, il

essuya une grosse larme et, avec un héroïque sourire sur les lèvres, il me parla de tous les siens,
jusqu'à ce que, arrivant au dernier de ses fils,
son front se troubla. « Celui-là, dit-il, fut comblé
des grâces d'en haut ; il tomba ! Et c'est pour
lui qu'Augustus offrit sa vie ! Celui-là aussi mourra
catholique. »

Tel fut l'entretien que j'eus avec ce grand chrétien. Pas une plainte, mais une entière confiance en
Dieu ! Quel exemple !

Nous dînâmes dans une des salles qu'habita jadis
un Wolsley ou quelque autre héros du temps de
Henri VIII ou d'Elisabeth. Après le dîner, lady
Law, sœur de l' « honourable » W. Law, me conduisit voir les jardins et visiter les musées, toutes
les splendeurs de ce palais de Charles Ier, de
Charles II, de Guillaume III, de la Reine Marie,
de la Reine Anne, de Georges III..., tous ces
lieux qui ont vu passer Catherine d'Aragon et
après elle Anne Boleyn, Catherine Parr, Jane
Grey et *tant d'autres* tristes célébrités de ces
tristes temps.

Les peintures, les portraits sont de tous les
grands maîtres de l'époque. Quel mélange hideux
de la vertu et du vice ! J'ai été révolté de voir la
prostitution de l'art à la volupté couronnée. Celui
qui veut garder son admiration entière pour nos
peintres flamands ne doit pas aller les étudier dans

ce palais, témoin durant un siècle de ce royal dévergondage.

10 juillet. — De retour à Londres, j'allai présenter mes hommages à Son Eminence le cardinal Manning. L'illustre archevêque a daigné m'accorder une longue audience. Il m'a développé son plan « de couper l'Afrique en deux, par une ligne de civilisation, tirée depuis les bouches du Congo jusqu'à Zanzibar ! J'admire sa très verte et très entreprenante Eminence ; mais, c'est là une œuvre de cinquante ans. Jusqu'ici, au Congo, je ne vois que des plantations de célibataires. Cela ne prend pas racine et pourrit sur place. Histoire de la colonisation portugaise !

A quand la vigoureuse et sûre marche en avant des colonisateurs du nord, Anglais et Hollandais ? Mais laissons cela. L'avenir parlera.

Entre temps, Son Eminence m'a gracieusement muni d'une lettre autographe aux évêques et archevêques d'Amérique, recommandant à leur charité l'œuvre du Zambèze ! En ce moment cette lettre fera plus pour la civilisation et la religion que le fameux projet *transafricain*. Son Eminence, malgré son grand âge, a le pas encore assuré et la démarche majestueuse. Sa voix, sans être forte, est très claire, et sa parole pleine de calme et de précision. Je me retirai de l'audience fort édifié. Je me sentis rempli d'admiration et de reconnaissance envers Son Eminence le cardinal de Westminster et heureux d'avoir été reçu par cet illustre et saint prélat (1).

De Tseni-Tseni, il m'arrive de bonnes nouvelles. Les Pères sont invités à étendre leur action jusqu'au Bétchouana Land, sur les terres du roi Khama qui déclina nos services en 1879. *Fervet opus :* Je me hâte de quérir du pain en Amérique. Dieu nous le donnera.

14 *juillet.* — Quelques courses rapides s'imposaient encore avant mon départ. Dans l'intérêt des jeunes religieux destinés aux missions d'Afrique, je me rendis à Hastings et à Little-Hampton.

Hastings est un modeste port, une jolie petite ville avec une grande plage, située sur le Pas-de-Calais. C'est là que Guillaume le Conquérant vainquit Harold, en l'an 1066. Je doute qu'il y ait là autre chose que la plage même qui rappelle la bataille où se joua le sort de l'Angleterre.

Les Jésuites de la province de Lyon se sont établis sur ces falaises, l'année de leur expulsion de France. Ils m'y reçurent avec cette charité, cette expansion et cette bonhomie qui charment et captivent, qui transforment ici un exil en un séjour de bonheur.

(1) **Au moment de mettre sous presse, nous apprenons la mort de** l'illustre cardinal de Westminster, survenue le 4 janvier 1892.

Les novices de la Compagnie de Jésus s'y livrent à leurs exercices spirituels, à leurs trava ux journaliers ; ils s'y forment à la vertu, aux travaux à venir, comme ils le feraient dans leur douce France. A voir leur simplicité, leur sérénité, leur gaîté, leur entrain, on ne se douterait point qu'on a là devant soi les fils des meilleures familles du midi, et que tous ces nobles jeunes gens sont des exilés, bannis de la patrie au nom de la Liberté, eux qui n'ont demandé qu'un droit, celui de servir Dieu et la patrie.

Je quittai ces bons jeunes gens pour aller saluer leurs confrères à Little-Hampton. Le bord de la mer au sud de l'Angleterre est semé de cités commerçantes et de villes de bains très fréquentées. Exmouth et Dartmouth et beaucoup d'autres réunissent, comme Ostende, les avantages du commerce et du plaisir. La plupart de ces petits ports sont fort pittoresques ; ce sont des criques formées à l'embouchure des torrents qui descendent des hauteurs de l'intérieur, et dont les bords escarpés encadrent les bassins naturels.

Je longeai le rivage de la mer et contemplai d'en haut la station balnéaire de Brighton, qui est le Spa, le Biarritz de la superbe Albion, comme les plages de Wight sont ses îles d'Hyères.

Un peu plus loin, j'ai reçu l'hospitalité à l'école apostolique de Little-Hampton où les Jésuites français, exilés d'Amiens, abritent dans leur pauvre chaumière de Saint-Joseph's house Sussex, une soixantaine de futurs apôtres. Le P. Barbelin et ses six ou sept compagnons y reçoivent les étrangers à une table riche seulement de charité ; car ils partagent la pitance de leurs jeunes protégés. Ils épargnent sur leur propre nourriture et sur leurs vêtements de quoi nourrir le plus d'enfants possible. Dieu les aide ! J'y reçus deux novices et un bon frère coadjuteur pour les missions du Zambèze.

Ils sont admirables, ces Pères français, remerciant Dieu de les avoir consolés de la douleur de l'inaction par les douceurs du repos religieux. « Dieu nous donne le temps de songer à nous-mêmes, disent-ils, que son nom soit béni. »

Ils ont été reçus par les évêques anglais, mais à la condition de n'exercer aucun ministère en dehors de leurs maisons, et dans leurs maisons, seulement envers les parents venus de France pour visiter leurs fils.

15 *juillet*. — De Little-Hampton, je me dirigeai vers la splendide abbaye de Parkminster où j'ai été chartreux pendant quatre heures.

Les Chartreux de Grenoble ont bâti ce superbe monastère lors des lois d'expulsion, afin de trouver au besoin, dans la protestante Albion, un asile que la patrie française peut leur enlever d'un jour à l'autre.

La chartreuse de Parkminster, à Partridge Green au Sussex, est immense comme trois Tronchiennes successifs, blanche comme un ciel, et romano-byzantine comme le dixième siècle. Le parvis vous transporte au moyen âge. Un bon Frère de trente ans m'y a fait beaucoup de bien. Il m'a prêché la vanité du monde. Il a fait cela de son mieux. Il ne m'a pas dit son nom et je ne lui ai pas dit le mien. Qu'importe! Je lui ai demandé beaucoup de prières et il me les a promises. Après une mortification vivement sentie de mon amour-propre, j'ai reçu quelques jours après une généreuse aumône pour nos pauvres Africains.

18 juillet. — Mais le jour de l'embarquement approchait. Il était temps de dépouiller la correspondance accumulée à Farm Street. Je m'y rendis et me retrouvai une fois de plus aux bords de la Tamise, aux bords stygiens de l'égout de Londres que la rame de Caron aurait peine à remuer.

A la hâte je mis ordre aux choses pressantes, me réservant de lire le reste des lettres et les longues relations d'Afrique, dans les loisirs de la traversée, à bord du « Circassian » qui devait m'emporter de Liverpool le 23 juillet. Je fis mes adieux aux vieux Pères de notre maison de Londres. Je les remerciai

avec effusion de leur généreuse et *large* hospitalité,
et des nombreux services qu'ils m'avaient rendus
pendant sept ans avec cette simplicité et cette
ponctualité qui sont le cachet de la race saxonne.

Des bords brumeux de l'épaisse Tamise où l'atmosphère morale était en ce moment aussi pesante
que les miasmes gazeux qu'elle charrie, je repris
ma course vers le nord-ouest. Je voyageai nuit et
jour, et serré en troisième classe entre deux matelots, j'atteignis Liverpool le 19.

Cette vaste métropole commerciale est bâtie au
nord de l'estuaire de la Mersey, qui la sépare de
Birkenhead.

Ici on dirait « qu'il pleut » des bassins, « qu'il
neige » des voiles, des vaisseaux et des steamers !

La ville est, comme toutes les grandes villes
commerciales d'Europe, un assemblage étonnant
de quartiers pauvres infects, de nouvelles avenues
très opulentes, et d'installations maritimes à la
hauteur des besoins énormes du trafic moderne.
Les jours sereins sont rares à Liverpool, et son
humidité, ses pluies sont proverbiales. Au milieu
de cette brume jaunâtre (yellow fog) et de ces
averses continuelles, on peut se figurer aisément
ce que doit être dans cette cité le mouvement fiévreux d'une population de près de 600,000 habitants : c'est à peu près comme une chasse à l'eau.

Liverpool compte 150,000 catholiques, la plupart Irlandais. Ils sont pauvres et généreux comme partout ailleurs, et ils ont érigé de nombreuses et de très belles églises gothiques. Plusieurs paroisses sont desservies par des prêtres belges accourus sur la terre étrangère pour suppléer à la pénurie de prêtres.

Le collège Saint-François-Xavier, dirigé par les Pères de la Compagnie de Jésus, figure parmi les plus grandes maisons d'éducation de l'Angleterre. Il compte 700 garçons et... 1,300 filles ! Ces dernières sont confiées aux soins d'une congrégation de Sœurs et d'un certain nombre d'institutrices laïques. Les Pères ont la haute direction et l'administration de cet immense département, depuis des années.

Imaginez-vous un système patriarcal comme celui-là, quelque part en France, ou dans notre bonne Belgique ! Quel « tolle » il y aurait! Mais, en Angleterre, on ne connaît pas la haineuse mesquinerie de l'irréligion.

Dans la splendide église Saint-François-Xavier d'un gothique fleuri à colonnes extraordinairement légères et sveltes, les Pères ont organisé dix congrégations pour toutes les classes de leur paroisse de 25,000 fidèles.

La piété de ces braves Irlandais est vraiment admirable. La fréquentation des sacrements dans cette belle paroisse rappelle, disons mieux, égale la ferveur des plus religieuses populations du Rhin ou de la Hollande.

J'eus la consolation de leur adresser la parole le dimanche soir. Les missions d'Afrique et la propagation de la foi parmi les païens furent le thème de mon entretien. Voici un trait qui peint bien le peuple de la verte Erin.

Au sortir du sermon, une bonne femme irlandaise est venue me prier de daigner visiter sa maison. Je me suis rendu à son aimable invitation, et elle m'a offert, figurez-vous cela, un morceau de fromage de Chichester, une demi-bouteille de Bass's-Ale, une chaise de bord pour la mer, et mon voyage en Amérique payé, y compris 27 fr. 50 de pourboire aux gens du service. C'était l'obole de la veuve !

Pour elle j'ai célébré neuf messes durant la traversée.

Dans cette même ville de Liverpool, je suis tombé entre les mains impitoyables d'un reporter.

L'insidieuse interview est tout à fait anglaise et encore plus américaine.

Mon Dieu ! m'a-t-il écartelé, pendu aux colonnes de son journal !

Quelle figure y fait mon pauvre esprit !

Pour réfuter ce qu'il me fait dire, il me faudrait écrire un journal, un livre. Il me met l'Europe et l'Afrique à dos. Le roué qui exploite l'interview

avec un peu d'adresse, peut toujours, s'il est vendu
à un système, arracher à la bonne foi surprise ou
à la faiblesse des personnages qu'il tente, quelque
mot, quelque phrase qui favorise ou ne condamne
pas son système. Faisant jour par jour la réclame
au moyen des adhésions ainsi extorquées, il inti-
mide ou trompe les uns et entraîne les autres ; il
réussit enfin à faire croire à une opinion, à un courant qui n'existe que dans son journal ou dont il
est lui-même l'auteur.

C'est là une indigne manipulation de l'opinion
publique, et quand il s'agit d'amis politiques, c'est
le coup de Jarnac.

J'ai dit un mot des œuvres des Jésuites à Liverpool. Leur activité s'étend à plusieurs centres encore, et l'action des autres ordres religieux n'est
pas moins admirable.

Les Pères de l'Oratoire, par exemple, exercent
une immense influence sur le mouvement catholique dans le monde anglais. Les congrégations de
religieuses surtout travaillent avec une activité et
un succès au-dessus de tout éloge. Toutefois, ce fut
longtemps une énigme pour moi comment il se
fait que les Jésuites et d'autres ordres religieux
n'ouvrent pas plus d'églises et ne fondent pas plus
d'écoles et de collèges dans toute l'étendue des îles
britanniques. La raison, c'est la pauvreté des paroisses et l'éparpillement des populations catholi-

ques, qui ont peine à soutenir leur clergé régulier, et leurs œuvres paroissiales.

Tandis que le clergé anglican (de la seule église établie) touche, sur les anciens biens des églises catholiques et sur la dîme encore existante, un revenu annuel de 181,250,000 francs, et que les traitements fixes des évêques anglicans varient de 50,000 à 375,000 francs (Cantorbéry) : le clergé catholique spolié ne possède plus aucun bien, et ne reçoit aucun traitement gouvernemental. On conçoit, dès lors, la gêne extrême des paroisses et des diocèses.

Aussi les évêques empêchent-ils les religieux d'ouvrir des églises et des écoles, sinon dans les endroits où ils acceptent charge d'âmes, en acceptant des paroisses.

Comme l'administration des cures et le soin régulier des paroisses ne sont pas conformes à nos règles, ainsi qu'aux constitutions d'autres ordres religieux, nous nous voyons, conjointement avec ces religieux, dans l'impossibilité de proportionner les écoles et les églises aux besoins de l'instruction et de la propagande.

Nous ne desservons que quelques paroisses déjà anciennes, remontant à l'intérim de la hiérarchie régulière, comme sont certaines églises d'Ecosse, et de rares paroisses dans l'Angleterre. C'est auprès de ces églises seulement que nous avons des écoles. Nos Pères de Farm-Street à Londres, n'ayant qu'une simple résidence, n'ont point d'école; ils ne peuvent pas administrer le baptême sous condition aux nombreux protestants qu'ils ramènent dans le giron de l'Eglise. Ils les adressent au clergé des paroisses.

La question des collèges présente à peu près les mêmes difficultés. Le soutien des séminaires épiscopaux et le recrutement des jeunes lévites semblent militer contre la fondation de nouveaux collèges, bien que les maisons d'éducation que nous avons actuellement fournissent une proportion très notable des jeunes gens qui se vouent au sanctuaire.

Ah! si nous avions la faculté d'ouvrir en Angleterre, autant de collèges que les évêques nous ont octroyé la permission d'en ouvrir en Belgique; le protestantisme, Dieu aidant, s'userait plus rapidement. Mais, dans les circonstances présentes, nous ne pouvons que dans une mesure très restreinte, lui appliquer l'irrésistible levier d'une éducation foncièrement religieuse. Un jour viendra, sans doute, où nous aurons mérité d'entrer librement en lice sur cette terre d'Angleterre arrosée du sang de nos martyrs. D'ici là, les Pères anglais travaillent énergiquement où et comme ils peuvent. J'ai appris à les admirer : ce sont de dignes fils de la Compagnie et de l'Eglise.

Les œuvres catholiques, fondées surtout dans ces dernières années, sont nombreuses et belles dans tous les centres où les fidèles se trouvent un peu en nombre. Le clergé séculier et le clergé régulier rivalisent de zèle pour les multiplier. Je veux en toucher deux.

La première, qui m'a frappé et qui répond à un besoin urgent, est l'œuvre de la petite presse catholique. « The catholic's penny library », comme son nom l'indique, s'efforce de répandre dans tous les rangs de la société, au prix très abordable de dix centimes, les livres de piété et de controverse les plus propres à nourrir les sentiments religieux des fidèles, et à propager la foi catholique parmi les masses.

L'œuvre a son siège à Londres, au bureau de « la Catholic Truth society, 18 West Square, London S. E. ». Le comité dirigeant fait appel aux hommes de bonne volonté de tous les pays qui, pour une cotisation minima d'une livre sterling, deviennent membres protecteurs.

Les fruits que cette œuvre produit sont immenses. Son action s'est promptement étendue sur tout le monde anglais dans les deux hémisphères.

L'autre œuvre date d'hier. C'est l'œuvre du sauvetage des infortunées dont la vertu est en danger. Le « Pall-Mall » a, ces jours derniers, jeté le cri d'alarme, et sa voix a littéralement soulevé l'indignation de l'opinion publique contre le trafic dont les Irlandaises sont l'objet dans les ports de l'ouest.

Les populations rurales de l'Irlande viennent en foule chercher de l'ouvrage en Angleterre; et c'est au débarcadère même que la traite se pratique sur une vaste échelle, et cela avec la connivence de la police. Des hommes établis au sommet du pouvoir se trouvent compromis; mais pas un catholique ne se rencontre parmi ces infâmes. Dieu en soit loué!

A ce mal immense, la charité est venue aussitôt opposer une digue et apporter un remède. Un comité de secours s'est organisé, et à la tête de ce comité se trouvent les prélats les plus illustres et les noms les plus respectés. Ce comité a fait appel aux dames charitables, et déjà l'inépuisable charité catholique est à l'œuvre. Ces « dames de la Miséricorde », d'un nouveau genre, parcourent les ports et les villes, pénètrent dans les maisons opulentes et dans les réduits les plus cachés; partout elles déjouent les plans des ignobles trafiquants ou retirent de leur infortune les malheureuses dont la bonne foi a été si indignement surprise.

Que la charité est ingénieuse! Elle est sublime dans son audace!

Je n'ai pu m'empêcher de signaler à l'attention du lecteur ces quelques considérations sur la vitalité catholique en Angleterre. Sur le continent, nous ne recevons guère que l'écho des conversions notoires qui, de distance en distance, viennent frapper l'opinion. Mais il y a un fait bien plus remarquable à observer. C'est que le préjugé protestant, naguère encore si prononcé contre les catholiques, perd de son opiniâtreté, non pas dans quelques classes de la société anglaise, mais à tous les degrés de la population, et sur toute l'étendue du pays. Et ce préjugé tombe précisément parce que le doute croît dans l'esprit des protestants à mesure que ceux-ci voient monter la vérité catholique. Le catholicisme a véritablement regagné droit de cité dans l'esprit public, le doute et l'hésitation ont remplacé les convictions protestantes, tandis que les sectes se multiplient de plus en plus. La conversion de l'Angleterre se fait donc graduellement et en bloc. Le protestantisme anglican glisse tout entier sur le plan incliné de Rome.

22 juillet. — L'heure du départ approchait. Je me rendis au bureau des bateaux transatlantiques de l'Allan-Line. Cette ligne, comme l'Union-Line du sud, se fait gloire de n'avoir jamais perdu un navire dans sa longue existence. Je fus reçu avec de grands égards par le personnel des bureaux : j'étais présenté par le recteur du « Saint-Francis Xavier's College », qui est une des grandes personnalités de Liverpool. Ce fut apparemment par gracieuseté pour lui que le chef de bureau m'assigna la première cabine d'honneur dans les « State rooms » tandis que, comme missionnaire, il me donna passage à demi-prix jusqu'à Québec.

La faveur d'avoir une cabine entière à ma disposition m'était on ne peut plus agréable. Elle me garantissait la consolation de pouvoir célébrer la sainte messe durant la traversée, ainsi que la facilité d'admettre chaque jour au Saint Sacrifice une dizaine de fidèles. Sans ce bonheur, la vie sur l'océan me serait bien insupportable ; le confort le plus luxueux ne peut consoler le prêtre de la privation de la messe.

Dans l'après-dînée, j'allai inspecter le « Circassian » qui complétait ses chargements au quai n° 3 des Alexandra Docks, et je rentrai dans la soirée.

Quelque habitué qu'on puisse être à la vie de voyage, le soir qui précède un départ pour un pays lointain et tout à fait inconnu, ne laisse pas d'avoir ses émotions. L'âme semble se secouer, et l'imagination se montant au diapason des circonstances, devient d'une mobilité extrême. Mêlant les souvenirs du passé aux spectres de l'avenir, elle passe du pays natal aux contrées éloignées, elle vole de l'un à l'autre hémisphère avec la rapidité de l'éclair. Je n'échappai point à cet étrange malaise ; mais, profitant de la surexcitation du moment, je comblai les lacunes de ma correspondance et fis une énorme besogne en peu d'heures. Une des dernières lettres que j'écrivis était adressée aux Pères de la mission du Zambèze. En repensant à leur pénible vie toute d'abandon à la bonté divine, j'eus honte de l'humaine prudence qui m'avait fait réserver quelque argent contre les éventualités du voyage. Je me rendis chez le caissier du Collège et fis un chèque sur Londres pour l'Afrique, ne me réservant que le prix du passage et quelque monnaie. Ayant ainsi « brûlé mes vaisseaux », je me trouvai plus confiant dans le Seigneur pour qui j'allais travailler.

23 juillet. — L'air est calme, les vapeurs enveloppent l'immense ville; mais la Mersey est toute brillante des derniers reflets du jour. Il est à peu près sept heures. On amenait déjà les câbles quand arriva le dernier courrier qu'on attendait. Un paquet de lettres m'est remis avec des journaux. A une dépêche urgente de ma famille, je réponds par un billet laconique : « Faites! Quant à moi, je pars : Dieu avant tout. — Dernière minute. Le bateau avance. Je vous envoie ce mot au bout d'une gaffe. — N'ayez aucune crainte. Je ne mourrai point en Amérique. — Au revoir encore ici-bas. »

Nous avons quitté la brumeuse Albion, à la garde de Dieu. Une brise légère qui nous vient de la mer d'Irlande dégage l'ouest et semble pronostiquer pour le voyage toutes les chances d'un heureux début. Doucement balancé par les flots, je dormis toute la nuit d'un sommeil bienfaisant. Rien n'est réparateur comme le premier repos après les fatigues qui précèdent l'embarquement. Les Anglais ont un nom spécial pour le qualifier. Ils appellent cela : *invigorating*.

Lorsque, le 24, je m'éveillai au point du jour,

Le Circassian.

nous avions doublé Benmore Head et nous filions gaîment entre la côte d'Irlande et les rocs de Sanda, de Cantyre et de Rathlin, ces jalons légendaires du pied des colosses quand de la Chaussée des Géants, ils passaient aux Highlands de la nébuleuse Ecosse.

Je célébrai la sainte messe en face de Movile, au milieu du grand Lough de Londonderry, en la verte Erin, au beau pays de William Dunn et de ses frères John et Harvey. Ces compagnons de collège ont fait du chemin depuis le temps où nous nous sommes dispersés ! L'aîné est gouverneur de Queen's County en la terre natale, le second est un riche *tea merchant* en Chine et le cadet dirige un comptoir au Brésil. Tous trois sont restés Irlandais, c'est-à-dire catholiques convaincus.

Je célébrai la sainte messe avec beaucoup de dévotion, mais sans « aube », l'aube n'ayant été trouvée qu'après la messe. Je me demande ce que de saints évêques mêmes feraient, le cas échéant, si dans une cabine de vaisseau, l'autel étant dressé et les fidèles à genoux comme ils peuvent dans cette étroite chapelle, il ne manquait que l'aube !

Quoi qu'il en soit, nous eûmes la messe au début de notre course et nous fûmes heureux d'avoir bien commencé notre voyage.

Demain, grand'messe pour les Canadiens, grand' messe à trois prêtres ! Nous avons l'aube, et le lavabo de ma cabine est transformé en autel ! Les prêtres canadiens qui m'assistent, viennent tout droit de la Propagande. Ils n'ont, eux, oublié que leur autel portatif et les facultés de l'ordinaire du port de sortie ! Ils seront donc privés de la célébration du saint sacrifice durant la traversée. Ils m'envient mon bonheur d'être jésuite et missionnaire. Je leur répète : à quelque chose malheur est bon ! Je m'étais au reste prudemment muni de toutes les autorisations pour l'exercice du saint ministère à bord.

Malheureusement je n'ai pu obtenir le grand salon pour la messe publique du dimanche. J'ai porté plainte aux directeurs de cette ligne anglo-canadienne. En ces pays de bons sens, porter plainte sur une chose juste, c'est avoir gain de cause. Après moi donc, les missionnaires et les prêtres catholiques diront la sainte messe en public sur les lignes transatlantiques du Canada en Europe.

En partant de ce pays d'Irlande trop calomnié et trop plaint, le « Circassian » l'a salué de deux bombes à la dynamite, qui sont montées aussi haut qu'elles purent monter et ont éclaté au ciel de midi, en lançant des gerbes plus étincelantes que le soleil. J'avais assisté à Londres aux récentes explosions de dynamite au Trafalgar Square et je venais de constater les dévastations des dynamitards à la Tour de Londres.

Le salut fulminant du *Circassian* me parut quelque peu significatif dans les circonstances.

Dans le Canal du Nord, la mer fut très calme.

Quatre mouettes nous accompagnaient, blanches comme Albion, dolentes comme la triste Irlande. Bientôt les côtes de l'Ecosse et celles d'Erin pâlirent dans l'azur du ciel. Peu à peu le vent changea et les pics d'Inishtrahull et de Malin Head n'étaient pas encore descendus sous l'horizon, que déjà la mer déferla et devint tout à fait houleuse.

Pendant ce temps mes compagnons étaient devenus moins turbulents. « Conticuere omnes, intentique ora tenebant ». Tous avaient le mal de mer et payaient à l'océan le tribut accoutumé.

Le temps devient froid et humide, détestable, le pont reste désert.

Pourtant, je puis célébrer la sainte messe tous les matins.

27 juillet. — Nous entrons dans un autre courant. La mer se calme, le soleil vient ranimer le bord et le pont se repeuple.

Au milieu de cette population qui émigre, je vois une chose qui me ronge le cœur d'envie et de dépit. Il y a parmi les passagers de seconde classe une troupe de jeunes filles de sept à douze ans, sous la conduite de deux dignes gouvernantes. Une riche dame anglaise envoie ces soixante-dix enfants à sa sœur au Canada. Ce sont des enfants ramassées dans les rues de Londres dès leur bas âge. Elevées avec soin en Angleterre, elles sont expédiées dans l'Amérique anglaise pour y être placées convenablement. Il va sans dire que parmi ces pauvres filles, bon nombre sont issues de parents catholiques; et toutes cependant vont être disséminées dans des familles protestantes. En effet, les

dames protectrices et les deux « nurses » sont protestantes. Et dire que de cette manière des centaines
d'enfants baptisés dans l'église catholique, sont
entraînés chaque année vers l'erreur.

Cette pensée m'attriste d'autant plus que je me
demande où sont les filles sauvées des rues de nos
grandes villes et envoyées ainsi en lieu sûr, par nos
bienfaitrices catholiques. Il est vrai que nous
avons beaucoup de bonnes œuvres à soutenir. (1)

La société du salon de première classe est par-
ticulièrement distinguée. J'y remarquai tout d'abord
un Canadien de Montréal, M. l'abbé P... l'ami
du curé Labelle, et enthousiaste comme lui de
l'émigration au Manitoba, nouvellement ouvert aux
émigrants.

Il revenait émerveillé d'un premier voyage en
France et en Italie, et il était accompagné d'un
autre prêtre fort distingué, M. l'abbé D... du diocèse de Paris. Celui-ci faisait une course rapide au
Niagara. Deux jeunes ecclésiastiques, l'un de
Rimouski, l'autre de Québec complétaient notre
cercle intime, où la conversation n'avait guère le
temps de languir.

Ce furent ces Canadiens qui, pour épargner les
dépenses au missionnaire, se chargèrent à mon insu

(1) La Société de protection et de délivrance de Salford a envoyé,
le 21 septembre 1891, une cinquantaine d'enfants au Canada, pour
être placés dans des familles catholiques. C'est un commencement.

de mes menues dépenses. Je ne le sus qu'au quart d'heure de Rabelais, quand je trouvai mon compte soldé chez le steward.

En route j'ai entendu des merveilles du Canada, du Dominion du Canada, comme disent les Français du nord.

Ce pays est à peu de chose près grand comme l'Europe. Celle-ci est estimée à 10,000,000 de kilomètres carrés, et la Puissance du Canada s'étend sur une superficie de 8,822,000 kilomètres carrés, l'île de Terre-Neuve non comprise. Terre-Neuve en mesure 110,000.

La confédération canadienne, dépendante de l'Angleterre, comprend le Bas-Canada ou Canada français (aujourd'hui la province de Québec), le Haut-Canada ou Canada anglais (aujourd'hui la province d'Ontario), le Nouveau-Brunswick et la Nouvelle-Ecosse, le Manitoba, la colonie anglaise et toutes les régions situées au nord du 49° de latitude, à l'exception de la presqu'île d'Alaska, du Groenland et des îles de l'Océan Arctique.

Dans ce pays, le surintendant de l'Instruction publique, Gédéon-Ouimet, est le vingt-sixième survivant de trente-deux enfants de mêmes père et mère. Une famille G... de Saint-Henri-de-Lanzon compte trente-six enfants d'un même mariage. Au village Sainte-Anne, il y a trois familles de vingt-et-un enfants d'un même mariage.

Le gouvernement accorde cent acres de terre à toute famille bénie de douze enfants, et le nombre de ces familles dépasse 1,200 dans la seule province de Québec.

Dans ce pays, le vingt-sixième est payé en dîme au curé. Un des deux jeunes abbés était le seizième survivant des vingt-et-un enfants de sa mère, et d'un père qui en avait encore eu cinq de sa seconde femme.

Mon brave abbé M. P..., lui, est une malheureuse exception, il est enfant unique de sa mère (il est vrai qu'il est né après la mort de son père); mais en revanche, il a l'esprit des trente-et-un qui auraient pu le suivre.

Le Canada est un pays de cocagne. Il y a là encore des gens qui se contentent de leur heureux sort, et qui pour la plupart ne reçoivent la gazette que toutes les semaines et la poste aussi, quand il y a des lettres pour eux. Et il n'y a pas d'impôts là, et l'armée compte 400 hommes et une batterie A et une batterie B ; et chaque soldat reçoit 5 francs par jour de guerre ; en ce pays étrange, il n'y a de policemen que dans les villes, et point de gardes-champêtres ni de gendarmes à cheval ! Par contre il y a 25 pour 100 de douane *ad valorem* sur les livres qui ne sont pas classiques. Cela fait que les Canadiens restent bons, parce qu'ils lisent beaucoup moins ce qui se publie de malsain en

Europe! Aussi, à de rares exceptions près, les deux millions de catholiques vont-ils à la messe et tous les laïques font-ils leurs pâques.

Ce sont des choses si belles que je m'amuse à les écrire comme des naïvetés bien qu'elles me semblent un peu trop belles. J'en dirai cependant plus long; mais avançons.

La mer resta houleuse, brumeuse, triste et froide. C'était comme en un jour de dégel. Les cordages, les voiles, les mâts, tout pleurait, et les malades avaient le nez tiré et les tempes serrées, pleines de sueur; — tout était lugubre.

Le 30 nous vîmes des banquises glisser à l'horizon du côté de la côte du Labrador. A leur approche nous éprouvâmes un abaissement subit de la température, comme si des giboulées de mars nous étaient arrivées.

Un *iceberg*, un tout petit, nous passa à 200 mètres de distance. Il avait 150 mètres de long et environ 30 mètres au-dessus de l'eau.

Que de demi-francs il y eût eu là-dedans pour le fameux confiseur-glacier de notre âge d'or à Namur!

Et nous voici bien loin de Namur, dans le courant polaire; nous entrons dans le détroit de Belle-Isle.

Voilà Terre Neuve! Je regarde. Tout est plat, tout est brumeux! Je songe à ces grands chiens de

Terre-Neuve et à notre ami Armand V., qui, avant son mariage, en avait deux énormes. Terre-Neuve est une terre grande comme deux fois la Hollande et la Belgique réunies, peuplée de 200,000 Canadiens français et anglais, pêcheurs avant tout, et les rois du grand banc de Terre-Neuve. C'est la pêcherie favorite des Etats-Unis, de l'Angleterre et de la France, une pomme de discorde pour l'avenir. La côte est basse, et ses stratifications se superposent par échelons comme des couches schisteuses, ou comme de gigantesques ardoises.

Le 31 nous avions passé les côtes du Labrador et de Terre-Neuve ; nous avions vu les peignes en pilotis rangés au bord de la mer pour y écumer les morses à marée haute. Nous perdions de vue le rivage et nous étions dans la pleine mer du golfe Saint-Laurent.

Nous passons l'île basse d'Anticosti, qu'un riche Américain convertit en un haras immense de chevaux en liberté.

Les froids nous pincent encore un peu, et le 1ᵉʳ août nous entrons dans le majestueux Saint-Laurent, escortés d'un « shoal » de baleines et de morses, dont les brusques apparitions et les bouffées fumeuses animent la surface tranquille de l'eau.

Ce fut le 10 août 1534 que Jacques Cartier de Saint-Malo découvrit ce golfe et ce beau fleuve qu'il prit pour un bras de mer, tant il le trouva large. C'est lui qui les baptisa du glorieux nom de Saint-Laurent.

Le 3 août nous admirâmes la Gaspésie, « où coule le Gaspé. »

La Gaspésie est l'immense presqu'île de la rive sud du Saint-Laurent.

C'est sur les bords de ce beau fleuve que vivent les descendants de ces colons français qui arrivèrent de Saint-Malo en 1534, avec l'intrépide Jacques Cartier, aux temps héroïques de François Ier. Ces hardis pionniers y vécurent avec les Récollets et les Jésuites qui débarquaient à la Pointe-aux-Pères. On y vit encore comme aux temps d'alors.

Les Canadiens sont les descendants des premiers colons ; on appelle Acadiens les habitants de la Nouvelle-Ecosse, qui fut colonisée par les Canadiens dès 1598.

Les Français se sont multipliés d'une manière étonnante sur ce sol rude mais fertile du Canada. Quand en 1759 le marquis de Montcalm, baron de Gabriac, mourut dans sa défaite sous les murs de Québec, il ne restait dans la colonie que cinquante à soixante mille Français. Or les Canadiens forment maintenant une population de 1,200,000 âmes, sans tenir compte des groupes nombreux d'émigrants établis dans les Etats-Unis. La population du Canada se double par ses naissances en 28 ans, et avec l'appoint de l'immigration en 20 ans !

Outre les Canadiens et les Acadiens il y a dans le Dominion anglais environ 800,000 Irlandais, ce qui porte le total des fidèles de l'Amérique anglaise au chiffre de deux millions cent mille (1).

Il y a en outre à peu près deux millions de dissidents de toutes sectes. La population globale de cet immense territoire n'est donc que de quatre millions d'habitants. Il est vrai que l'immigration vers le Manitoba, cette nouvelle Egypte, a commencé à prendre des proportions extraordinaires, et bientôt la population du pays va s'accroître rapidement encore.

Les mœurs des Canadiens ruraux français sont simples, morales, frugales, laborieuses et patriarcales.

L'ordre et la sécurité règnent sans déploiement de force publique dans ces heureuses campagnes : le curé y est presque tout, puis l'évêque et la reine.

Ça n'irait pas à nos libéraux.

Il y a un point noir à l'horizon.

Le libéralisme, cet enfant gâté de la franc-maçonnerie, croît sous l'herbe, et les Canadiens ne me paraissent pas assez édifiés sur le danger qui peut les menacer.

Un Belge, feu le P. Huygens, mort à Québec en grand renom de sainteté, il y a quelques années,

_____

(1) Statistiques de 1890.

a osé élever la voix contre cet ennemi caché. La ville a rendu hommage à sa mémoire en se portant derrière son cercueil avec un empressement qui a étonné.

On conserve aussi à Québec le souvenir du P. Falleur, ce vénéré directeur des congrégations de cette ville, qui vient de finir à Tronchiennes en Belgique une longue carrière, pleine de travaux et de mérites devant Dieu et devant les hommes.

Les villages pittoresques, pauvres d'abord, puis aisés, puis opulents bordent la rivière. Chaque crique, chaque baie a le sien ; partout un clocher et un presbytère catholique tout blanc, tout propret. C'est le rivage de Flandre ! L'immense fleuve a 30 lieues à son embouchure. A cent lieues en amont il en mesure environ 12 ; puis, 50 lieues plus loin, on distingue les deux rives. Les deux rives se rapprochent alors, et la tête se fatigue, les yeux s'égarent à tourner du sud au nord pour admirer, ébahis, les Grands-Malades et Marche-les-Dames, Montaigle et Poilvache, Stolzenfels et Bingen, Montélimar et Orange : en un mot, le Rhin, la Meuse et le Rhône, mais larges comme le Pas-de-Calais. Par intervalles, des échappées de vue ouvrent des horizons lointains sur des vallées immenses.

J'ai cru voir en un jour nos plaines du Brabant et de Louvain, nos Flandres de Deinze et de Gavres, et nos campagnes de Géronsart; les bords de la Meuse au Limbourg, et les rives sauvages du Vaal en Afrique.

Toute la rive droite du Saint-Laurent est riche en verdure, en vues pittoresques et en sites à surprises.

A midi, nous voici par un soleil presque méri-

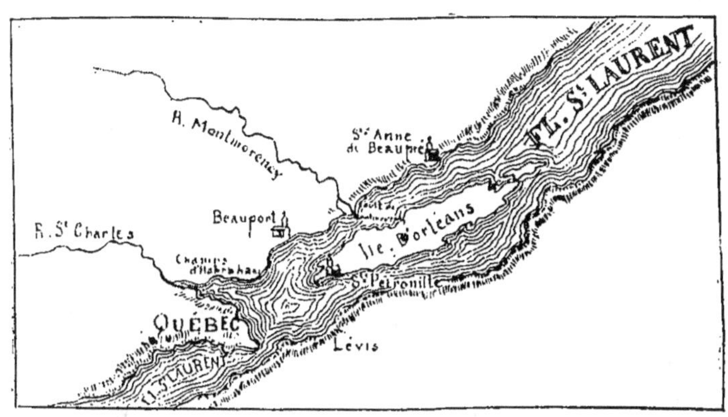

Carte de l'Ile d'Orléans.

dional, sous un ciel d'or, sur une eau d'émeraude, en face de l'île d'Orléans. Elle est longue de six lieues, noblement assise dans ses belles eaux, verte et fraîche d'un vert à faire pleurer des vaches ! Métairies bretonnes, paysage flamand !

Nous passons à pleine vapeur. Nous arrivons, après une course d'une heure, à la pointe de Sainte-Pétronille. C'est ici que le Canada prit naissance. Nous voyons à notre droite la cataracte appelée le

Sault-de-Montmorency, haute de 300 pieds, large comme le Gave.

Non loin de là on voit flotter sur des chalets suisses le drapeau fleurdelisé, souvenir des temps de gloire d'Henri IV et de Louis XIII, où le Canada fut conquis, et des temps de honte de Louis XV où le Canada fut perdu.

Le Canadien a le culte du souvenir : s'il aime la France, c'est la vieille France qu'il aime en elle, la France chevaleresque et catholique.

On se tourne alors vers l'orient, et là paraissent, dans la magie de la nature, les deux tours de l'église de Beau-Port, parage que Jacques Cartier appelle « Belle-Terre avec belle afourque d'eau ». A gauche la pointe pittoresque de Lévis et entre deux, Québec la Belle, surmontée de sa fière citadelle, flanquée de son imposante cathédrale, de ses magnifiques monuments, de ses vingt tours, de ses centaines de mâts de navires.

Je ne me rappelle pas de grandes cités dont la première vue m'ait paru aussi grandiose et à la fois aussi consolante que celle de Québec.

Le cap de Bonne-Espérance, Lisbonne, Alger, Marseille, Malaga, Mexico n'en approchent pas. Ce sont des merveilles, mais à des points de vue divers, de la nature, du commerce ou de l'histoire. Québec réunit tous ces attraits à un degré supérieur.

Vue de Québec.

Cette reine du Nouveau Monde se détache sur le fond bleuâtre des forêts vierges qui l'encadrent, comme sur l'ombre des âges.

Deux fleuves sauvages descendent le long de ses flancs altiers, comme les flots de la barbarie qui viennent se fondre et se transformer à ses pieds dans les grandes eaux de la civilisation et de la religion.

Il était à peu près cinq heures du soir quand nous abordâmes... J'eus bien de la peine à me faire transporter de l'embarcadère de Lévis aux docks opposés de Québec. Les cochers de Québec comme ceux de Madrid ont un faible tout particulier pour l'argent des étrangers. Sachant que le meilleur moment pour y atteindre est le quart d'heure de la douane, les cochers et les portefaix sont là, s'entendant comme larrons en foire. Je refusai les services du premier qui me demandait une piastre (cinq francs). Le deuxième voulait deux piastres. Je fus heureux d'accepter la voiture du troisième qui consentit à monter sur le bateau de passage avec moi, puis à me conduire rue Dauphine n° 14, pour quinze francs !

Québec signifie « il est étroit », faisant allusion à l'étranglement du fleuve Saint-Laurent qui ne mesure qu'un kilomètre au pied de la ville, tandis qu'il reprend une largeur de 3 kilomètres en amont, et s'épanche en un véritable lac en aval de la cité.

III

DE QUÉBEC A MONTRÉAL

Du 2 au 14 août.

Les Ursulines. — Montcalm. — L'Hôtel-Dieu. — Le P. de Brébœuf.
— Le vieux collège. — La zizanie. — Une chapelle en Afrique. —
La peau d'ours. — Sainte-Anne-de-Beaupré. — Colonies améri-
caines. — En route vers Montréal. — Le Canada. — La longévité.
— L'instruction publique.

2 *août.* — Québec est bâti en amphithéâtre autour de
la montagne. Les rues montent en serpentant jusqu'au sommet de la citadelle. De là une vue d'une imposante grandeur s'offre au regard. Tout donne l'impression de l'immensité, les eaux du fleuve géant, les
forêts sans fin, les lacs, les plaines lointaines, et, à
l'horizon, des monts qui semblent s'enfoncer sous les
brumes du pôle. La ville, jadis presque toute en bois,
a été rebâtie en pierre après l'incendie qui la ravagea
il y a une trentaine d'années. Elle n'a conservé de son
cachet primitif que ses trottoirs en planche. Québec
a perdu de son importance commerciale, et même de

sa population. Montréal et Toronto, ces ports plus en-gagés dans le vaste territoire, l'ont supplantée.

Quand j'y entrai, la ville était comme déserte. C'é-tait dimanche ; personne ne travaille ici le dimanche. Qui travaille va en prison. Avis à nos Belges !

Les Pères de Québec, effarouchés d'abord de mon nom quelque peu prussien, et de ma qualité de men-diant, se familiarisèrent bientôt avec « le Belge du Zambèze », et peu après, se prirent d'enthousiasme pour la cause de mes pauvres nègres.

Ils se mirent entièrement à mon service.

Le P. ministre s'occupe de l'impression de cartes de visite, qui portent une explication brève sur la mis-sion du Zambèze. Un autre Père les placera par la ville pour faciliter ma pénible tâche.

La charité est intelligente !

Dans les œuvres de Dieu, il faut toujours compter sur trois bons quarts de secours imprévus, à la condi-tion de ne pas faire nonchalamment le premier quart, et de ne jamais se rebuter dans les embarras passa-gers.

3 *août*. — Ce matin j'ai visité le couvent deux fois séculaire des Ursulines, compagnes zélées de nos premiers Pères. Quatre générations les reportent à nos martyrs des années 1639 et suivantes, les de Brébœuf et les Lallemant, les Jogues et les Daniel.

Une sœur plus que nonagénaire a soixante-dix ans

Buste d'argent renfermant le chef du P. de Brébœuf, S. J.

de profession, et elle a vécu avec des octogénaires.
Quelle atmosphère de sainteté et de martyre !

L'aumônier me montra avec un patriotique respect
le crâne de Montcalm, le héros canadien, blessé aux
champs d'Abraham, au pied de Québec la Française,
et mort avec son indépendance, l'an 1759.

Dans la vénérable chapelle du couvent est sa pierre
funéraire où se lit cette belle épitaphe :

Hic jacet
Utroque in orbe aeternum victurus,
Ludovicus-Joseph de Montcalm Gozon, Marchio
Sancti Verani, Baro Gabriaci...
..14 septembri 1759.

Montcalm mourut le lendemain de la bataille qui
coûta toute la colonie à la France. Wolf mourut dans
l'action même, mais sa mort valut le Canada à l'Angleterre.

Les Ursulines arrivèrent avec les PP. Jésuites
en 1625 et 1636.

Ces Jésuites, il faut bien les trouver partout ! On
avait dit cependant « qu'ils avaient fait leur temps ».
On avait dit que « quand on leur aurait enlevé leur
nom, c'en serait fait d'eux » ! — O Jésus mon maître !
Quand nous aurons déshonoré votre cause, oublié
votre Eglise, abandonné votre vicaire et trahi votre
croix ; quand nous serons fatigués de semer pour Vous,
d'être honnis pour Vous et de mourir pour Vous : —

alors retirez-nous votre nom, retranchez-nous du nombre de vos soldats, et donnez paix et repos aux cendres de ceux qui seront morts pour Vous!

De la maison des Ursulines, je fus visiter le vieux couvent des Sœurs hospitalières de la Miséricorde, l'Hôtel-Dieu.

Mêmes souvenirs vénérables au milieu de la même longévité. Quelle terre de patriarches! Là on vénère le crâne du P. de Brébœuf dans un buste d'argent massif. La relique insigne, la tête de ce glorieux martyr, me fut apportée. Avec quelle sainte frayeur, avec quelle terrible envie je la contemplai! Quelle sera ma mort? Ce fut la pensée qui prit possession de mon esprit. J'ai obtenu une parcelle du crâne du P. de Brébœuf et des reliques du P. Lallemant si hideusement martyrisés tous deux pour Jésus-Christ. Du P. Jogues il ne reste rien. Je conserverai avec un souverain respect ces précieuses reliques, et j'en garderai quelques parcelles pour nos lointaines missions.

Le P. de Brébœuf a été cruellement tourmenté chez les Hurons. On lui arracha des lambeaux de chair qu'on rôtissait et dévorait sous ses yeux. Il fut brûlé avec un collier de haches rougies, puis écorché vif. Quel martyre! Et c'est bien la tête de cet homme que j'ai pu contempler de mes yeux et presser de mes mains!

A Québec se trouvait l'ancien collège de nos Pères canadiens, fondé en 1635 par la généreuse libéralité du

Ancien collège de Québec.

marquis de Gamache, entré depuis dans la compagnie.

Je viens de contempler les ruines de ce vieil édifice.

Là avaient prié les Pères Jogues, Lallemant et de Brébœuf, et bien des martyrs au pays de Canada. Leurs ossements reposaient sous leur église. Il y a très peu d'années on a démoli ce vénérable monument, témoin de tant de sainteté et d'héroïsme. Il menaçait ruine, disait-on ! Il a fallu la dynamite pour l'entamer ! et une partie du matériel a servi à la construction du nouvel Hôtel de Ville. L'architecte, M. Taché, auteur du magnifique plan de ce palais en construction, avait placé dans la façade, parmi les fondateurs de la colonie, les statues des martyrs. C'en était trop pour les démolisseurs du plus ancien monument de Québec, le vieux collège. Ces statues devaient disparaître de la façade ! L'architecte, en homme de caractère autant que de génie, répondit fièrement : « C'est à prendre ou à laisser : vous tiendrez mes Jésuites ou vous n'aurez pas mon palais. » — Il fallut tenir les Jésuites. A Détroit, entre les lacs Huron et Erié, sur la façade de l'Hôtel de Ville, se trouve de même la statue du jésuite Marquette qui découvrit le cours du Mississipi. Les Américains l'ont réclamé comme une gloire nationale.

Lors de la destruction du collège, les ossements des Pères ont été exhumés. Des mains inconnues les firent disparaître. Qu'en a-t-on fait ? Au dernier jugement nous le saurons (1). Pourtant, ce ne sont pas des ennemis qui ont fait cela.

Ce pays est admirablement fidèle; mais, le démon y sème la zizanie, et, à la faveur de la zizanie, le libéralisme et la franc-maçonnerie commencent à lever la tête. On y va doucement, prudemment, mais avec décision.

Les coryphées visent au monopole de l'instruction et procèdent méthodiquement, même dans la province toute catholique de Québec.

(1) Ces ossements ont été retrouvés depuis au cimetière de Belmont, où ils avaient été enfouis secrètement à la démolition en 1878.

Le 12 mai 1891 a eu lieu la translation solennelle des restes mortels du Frère Liégeois, martyr, et des PP. de Quën et du Peron, missionnaires, inhumés dans les caveaux de la chapelle du vieux collège en 1655, 1658 et 1665. Cette cérémonie, d'après le « Courrier du Canada » a pris les proportions d'un vrai triomphe. Une procession de toutes les paroisses de Québec s'est organisée en un magnifique cortège de plus de 6,000 hommes. Collèges et écoles, soldats et zouaves pontificaux, le clergé de toutes les paroisses, les hauts dignitaires du gouvernement, les consuls de divers pays, les archevêques et les évêques de la province de Québec avaient tenu à honneur d'accompagner à leur demeure définitive les restes mortels des trois humbles religieux. Des Hurons et des Montagnais se relevaient pour porter les trois cercueils. Le cortège s'arrêta d'abord devant l'église de la Compagnie de Jésus où Mgr Fabre, archevêque de Montréal, chanta le *Libera*. Puis on se dirigea vers la basilique de Québec. Là les sauvages des trois tribus voisines déposèrent de nouveau les cercueils sur le catafalque du chœur, autour duquel avaient pris place les évêques et archevêques ainsi que le lieutenant-gouverneur. Le recteur de l'Université-Laval prononça l'oraison funèbre. Le cortège se reforma ensuite et alla déposer les restes des trois religieux dans le Panthéon canadien, l'antique chapelle des Ursulines, où le gouvernement leur a fait ériger un monument funèbre entre les mausolées des Montcalm et des Jacques Quartier. C'est juste : tous sont morts pour la patrie.

J'en juge d'après les extraits suivants de l'ouvrage intitulé : « L'instruction publique au Canada. Québec, 1876. » Cet ouvrage est de M. Chauveau, ancien ministre de l'Instruction publique, ami de M. V. Duruy, et un des chefs de l'école catholique-libérale du Canada. On y lit à la page 354 :

« L'Instruction publique a pu obtenir et conserver jusqu'ici quelques-uns des moyens indispensables à son développement et qui existent sous diverses formes dans tous les autres pays. C'est ainsi que nous avons conquis successivement les bureaux d'examen pour l'admission des instituteurs, l'inspection des écoles, le conseil de l'instruction publique, les deux journaux de l'instruction publique, les conférences d'instituteurs, les écoles normales, la caisse de retraite des instituteurs, les écoles d'agriculture, les écoles de réforme et d'industrie, et, tout dernièrement, les écoles de sciences appliquées aux arts. Par ces divers moyens d'action une meilleure méthode pédagogique se répand graduellement, une classe d'instituteurs mieux préparés à leurs importantes fonctions se forme et lutte avec courage contre les difficultés de leur état; les branches les plus pratiques, telles que *les leçons de choses*, le calcul mental, la tenue des livres recrutent un plus grand nombre d'élèves et le niveau de l'enseignement s'élève graduellement, quoique moins rapidement qu'on pourrait le désirer » (p. 354).

« Dans toutes les provinces du Dominion canadien

les écoles sont sous la direction immédiate des syndics chargés de faire exécuter les règlements de l'autorité centrale, et surveillés pour cela par les surintendants et les inspecteurs » (p. 274).

Sous un gouvernement franchement catholique toutes ces mesures seront sinon bonnes, du moins peu dangereuses. Mais les batteries sont dressées pour des temps où des novateurs arriveront au pouvoir.

Il n'y a pas à en douter d'ailleurs, au fond se trouve l'action maçonnique, laquelle vise à se servir de ces mesures de perfectionnement, la plupart excellentes en elles-mêmes, pour parvenir à son heure et graduellement à l'enseignement neutre, officiel et obligatoire, et finalement à la « déchristianisation » des écoles canadiennes. On calque le système officiel de France, d'Italie et d'autres pays européens; c'est pour arriver aux mêmes fins, et les Canadiens catholiques auront raison de dire : *Timeo Danaos et dona ferentes.*

Est-il donc besoin de tant de centralisation pour réaliser tous les progrès avoués et désirables ?

Ma première visite officielle fut à l'archevêché.

Le vénéré Père Saché, qui depuis la rentrée des Jésuites à Québec, en 1847, édifie la ville par ses vertus, me présenta à l'audience de l'illustre prélat, Mgr Elzéar Taschereau, élevé depuis à la dignité de cardinal primat. (1) Il m'était resté peu d'espoir d'être favora-

(1) Les Jésuites rentrèrent au Canada en 1842, et s'établirent la même année à Montréal. Le P. Saché mourut à Québec le 24 octobre 1889.

blement reçu dans cette vaste province ecclésiastique
du Bas-Canada. Les besoins des églises y sont grands.
Les diocèses comme les paroisses se subdivisent et se
multiplient. De plus, des missionnaires de diverses
parties de l'Orient étaient venus récemment solliciter
la charité des fidèles, et refroidir la faveur des prélats
pour les œuvres étrangères. Mes prévisions se vérifiè-
rent. Je plaidai la cause de mes enfants du désert avec
toute la prudence possible ; le bon Père Saché vint à
mon aide comme il put ; je n'obtins pas la permission
de prêcher pour la malheureuse Afrique. Tout ce que
Sa Grandeur put m'accorder, ce fut l'autorisation de
solliciter la charité de quelques-uns de nos amis.
C'était une rude épreuve à mon entrée sur le sol de
l'Amérique ! Tout l'horizon parut se rembrunir devant
mes yeux. Du coup les onze diocèses de la province
de Québec venaient de m'être fermés.

La consolation surgit cependant sur place. Dans le
palais même de l'illustre prélat, je reçus de la main de
son secrétaire les prémices de la charité dans le
Nouveau Monde.

Au fond du cœur, là, cette première aumône, ce de-
nier à Dieu me sembla une pierre précieuse, l'équiva-
lent d'un trésor. Je sortis du palais archiépiscopal si
pas exaucé, du moins consolé, et la journée justifia mon
espérance. Je fus conduit auprès d'un digne et généreux chrétien, un vieillard resté tout seul au monde. Il
était avocat de la Reine au grand tribunal de Québec.

Sa dévotion était de bâtir une église dans chacune des cinq parties du monde. J'arrivais un peu tard ; Louis de Gonzague Baillargé venait de fonder son église en Afrique ! Quelle déception pour moi, pour le Zambèze ! Il m'octroya pourtant cent piastres « pour bâtir une chapelle en ma terre chérie » et « cinq piastres » pour acheter... une cloche ! Au port on achète cela à bas prix parmi les épaves des naufrages. D'autres catholiques vinrent encore à mon aide et je trouvai dans Québec assez de fonds pour ériger trois chapelles dans nos missions !

5 août. — Québec est l'entrepôt principal des pelleteries de la baie d'Hudson, du pays des Esquimaux, et de toutes les régions de l'intérieur. Je visite quelques grands magasins. Je vois exposées en vente de superbes peaux d'ours blancs du pôle à cinquante piastres (deux cent cinquante francs) ; des têtes d'orignals et de caribous, toutes prêtes pour salons ou trophées, à trente ou quarante piastres. L'idée me vient un moment d'acheter une peau d'ours blanc. Elle ferait la paire avec une énorme peau de lion d'Afrique que j'ai rapportée du sud pour le salon d'un ami en Belgique.

Cette peau d'ours mesure près de 6 mètres carrés. Réflexion faite, je renonce à l'achat. Mon illustre ami la voudrait-il, et s'il n'en veut point, comment vendre alors la peau de l'ours ? Je me contente de lui en écrire, et j'attends la réponse. Comme sœur Anne, je ne vois rien venir.

L'après-dînée, un bon Père de la rue Dauphine me mène hors de la cité. Nous descendons la côte du sud, en longeant le bord abrupt du Saint-Laurent. Dans un abîme, sous nos pieds, le fleuve roule majestueusement ses eaux puissantes. Une ligne très-nette dessine au milieu de la rivière la démarcation entre les eaux limpides de l'Ottawa et les eaux jaunâtres qui sortent du lac Ontario. Lorsque l'hiver est venu, ces eaux se gèlent moins vite l'une que l'autre, et il se fait au milieu du fleuve une crevasse comme un chenal. Autour de nous les lianes et les lichens enlacent les géants de la forêt vierge. L'insondable forêt ressemble aux forêts des bords des grands fleuves de l'Afrique australe. Nous descendons dans une petite vallée dont la tendre verdure contraste avec les teintes vigoureuses des massifs. Dans cette clairière nous découvrons un chalet entouré de son jardinet et de son charmant boulingrin. Je reconnais la « mansion » du pays de Kent. Nous entrons, et le thé traditionnel de la blanche Albion nous est servi, tout noir comme du café ! — Nous visitons la bibliothèque du savant retiré dans le silence de cette solitude, et M. N. me montre un petit livre manuscrit, une vraie miniature, une géographie de 1663 rédigée en latin par un professeur inconnu du vieux collège de Québec. Le Zambèze y est indiqué avec ses chutes ! et la distance de Quilimane au Cap y est donnée : 1,000 milles anglais en ligne droite ! C'est exact. Comment a-t-on pu préciser la distance à cette époque-là?

6 août. — Sainte-Anne de Beaupré est le grand pèlerinage du Canada, du Dominion, et même des rives des Grands-Lacs. Cette dévotion fut apportée du Morbihan par les vieux colons normands et bretons, habitués dans la patrie à se rendre au vénéré sanctuaire de Sainte-Anne d'Auray.

« Tout est beau, tout est bien, tout est grand, à sa place. » Le pèlerinage de Sainte-Anne de Beaupré du Canada est beau, est bien, est grand, est à sa place. J'ai vu beaucoup de pèlerinages, j'ai bu les délices de la grâce à bien des sources : la source de Beaupré est pure et salubre ; elle est enivrante.

Ce matin l'air était froid et vivifiant. Il avait la saveur âpre des montagnes et des grandes eaux. Des hauteurs de la ville nous descendîmes à travers les méandres des rues encore silencieuses de Québec, de Québec la française, la royale. Près du port il y avait une foule recueillie. C'étaient en majeure partie les membres de la congrégation du Rosaire vivant de la paroisse Saint-Roch, et de la grande congrégation d'hommes dirigées par le P. Désy, de notre maison.

Des dames, des messieurs, des jeunes gens et des jeunes filles et des vieilles filles aussi ; des riches et des pauvres de la ville et des villages ; les malades comme les alertes, tous s'en vont confiants et allègres à « la bonne sainte Anne » (prononcer long : *sainte Adne*)? exposer les multiples besoins de leur vie ou de leur avenir.

Deux bateaux à vapeur, reliés de conserve côte à côte, emportent tout ce monde en fête, frais de simplicité, et radieux d'expansion. C'est la vieille France, belle et croyante comme aux grands jours de Notre-Dame d'Embrun ou de Saint-Jacques de Compostelle.

Le Saint-Laurent roulait ses eaux fumantes entre ses deux rives vaporeuses. Le soleil versait ses premiers feux par-dessus l'azur des montagnes lointaines. Tout le monde priait à bord. Dans la chambre du clergé les Prêtres confessent avec rapidité. On se prépare à la communion. Les petites filles n'osent s'asseoir ; elles craignent de maculer la pureté de leur blanc lin et de leurs guirlandes de fleurs. Elles doivent être belles « pour les yeux de la bonne *sainte Adne*. » Nous glissons mollement, en suivant le courant du beau fleuve, entraînés par la vapeur et par la marée basse. Nous ne voyons qu'en passant la cataracte étincelante du Sault de Montmorency. Dix heures sonnent de village en village, aux clochers des rives verdoyantes. Nous abordons à la jetée de Sainte-Anne de Beaupré.

Il faut une demi-heure pour que les onze cents pèlerins sortent des entrailles des deux monstres. La longue jetée, la route, et la rue qui mènent à l'église de la bonne sainte Anne, présentent une masse mouvante de bannières, de banderoles, de guirlandes, de couronnes aux mille couleurs. On pénètre sous les voûtes de la basilique au chant du *Magnificat*, que ces voix canadiennes, harmonieuses et limpides comme le murmure et le cristal des cascades, élèvent par les mains de la Vierge Mère jusqu'aux pieds de la patronne de Beaupré. Les immenses nefs s'emplissent d'une foule fervente et avide de miracles. La presse s'engage parmi les longues et superbes colonnades corinthiennes et bientôt se fond dans un ensemble saisissant avec les mille teintes du splendide édifice polychrome.

Oh! qu'elles étaient suaves ces hymnes canadiennes, ces voix mélodieuses, veloutées et fraîches comme l'érable des rivages d'Orléans, pures comme le cristal du Montmorency qui se précipite en une avalanche d'argent vers le majestueux Saint-Laurent !

Tous les prêtres trouvèrent place aux nombreux autels latéraux. Les Pères et les Frères, des rédemptoristes belges, se multipliaient autour de leurs hôtes, parmi lesquels, excusez mon humilité, je ne fus pas le moins fraternellement accueilli. Des Belges qui se rencontrent au loin sont comme des camarades d'enfance qui se retrouvent : nous formons une si petite famille. Je célébrai à l'autel des Saints-Anges. On ne célèbre pas la sainte messe avec plus d'onction, avec plus de con-

solation à Lourdes, à Oostacker, à l'antique Montaigu !
Je voulais prier pour tout le monde, et après avoir
beaucoup prié je n'étais pas satisfait. Les anges semblaient se multiplier pour m'apporter de nouveaux
noms. Ils me distrayaient par leur saint empressement. Quand j'eus fini, je ne fus pas encore tranquille. Je me demandai si je n'avais oublié personne.
Je pense que non.

Les PP. Rédemptoristes desservent depuis six ans
ce beau pèlerinage et secondent cette dévotion
amenée autrefois des côtes bretonnes par les Français
du temps de François Ier. Ils s'entendent à exercer
la plus franche, la plus cordiale hospitalité. Parfois
ils hébergent et logent jusqu'à trente-cinq prêtres
aux jours des grands pèlerinages, comme il en vint
en juillet, lorsque soixante-dix-neuf mille pèlerins
prirent comme d'assaut le sanctuaire de la bonne
sainte Anne (1). Avec mes compatriotes, j'eus l'occasion de parler le flamand et ce que je sais de wallon.
Le Père ministre me rappela les « chonq clotiers »
de Tournai. En l'entendant je me croyais sur le
« Pont-à-pon » !

Le bon P. Fiévet est du Hainaut. Quelle expansion dans cet homme, et quelle sympathique figure !

Le voilà qui monte en chaire. Il proclame en une
langue riche de poésie et de cœur, les louanges de la

______

(1) Le nombre des pèlerins qui visitent Sainte-Anne s'élève à
120,000 par an.

« Bonne Sainte Anne », la patronne des familles, la patronne des jeunes gens et des jeunes filles, de celles qui en ont encore le nom, et enfin, par un tour oratoire, patronne aussi des *missions* (sic) « et de *ce missionnaire des déserts africains* venu en ce jour mémorable au sanctuaire de l'aïeule de ce Jésus qu'il prêche aux noirs enfants *du vieux monde...!* » Je baissai la tête, retenant mon haleine sous cette douche d'éloquence ; je ne bougeai d'un cheveu. Les Canadiens cherchaient des yeux où pouvait être cet Africain venu à leur « Bonne Sainte-Anne », et ne le reconnurent pas sous ce torrent de louanges. Quand le flot fut passé, je relevai doucement la tête. Toutes les figures étaient extatiques. Des larmes perlaient sur tous les visages.

A droite et à gauche des mouvements se produisaient. Tel perclus marchait ; telle paralytique se pressait vers le bureau où s'inscrivent les guérisons. Durant mon dîner, trois cas merveilleux se présentèrent et deux fois je dus servir de témoin aux interrogatoires notariés.

Il y eut, entre autres, la guérison subite, à l'église même, d'une personne fortement atteinte du rhumatisme articulaire universel. Je sais que cela ferait sourire certains esprits forts. Mais ça n'y fait rien. Ici comme à Lourdes, il y a tant de béquilles appendues aux murs par des personnes guéries, il y a tant de miracles grands et petits, qu'à rire pour chacun, les esprits forts se fatigueraient le nerf risible.

Je saluai les bons PP. et FF. wallons et flamands et m'en allai avec le courant des pèlerins tandis que les voûtes du temple résonnaient encore du chant des hymnes triomphales.

A trois heures nous étions tous remontés sur nos deux vapeurs, et cette fois, tandis que les machines gémissaient contre les flots puissants... sous un soleil tiède comme les rayons du midi, sous un ciel doré et moelleux, que le Saint-Laurent me parut beau !

Devant Sainte-Anne de Beaupré le fleuve se dédouble en deux bras qui enlacent la grande île d'Orléans. Nous étions sur le chenal gauche, large comme les bouches de la Tamise ou de la Meuse, et qui, à cent soixante lieues de la mer, subit encore des marées de deux à trois mètres.

Sur les deux rives en amphithéâtre, on admire tous les sites les plus riants de la Vesdre, de la Lesse et de la Meuse. Le chêne, l'ormeau et l'érable marient leur fraîcheur à la sombre verdure des cyprès et des sapins. Les hameaux et les clochers se détachent sur les fonds les plus mystérieux. Les blanches fermes y sont semées sur les forêts et les bocages comme les mouettes sur l'émeraude des mers.

Sur le pont des bateaux, la foule pieuse avait maintenant la conscience à l'aise et le cœur à la joie. De la proue du « Sainte-Anne » un harmonium accompagnait les hymnes et les cantiques de la grande patronne, tandis que de l'autre steamer, des chœurs suaves et charmants répondaient comme un écho aux mélodies de notre bord.

Je me rappelais dans l'ivresse du moment toute la sainte poésie des plus beaux jours passés : le pèlerinage nocturne de l'Université de Louvain à Notre-Dame-de-Montaigu entre autres, quand nous chantions six cents à la fois, les litanies de la Vierge, au milieu des ténèbres et dans la moiteur de la nuit; les chants allègres et la piété méridionale des montagnes de Lourdes; le pieux recueillement des verts ombrages d'Oostacker, des saints lieux de Kevelaar, de Notre-Dame de Saragosse ou de Notre-Dame de Hal! Mais ici, la grandiose nature d'une part, et de l'autre le caractère sympathique des enfants de la nouvelle France et cette piété d'un autre âge, donnaient à la fête un cachet que n'ont pas les pèlerinages du vieux monde. A chacun son tour! N'envions rien aux heureux. Leurs combats sont dans l'avenir, et Dieu les y prépare en leur ouvrant des sources providentielles de ferveur et de grâces.

La tâche des PP. Rédemptoristes est noble et belle au Canada. Ils sont les fidèles gardiens de la foi sincère de cet heureux pays.

Vers les cinq heures nous débouchions à la tête de l'île d'Orléans que domine, haut dans les airs, la flèche aérienne de Sainte-Pétronille.

Orléans fut l'abri des premiers colons de Jacques

Cartier, qui s'y fortifièrent contre les Iroquois et les
Hurons.

De la pointe de l'île on embrasse le panorama du
havre de Québec. Spectacle féerique, s'il en est ! A
notre droite, la rivière Montmorency, large comme la
Sambre, se précipite entre deux murs de rochers d'une
hauteur de plus de trois cents pieds. Un tourbillon de
fumée roule et remonte du gouffre. Le soleil brille dans
la blanche écume de la chute. Nous revoyons « le
Sault de Montmorency ! »

Le brave de ce nom glorieux, séparé de ses compagnons d'armes et harcelé par cent Hurons, se
trouvant acculé sur le rocher qui borde la cataracte,
aima mieux se jeter dans l'abîme que de se livrer à
l'ennemi. S'appuyant de sa lance et de son pied, il
s'élança par-dessus les flots, tomba sur son puissant
bouclier, et se redressa d'un bond sur le sable de la
berge opposée ! Pour cela cette cataracte porte ce nom
historique (1).

Jadis, selon la pieuse tradition, au temps d'hiver,
l'écume gelée aux bords du gouffre s'entassait, s'entassait en neige durcie, montait, montait en arceau et
finissait par former un contrefort de glace, de la base
au sommet de la chute.

La jeunesse d'Orléans allait alors folâtrer au « Sault
de Montmorency » et creuser des grottes dans le ro-

____

(1) Au « Sault du Récollet », un brave religieux essaya d'en faire
autant, mais il lui en coûta la vie.

cher de neige... « et là, dit l'histoire, où s'arrêtait le flot, la vertu faisait naufrage ! »

« Le Père (de Brébœuf, si je ne me trompe) voyant la chose, et souffrant de la peine de Notre-Seigneur Jésus-Christ, s'alluma de sainte indignation, et se rendant au lieu du mal, en chassa les jeunes libertins, disant : «Ici jamais contrefort de neige ne sera plus », et jamais contrefort de neige il n'y fut plus ! »

Au loin quel spectacle ! A gauche, la ville nouvelle de Lévis, avec ses couvents majestueux et ses coupoles dorées, brille au soleil sur son promontoire abrupt.

Droit devant nous, Québec avec sa fière citadelle, avec son université monumentale, son séminaire, ses tours et ses campaniles; avec ses mâts de navire, ses cheminées et ses bouquets de verdure, se détache resplendissante sur un ciel doré et transparent de limpidité. Entre deux, au-dessus de la nappe immense du fleuve un instant rétréci au pied de la ville, on voit dominer à l'extrême horizon les forêts vierges du Nouveau-Monde.

A notre droite s'étend une plaine fertile, couverte de vergers, de métairies, de chalets et de champs verdoyants au milieu desquels se dressent jusqu'aux nues les tours jumelles de l'église de Beauport. C'est devant ce panorama que les chœurs des pèlerins répétèrent les dernières hymnes à la patronne de Beaupré. Le *Magnificat* monta pur, pur comme un soupir au milieu

du calme incomparable de cette belle nature, et enfin,
les notes solennelles du *Te Deum* mirent fin à la
touchante fête. La ville était descendue au quai pour
recevoir les pèlerins. Tout était paix et sérénité. Pas
une note discordante, pas un voyou de Bruxelles pour
crier *scherreweg* ou *kwaak, kwaak* ! La haine du bien
et l'outrage sont inconnus ici. Honneur et religion
sont synonymes, et l'impiété ne distille pas encore
l'envie et l'odieuse insulte. Heureux pays ! puissent
la paix de Dieu et son esprit reposer sur vous !

7 août. — Je nage dans la transpiration en cet automne canadien. Je préfère la chaleur sèche de mon
Zambèze. J'ai peine à visiter les environs et les villes
d'alentour, tant il fait étouffant.

Etonnantes ces colonies américaines ! Voilà des
villes jeunes encore, comme Québec, Montréal, Ottawa,
et voilà des villes couronnées de monuments cyclo-
péens ! Le palais de la nation d'Ottawa efface en grandeur et surtout en imposante beauté, la rodomontade
architecturale du palais de justice de Bruxelles.

Il y a des monastères du dix-huitième siècle et du
dix-neuvième siècle valant nos abbayes du moyen âge.
Les maisons religieuses qu'on bâtit maintenant, telles
que Ville-Marie et les Sœurs Grises à Montréal, le
séminaire de Québec et son Université déconcertent
notre imagination.

C'est que, lors de la fondation des colonies françaises du Canada sous François Ier et plus tard sous Louis XIV et Louis XV, les communautés comme les particuliers reçurent des lots de terre, alors sans valeur, mais qui, par leur situation dans des centres devenus populeux, à cause même de ces maisons religieuses, ont acquis, depuis, une très grande valeur.

Toutes les communautés ont conservé leurs propriétés sous les différents gouvernements qui se sont succédé.

Depuis deux ans un arrangement est intervenu aussi quant aux biens de la Société de Jésus tombés en déshérence à la mort du dernier des Jésuites de l'ancienne Compagnie, et qui conservés d'après les lois existantes, revenaient à leurs successeurs, dès le retour de ceux-ci au Canada.

Les Jésuites canadiens ont touché sur ces biens 160,000 piastres, l'université Laval de Québec 100,000 piastres, l'université de Montréal 40,000 piastres, la préfecture apostolique du golfe Saint-Laurent 15,000 piastres et chaque évêché du Bas-Canada 10,000 piastres. Depuis l'année 1800 les revenus des immeubles de l'ancienne Compagnie avaient servi à défrayer l'instruction publique.

Les communautés religieuses employèrent leurs revenus à propager l'instruction, à fonder des missions qui devinrent des villes, à faire vivre l'ouvrier par la construction de leurs somptueux édifices, lesquels feront un jour l'étonnement de l'Amérique, comme nos abbayes sont les merveilles de l'Europe. Il va sans dire que le Gouvernement a suivi l'impulsion imprimée à l'architecture par les ordres religieux. Les monuments publics rivalisent de grandeur avec les monastères.

Les églises toutefois, étant très multipliées, atteignent rarement les proportions de nos cathédrales, et se ressentent presque toutes de la précipitation qu'on mit à les construire.

Deux causes contribuent à déprimer les proportions de l'architecture monumentale religieuse, la crainte du feu d'une part, et de l'autre le besoin de se défendre contre les rigueurs d'un froid excessif.

Les églises devant être toutes chauffées durant le rude hiver de quatre ou cinq mois de neige, les voûtes sont basses, les fenêtres étroites, tandis que contre le feu, il faut des murs massifs comme pour autant de forteresses.

Le Canada produit tous les matériaux de construction, marbres, grès, porphyres, granits, etc., mais généralement moins beaux que ceux d'Europe.

Ce qui frappe notre attention, c'est la profusion des beaux bois de construction. Les boiseries des églises rivalisent par la richesse des essences avec la beauté de nos sculptures.

Quant à l'art sculptural lui-même, le modelage, la figure est encore dans son enfance. La moulure, la marqueterie, les blancs parquets, voilà ce qu'on ne se lasse pas d'admirer ici. On voit des tabernacles en racine de bruyère, des colonnes entières en noyer noir, des parquets d'érable blanc et rose, de hêtre, de noyer rouge, de tilleul ondulé. C'est riche et curieux. Mais, hâtons-nous d'avancer.

9 août. — Disant adieu à Québec, je remonte le fleuve, et me dirige vers Montréal. Ils sont beaux les bords du Saint-Laurent. Je ne me lasse pas de les admirer ; mais je souffre de la chaleur comme le grand saint sur son gril, bien qu'évidemment avec moins d'incommodité. Les grandes pluies des jours derniers, sous l'action d'un soleil d'août, rendent l'air étouffant. Situé sous la même latitude que l'Europe centrale, le Canada devrait avoir une température semblable à celle de nos contrées, si le climat dépendait uniquement de la distance d'un lieu à l'équateur. En réalité, au point de vue climatérique, la contrée se rapproche plus de la Norvège que de la France. Le thermomètre centigrade y atteint 38° au-dessus de zéro, et descend jusqu'à 34° au-dessous de zéro (1). Chaleur pour chaleur, ma sèche Afrique australe, avec sa température variant de — 3° à + 43°, m'allait mieux.

Le temps est très changeant au Canada. Le printemps arrive vers le 20 mars. Il est très court, mais il fond les neiges en peu de jours. La végétation se dé-

(1) D'après de Lambel (*Le Canada*, Tours 1875, p. 2), la température varierait de — 38° centigrade à + 40°.

veloppe rapidement, surtout dans certaines vallées, comme dans le *Manitoba* autour de *Winnipeg*, où l'émigration attirée par l'illustre abbé Labelle se concentre rapidement. Semés en mai, les blés sont rentrés fin de juillet. L'été ramène d'excessives chaleurs, avec des pluies abondantes. L'automne est d'une douceur, d'un charme incomparables; il se prolonge bien avant dans le mois de novembre, quoique dès les premiers jours de septembre, les nuits soient âpres. L'hiver rigoureux dure quatre mois d'un trait. Dans certains parages, la neige, d'une profondeur moyenne de 75 centimètres, reste gelée durant cinq mois. Mais l'hiver est une fortune pour le pays. Il conserve les viandes et les riches produits de la chasse, il facilite les longs transports des pelleteries, des bois et des céréales.

Parmi les essences les plus répandues vient le *pin du nord*, atteignant 60 mètres de haut, sur six de circonférence dans les vallées des grandes forêts. On rencontre partout le *mélèze résineux* et cette espèce de sapin qui produit le *baume du Canada;* on voit le chêne, le frêne, le charme, l'orme, le hêtre, le peuplier (évidemment de Canada), le tremble, le tilleul, le noyer noir, et le charmant érable, dont les teintes légères réjouissent le printemps, et dont les tons dorés font la parure la plus riche de l'automne canadien. De l'érable saigné à la hache il suinte un sucre délicieux qui se vend très cher. Un arbre intéressant encore est le *Myrica* dont les fruits enduits de cire produisent les bougies.

Le laurier cerise, le cornouiller fleuri, les lobélies, le sycomore, la gentiane pourprée, le lupin bleu, le chèvrefeuille écarlate, le lichen argenté, le lierre et des multitudes de lianes peuplent et ornent les majestueuses forêts de ces parages pittoresques du Nouveau Monde.

On y trouve encore, mais devenant de moins en moins communs, l'ingénieux castor, le caribou, le renne, le bison, le renard et la martre aux fourrures estimées, le chevreuil, le lynx proverbial, l'ours, le lapin, et ce lièvre blanc qui sert de nourriture et même de « bas » aux sauvages.

Le règne des habitants ailés est représenté en abondance par les volées de pigeons ramiers, par les bandes nombreuses d'oies et de canards et par des multitudes de sarcelles. Les pics, les geais et les merles y vivent comme en Belgique, le chardonneret n'y manque point, et le ravissant colibri y folâtre sur les fleurs de l'été. Dans les airs planent les rois de tout ce règne emplumé, le milan et l'aigle.

Deux insectes se font remarquer spécialement, l'incommode moustique aux venimeuses piqûres et l'industrieuse abeille. Le miel et la cire sont abondants.

Que dire des rivières et des grands lacs dont le nombre est considérable! La truite et le saumon y abondent, non pas comme dans notre guide-réclame : « Voyage dans les Ardennes », mais dans toute la simple et irrécusable vérité qu'accuse un incroyable bon marché. Les écrevisses, la perche, l'anguille et ce fameux brochet appelé « pickerel », de proportions vraiment effrayantes, sont au Canada la nourriture de tout le monde.

Au milieu de cette riche et vigoureuse nature, de cette vraie *Mater Alma* du Canada, il n'est pas étonnant que la population soit saine et robuste ; il n'est pas surprenant que la longévité y dépasse de loin celle des Européens. La nature même y invite au travail, et le travail champêtre y maintient la moralité et la vigueur des familles. Cela suffit pour qu'au Canada tout homme auquel Dieu accorde la santé et la bonne volonté puisse se procurer une subsistance facile, et avec un peu d'économie, une honnête aisance. Le Canada est une terre patriarcale.

J'ai donné précédemment déjà quelques aperçus sur la politique du Dominion.

Je dois préciser certains points.

Les lois canadiennes, si larges dans leur élasticité, ressemblent assez à notre constitution de 1830 ; elles sont comme l'outre des vents, dont on peut exprimer la brise ou la tempête. Cela dépend de la main qui la presse. Touchez doucement, il en sortira le zéphyr de toutes les bonnes libertés ; pressez brutalement, c'est le vent qui dessèche, qui brûle et qui tue.

La franc-maçonnerie voit grandir « le peuplier » de la foi canadienne de façon à porter ombrage, non seulement à la protestante Angleterre (qu'importe à la maçonnerie !), mais à l'athéisme même, à l'infidélité ! Ah ! pour le coup ! cela paraît si sérieux aux Frères .·. qu'ils mettront tout en œuvre pour entamer l'arbre, et qu'au besoin ils vendront même le Canada aux États-Unis, pour reculer le triomphe catholique, si cela peut les aider.

La franc-maçonnerie a usé d'astuce ici comme partout. Elle a tâché de trouver la fissure au Rocher de Pierre, base du grand arbre ; et là, à la faveur d'une querelle domestique, elle a doucement appuyé le coin effilé du « catholico-libéralisme » sous le nom de *réforme de l'instruction*, etc., etc. ; puis elle a loué et blâmé de droite et de gauche, jusqu'à former comme deux camps là où il n'y en avait pas.

Maintenant on voit ici des catholiques vraiment tels qu'on appelle *ultramontés*, et des libéraux ultramontés qu'on s'essouffle à nommer des *catholiques*.

La défiance déconcerte le troupeau de l'Église ; le protestantisme, les revues, les journaux libéraux, maçonniques et athées sont à l'œuvre, et un maire maçon (1) gouverne le catholique Montréal.

Déjà on a mis en vigueur une série de lois qui, découlant de la Constitution, deviendront, si l'on n'y veille, les armes du despotisme légal, du monopole de l'État en matière d'instruction et d'association.

______

(1) Aux élections qui se sont faites depuis, une majorité nouvelle a donné à Montréal un maire catholique, M. Mac Shane.

J'ai cité plus haut quelques-unes de ces conquêtes, comme les appellent les gouvernementaux.

Il y en a bien d'autres, par exemple : il y a un programme officiel de l'instruction, chargé au point, qu'appliqué à la lettre ou même dans son esprit, il ne laisse aucune place au catéchisme, à la doctrine chrétienne. L'atmosphère catholique des écoles peut se raréfier ainsi tout doucement dans l'éducation officielle, et la moralité de la jeunesse s'en aller peu à peu à la dérive. Quelques générations amèneraient un changement néfaste dans les esprits et dans les mœurs.

Il y a un conseil ou comité supérieur de l'enseignement. Ce conseil est composé de neuf évêques catholiques (pour le Canada proprement dit), de deux évêques protestants et de onze membres laïques. Le Gouvernement y a son président avec voix prépondérante. Ce conseil a été impuissant jusqu'ici à garder carrément intacte la liberté de l'instruction catholique, dans cette province éminemment religieuse.

Le Canada catholique a donc en ce moment son 1843. Il est à craindre que le 1857 ne suive avec toute la série des tracasseries sectaires, jusqu'à ce qu'enfin, la nation réveillée amène, s'il plaît à Dieu, « un soulagement universel ».

C'est bien le moment où il faudrait organiser la résistance, ou mieux, prendre l'offensive. Les catholiques forment la grande majorité de la population. Il leur faudrait les sociétés de Saint-Vincent de Paul nombreuses, les cercles catholiques, la fédération des cercles étendue sur tout le Dominion; il faudrait les patronages, les écoles d'adultes, les écoles des arts catholiques; il faudrait l'union de la Presse. Il y a par-ci par-là un peu de tout cela : l'organisation complète n'est pas encore faite.

Ah ! fasse le Ciel que cette organisation devienne bientôt une réalité, sans quoi les Prussiens de la loge pourraient se promettre des Sedan, des Paris ! Et quel temps il faudrait pour réorganiser les ruines qu'ils entasseraient !

Pourtant, ce Canada est si admirablement moral et si profondément catholique ! J'ai été témoin de la piété des fidèles, et j'ai vu le respect du dimanche.

Je me suis vainement fatigué les yeux à chercher un cabaret ou chose de ce nom à Québec, à Montréal, villes pourtant de soixante, de deux cent mille habitants ! Je n'y ai rien vu de pareil. On me dit cependant qu'il existe des « cafés » ; mais ils sont encore imperceptibles, même sur les grandes routes.

Le thé, le café, le lait sont la boisson des meilleures familles et des curés.

J'ai parlé de l'émigration vers le Canada, vers le Manitoba. Ce mouvement, des hommes bien intentionnés tâchent de l'encourager en France et même en Belgique. Ah ! Dieu veuille que le branle ne se mette pas dans la partie gâtée de ces deux pays, et que ce mouvement puisse être limité aux parties rurales wallones, flamandes et bretonnes ; car le Canada est trop beau pour mériter l'inoculation du virus de nos villes d'Europe.

Au reste, nul ouvrier des grandes villes continentales ne peut réussir ici. Il faut de rudes, de sains et vigoureux campagnards, ceux de Flandre, de la Campine, de la Hesbaye et de la Bretagne ; et encore avec un capital de quatre à cinq mille francs s'il s'agit de familles isolées, ou de quelque cent mille francs s'il s'agit d'un groupe d'émigrants.

Les commencements sont trop invinciblement difficiles pour les pauvres dénués de tout capital.

Dans les conditions indiquées, l'expérience de la colonisation belge et française est faite au Canada. L'avenir de l'agriculture en général, et de la culture maraîchère en particulier, est pleinement assuré. Les débouchés ne manqueront point ni vers les grandes villes des Etats-Unis, ni vers l'Europe. Le « Raphaels-Verein » d'Anvers est en mesure de fournir aux émigrants toutes les informations officielles désirables.

M. J. W. Würden, délégué du comité général dans cette ville, se dévoue à l'œuvre de l'émigration catholique avec une abnégation au-dessus de tout éloge.

Dimanche dernier, j'ai prêché deux sermons dans l'église romane de la Compagnie de Jésus à Montréal. Je dois donner des conférences dans cette grande ville vers la fin de septembre, ainsi que la retraite à la jeunesse du collège Sainte-Marie de la rue Bleury.

IV

MONTRÉAL

Du 14 au 28 août.

Une conférence. — Un sermon de charité. — Le P. Augustus Towry-
Law. — Le Frère Joseph Hedley. — Le P. Wehl. — Montréal.
— Ville-Marie. — Le Campo-Santo. — Les Sulpiciens. — Dîme et
mainmorte. — Les éteignoirs.

Vers l'année 1851, quand l'orateur de Notre-Dame
était à l'apogée de sa gloire, on courait de tous les
coins de la Belgique à Liège, pour y entendre La-
cordaire. Une vénérable parente, aujourd'hui plus
qu'octogénaire, m'a souvent raconté comment, de
la petite ville limbourgeoise de Hasselt, les dames,
entassées dans les coches d'alors, se pressaient vers
la cité épiscopale, et là, se payaient au prix de « deux
louis » le luxe bien pardonnable de se rapprocher
de la chaire et d'entendre, de voir de plus près le prince
de la parole.

J'aurais mauvaise grâce, à coup sûr, de me mettre
en ligne avec l'illustre conférencier, sous quelque rap-

port que ce fût ; et toutefois, je parie que si Montréal n'était guère qu'à sept lieues de la ville natale, ma vénérable octogénaire risquerait le voyage et quelques « louis » en outre, pour « aller en Croonenberghs », entendre celui que, vu son âge, elle appelait jadis « le cadet de ses soucis ». Eh bien ! je veux lui épargner la peine et les frais du voyage ; ne fût-ce que pour satisfaire sa curiosité, je vais donner l'abrégé d'une conférence telle qu'on les aime en Amérique. Le lecteur verra par ce spécimen ce qu'on entend par les « lectures » dans le monde anglais. Pour mieux l'éclairer, je mettrai même ma modestie de côté, et je livrerai les petits secrets américains.

Rappelons-nous d'abord que l'Amérique est le pays de la réclame, par excellence. Le conférencier doit donc se faire annoncer ; bon gré, mal gré, il doit monter sur le piédestal de la célébrité, et c'est le journalisme qui lui servira de plan incliné.

Je fus introduit auprès du rédacteur en chef de l'*Étendard de Montréal*, et cet homme extrêmement courtois, M. le sénateur Trudel, me livra à la publicité canadienne en produisant l'article ci-dessous :

Revenu du Continent Noir.

Conférences d'un missionnaire de l'Afrique australe.

« Nous annoncions, il y a quelques jours, le passage à Montréal du R. Père Croonenberghs, jésuite belge,

de la mission du Zambèze. Le R. Père, après avoir
excité au plus haut degré l'intérêt de ses auditeurs au
Gesù, veut bien nous permettre de copier de ses notes
de voyage quelques récits, que nous commencerons
à donner à nos lecteurs sous le titre : « Extraits du
» carnet d'un missionnaire. »

» Nous les ferons précéder aujourd'hui d'un excellent article dans lequel le « Catholic Union and
» Times », de Buffalo, fait en résumé l'historique de
ces missions lointaines.

Le Continent africain.

» En 1879, onze Jésuites Pères et Frères firent voile
pour les côtes de l'Afrique méridionale, et après des
souffrances sans nombre réussirent à pénétrer dans le
« Continent Noir » (Dark Continent). Quatre lourds
chariots traînés par des bœufs se dirigèrent péniblement vers l'intérieur, et pendant plusieurs mois les
yeux de l'Allemagne, de l'Autriche, de l'Italie, de la
Belgique, de la Hollande et de l'Angleterre restèrent
fixés sur l'aventureuse petite caravane. La plupart des
nationalités de l'Europe avaient en effet des représen-
tants parmi cette vaillante compagnie de missionnaires.

» Souffrant de nombreuses privations et ne prenant
aucun repos, les missionnaires voyagèrent de tribu en
tribu, visitant les Hottentots et les Bushmen, les Bet-
chouanas, les Makalakas, les Batlapïns et les Mata-

bélé-Zoulous, jusqu'à ce qu'ils eussent réussi à établir cinq postes au nord et au sud du mystérieux Zambèze.

» Cependant des aventures périlleuses et un climat fatal avaient réduit le nombre de la bande vaillante. Il se trouva des cœurs généreux pour remplir les vides causés par la mort ; mais ceux-là aussi succombèrent bientôt à la fièvre et aux privations, tellement qu'au mois de février dernier, dix-sept des missionnaires du Zambèze avaient déjà payé de leur vie la religion et la civilisation qu'ils étaient allés porter dans ces régions meurtrières.

» Des onze premiers pionniers, six seulement vivent encore, et il n'y en a qu'un seul dont la santé ne soit pas gravement compromise. Nous avons eu dernièrement le plaisir de recevoir à nos bureaux la visite de ce prêtre vraiment apostolique. C'est le R. P. Charles Croonenberghs, S. J., qui visite notre ville dans l'intérêt des missions pénibles dont nous venons de parler. Le R. P. Croonenberghs est Belge de nation. Il parle couramment la plupart des langues européennes ainsi que plusieurs idiomes africains, et sa description graphique et imagée de la géographie de ces régions inexplorées, des lois, des mœurs, des coutumes et de la religion des habitants, est extrêmement intéressante et instructive.

» Quelles charmantes conférences il va nous faire sur son expérience de sept ans dans les déserts de l'Afrique, sur les vastes étendues de terre situées entre l'embouchure du Zambèze et sa source, depuis le Congo méridional jusqu'au Transvaal !

» Mais les travaux des missionnaires du Zambèze ne se limitent pas à ce territoire. Ils embrassent aussi plusieurs tribus nègres des colonies anglaises du sud. Il y a maintenant trois groupes de missions catholiques.

» Celle du haut Zambèze comprenant la féroce tribu des Matabélé-Zoulous; le bas Zambèze, du côté des colonies portugaises, où des milliers de nègres reçoivent déjà l'instruction religieuse ; le troisième groupe comprend une mission parmi les peuples du Transvaal du Nord, un collège pour les Européens dans les colonies, et plusieurs missions parmi les Fingos, les Tamboukis et les Cafres du sud.

» On a aussi établi un séminaire non loin de la côte sud, où de jeunes et zélés lévites se préparent aux durs travaux des missions.

» En se souvenant des sommes énormes dépensées, surtout par les Belges, pour l'exploration de ces régions sous la conduite de l'intrépide Stanley, nous ne pouvons refuser une aumône pour aider à la prédication de l'Evangile parmi ces malheureux infidèles. La charité ainsi faite ne peut qu'attirer des bénédictions spéciales. Nous espérons que les citoyens de Buffalo répondront généreusement à l'appel du P. Croonenberghs. »

La réclame ainsi faite, le conférencier commence ses démarches personnelles auprès des personnages influents ; il lance ses invitations ; on veille au placement des cartes d'entrée dont le prix varie d'un franc vingt-cinq à une piastre, un dollar.

Le grand jour arrive enfin. Le conférencier est présenté à l'auditoire par quelque personnage important ; il fait son introduction tête nue et debout devant sa table. Il s'assied enfin et déroule ses récits en les encadrant dans les données requises de la géologie et de la zoologie que le caractère de la salle peut demander.

Voici le canevas d'une conférence ainsi délivrée devant un auditoire de choix réuni dans l'hémicycle du collège Sainte-Marie à Montréal.

Le retour

Afrique. Matabélé-Zoulouland, Go Bulawayo, 24 décembre 1883.

Il fallait donc obéir et quitter le champ de bataille et la chapelle de Bulawayo, pour longtemps ! J'y avais passé cinq ans et demi.

Le retour ! ce mot qui d'habitude résonne avec tant de charmes au fond du cœur, n'avait pour moi qu'un attrait mêlé de douleur.

Revoir des contrées dorées de souvenirs aimés ; revoir des lieux que j'avais parcourus avec des compagnons vénérés que la mort a depuis fauchés au champ du dévouement; revoir des sites féeriques où l'imagination s'était livré pleine carrière, revoir des parents, des amis chéris, revoir la patrie absente ! ah ! tout cela faisait vibrer les fibres de mon cœur et versait dans tout mon être un plaisir délicieux qu'on ne peut connaître qu'au fond des déserts de l'Afrique. Mais, quitter l'œuvre à laquelle m'attachaient cinq années de labeur et la pensée du devoir, et l'amour du salut des âmes : cela navrait mon cœur, et les larmes, toutes prêtes sous ma paupière, refoulaient la joie dans ma poitrine.

Le Père Engels, d'un regard froid et mélancolique, semblait comprendre les divers sentiments qui se combattaient en moi. — Le bon F. Hedley, ce serviteur fidèle, ce généreux soldat de Jésus-Christ, vieilli par le travail et les souffrances et qui depuis des années avait partagé ma vie, ne contenait pas son émotion en me voyant partir, et je dus me faire violence pour ne pas éclater en sanglots en l'embrassant. « Au revoir », lui dis-je; je ne pus en dire davantage. Je serrai la main du pauvre lépreux Jan Schepers, et je lui donnai ma bénédiction au nom de Dieu qui lui avait fait trouver le salut dans le malheur. Les bons serviteurs Tchantchana et Umsindo et Ngwata, eux aussi, vinrent me saluer une dernière fois. Une pauvre vieille femme, une betchouana malade, pleurait mon départ dans le secret de sa hutte. MM. Peterson et de la P*** et

Thompson me dirent un « au revoir » mêlé de regrets. Leur voix tremblait. Et le ciel où de gros nuages allaient s'accumulant semblait s'harmoniser avec l'émotion pénible qui nous dominait.

Tout était prêt. Pour couper court au sentiment, je montai précipitamment dans le wagon ; j'éloignai de moi mes trois chiens, le beau et fidèle *Black* et la vaillante *Vlam* et le pétillant petit *Pop*.

Le fouet retentit ; les 14 bœufs pressèrent le joug et le lourd véhicule se mit en marche. Le frère Nigg et moi, nous étions en route pour la colonie. Devant nous s'étendait un chemin de 70 jours. — A la garde de Dieu !

Un camp au désert.

26 décembre 1883.

Sous le dais séculaire d'un figuier sauvage, nous avions rangé nos deux wagons. Au pied du géant du désert, nos six zoulous avaient allumé leurs feux de bois. Sur le granit du rocher dans lequel le figuier avait forcé ses racines, nos noirs étendirent leurs peaux de bêtes et leurs couvertures. Les pieds rangés autour du feu et la tête soulevée sur leurs oreillers de bois, ils jasaient, jacottaient en surveillant le brouet de blé cafre et d'entrailles de mouton qui mitonnait sur la cendre chaude. Nos bœufs fatigués ruminaient et respiraient avec effort. Nos vaches et nos chèvres, attachées aux roues des chariots, se couchaient l'une après l'autre dans le sable refroidi et humaient avec délice l'air pur du soir. C'est le repos mérité après une rude journée.

Le vieux William Tainton qui a perdu ses trois frères au service de la reine, le bon frère Nigg ruiné par le climat du Zambèze et moi, bruni seulement aux ardeurs de ce soleil de plomb, nous contemplons en silence ce spectacle féerique, auquel le reflet de la lune et la lueur blafarde du feu de nos Cafres prête une lumière infiniment molle et un charme que nul pinceau ne saurait idéaliser.

Autour de nous, le scarabée géant *Ateuchus Sacer* roulait sa motte en silence, ou frappait la pierre pour appeler du secours, ou bourdonnait en s'envolant.

Le chacal glapissait sur la piste de notre troupeau, et l'hyène lui répondait du fond des gorges profondes, en faisant retentir les échos lointains de sa voix rauque et sépulcrale.

A deux pas du feu des Cafres chauffait notre propre dîner.

Le fumet en était royal; car, nous avions ce soir-là : rôti de mouton et poulet tendre, soupe aux macomanis, râble de wildebeest, œufs de pintade aux tomates, sauce à la moelle de girafe. Le pain était frais. C'était du biscuit fait sous la cendre de mimosa. Un verre de vieux Constantia, longtemps sauvé, couronna la fête.

Le bon frère Nigg nous servit un délicieux moka au lait de chèvre et au miel de boulongwani, le vieux et patriarcal William Tainton nous régala d'une excellente pipe d'Enioka tabacco (1).

Trois nous étions, trois amis fidèles tels que l'honneur et la sincérité dans la foi peuvent les créer dans un désert comme celui-là. Tous nos dîners ne se ressembleront pas.

Encore au pays des farouches Matabélé-Zoulous.

28 décembre 1883.

Sous un ciel doux et clément, sur une des dernières collines des Amatopés, à 4,000 pieds au-dessus de la mer, s'élève sur un roc aride une habitation modeste pompeusement décorée du nom de Lea's Castle. John Lea est un vieux Boër de descendance irlandaise et de religion calviniste. Lui et ses cinq fils ont fait plus pour refouler les fauves dans le désert que toutes les tribus noires des environs.

Tout l'horizon autour de sa demeure est couronné de rochers pittoresques qui, sous les diverses lumières du jour, rappellent au voyageur les plus beaux sites de la vieille Europe, depuis les pics de la Suisse et des Apennins jusqu'aux ruines des bords de la Meuse,

(1) Les boulongwani de l'Afrique Centrale sont de très petites mouches noires sans aiguillon. Elles déposent leurs alvéoles dans la terre comme nos bourdons. Leur miel noirâtre est très recherché.

Le tabac d'Enioka est pareil au plus fort kentucky. Le roi Lobengula s'en réservait toute la récolte. Parfois il faisait don d'une petite quantité à ses favoris.

Poilvache, Crève-Cœur, Samson, Mont-Aigle. Ces rochers et ces grandes montagnes ont été jusque dans ces dernières années la retraite favorite du tigre et du lion, de l'hyène et du chacal. Dans les immenses vallées qui s'étendent sur les rives de la Mangwé et du Sambouki, la girafe élancée paissait à côté du buffle trapu, le gnou à l'aspect farouche parmi les antilopes aux formes gracieuses. Là, l'autruche déposait ses œufs à l'ardeur du soleil, et le python se cachait à l'ombre du mimosa doré. La pintade cornue, la perdrix rouge, l'ibis et la grue cendrée, le héron bleu, le mahem *balearica pavonina* et le secrétaire se disputaient les marais et les broussailles. Le menu gibier n'a pas tenté l'avidité des chasseurs ; mais l'autruche, le lion, l'éléphant, l'hippopotame, le rhinocéros et la girafe, voire le buffle à la peau épaisse, sont tombés par milliers sous les balles meurtrières. Et ces riches dépouilles sont allées satisfaire les besoins, les plaisirs et la vanité de la terre entière.

Le vieux John Lea, maintenant au terme de sa carrière, promène un œil fatigué sur une terre épuisée. Il est pauvre et malade. Hélas ! que n'a-t-il travaillé pour Dieu, ou du moins que n'a-t-il songé à sa propre âme !

Vanitas, vanitatum et omnia vanitas præter amare Deum et illi soli servire.

Les peaux de lions jusqu'ici ne sont pas la monnaie de l'éternité.

Le passage du Kwezi River.

29 décembre 1883.

Par un ravin tortueux, la voie raboteuse descend précipitamment dans la Kwezi. Les pluies ont creusé le chemin et deux ornières profondes menacent à chaque instant de faire culbuter le lourd véhicule d'un côté ou de l'autre de la route.

Aux abords de la rivière, le voyageur prudent arrête son attelage haletant et inspecte la descente. Cette fois, elle est périlleuse. Mais c'est le sort du chariot du désert. Heck ! le cri du conducteur retentit, et les 14 bœufs se précipitent sur le joug, tandis que le *leader* au pas de course s'efforce, à bras tendus, de maintenir les bœufs de front, sur la trace qu'on lui a montrée.

Si le danger est grand, et la perspective des dommages incalculable, le tout ne dure qu'une minute, et le cri de *Hanaw* arrête l'attelage au milieu de l'eau et le char dans le sable profond de la berge. (1)

Un instant suffit pour ouvrir le frein et inspecter les traits. Tout est en ordre et Heck !... heck ! voilà que de droite et de gauche, cahotant sur les blocs de rochers roulés et fonçant dans les trous et la vase, nous touchons à l'autre bord.

(1) *Hanaw*, corruption du hollandais *Aan houden :* arrêter.

Halte ! Hanaw ! — Une barrière presque perpendiculaire est là. Pour sortir du fleuve qui, d'un instant à l'autre, peut descendre et emporter chars et bêtes de somme, il faut gravir une pierre unique et longue, biaisant sous les roues ; c'est le roulis et le tangage sur terre.

Mais nos vieux bœufs, qui aiment passionnément le joug et qu'on ne presse jamais sans nécessité, voient le moment, et, dès que le fouet siffle, tous d'un élan se précipitent, glissent, tombent, montent à genoux, soufflent, mugissent et, d'un effort suprême, sortent victorieusement sur la berge élevée.

Pour les récompenser, on les dételle à l'instant. En sentant délier sa tête gonflée, le vaillant « buffle » aux cornes recourbées présente ses oreilles à gratter ; les chefs de file « Speir » et « Bamberg » allongent tout le cou sous la main qui les caresse.

Bonnes bêtes, l'appui du voyageur, toujours infatigables, toujours soumises et mugissant de détresse comme pleurent les enfants, dès qu'ils perdent de vue leurs compagnons, ou que, pour les soulager, on les fait marcher hors du joug.

Les chiens sauvages.

Près de Quéziniama. — Latitude 20° 50' sud.

Le soleil n'était pas encore levé et l'or du crépuscule avait éclairé le passage du Quézi. Pendant que nos bœufs déjeunaient et se gaudissaient dans l'herbe grasse et humide de la rivière, j'avais pris mon fusil et je m'avançais à petits pas le long de la route, à travers les champs abandonnés de Quéziniama. Ma blanche « Flossy », aux yeux fondants d'affection, suivait mes pas, ou prenait prudemment la piste sur la route. Je disais mon bréviaire, le fusil au dos, depuis quelque temps.

Tout à coup, Flossy s'arrête, se retourne, et revient se poster devant moi. Je regarde par-dessus mon livre. Elle remue la queue, branle le corps, puis se tourne précipitamment, regardant fixement à ma gauche.

A sa façon, Flossy disait : « Là, mon maître, voilà de quoi vous réjouir et moi aussi. » Deux antilopes (bush-bucks) paissaient paisibles dans la clairière humide. Le soleil levant étincelait dans la rosée perlante et me montrait les beaux animaux comme encadrés dans la perspective d'un disque de diamants. Je fermai mon livre. Je regardai longtemps, ravi et indécis. Mais nous n'avions plus de gibier et Flossy était suppliante ; elle pressait ma jambe et léchait la crosse de mon fusil. Je le lève comme à regret. La fumée part, le « clack » de la balle qui frappe l'antilope sonne avant le coup, et Flossy file en donnant à plein gosier.

La piste est ensanglantée : la course de l'animal se précipite à travers les rochers. La voix de Flossy perce par intervalles au-dessus de la montagne —

puis tout bruit cesse — et j'attends ; puis Flossy revient à pas traînants et, avec un indicible regret, elle me regarde et me dit : « Oh ! j'ai fait de mon mieux, vois le sang sur ma poitrine, et tu n'es pas venu. » Une caresse à ma soyeuse Flossy et une miette de pain, et nous partons vers de nouveaux exploits.

Nous ne marchâmes pas longtemps. Au-dessus de nos têtes le gorille hurlait d'une voix rauque et profonde sur la crête des immenses rochers de la Quézi, et je m'assis pour jouir de la grandeur de ce sauvage spectacle.

En attendant les wagons qu'on attelait, je tirai mon calepin et esquissai la cime des monts. Mais les hautes herbes vinrent à se mouvoir tout près de moi. Flossy dresse l'oreille et, un pied levé, elle m'interroge du regard ; une tête se dessine ; qu'est-ce ? Est-ce une hyène au poil hérissé ? Ma balle siffle ! Un hurlement affreux répond au tonnerre. Cent têtes aux longues oreilles surgissent à la fois. C'est une horde de chiens sauvages, de loups affamés ; le blessé se retire en léchant sa large plaie.

Flossy s'est élancée ; mais, la bande fait face ; une bête, vraisemblablement le chef de la meute féroce, s'avance. Flossy revient sur moi, surprise et ahurie ; le flot se précipite. Je n'eus que le temps de recharger et je lançai une charge de chevrotines au hasard. Les hurlements redoublent, la troupe fait halte, elle hésite. Une balle siffle, mon troisième coup part et toute l'armée recule pied à pied, en tournoyant.

Une vedette à fourrure bariolée de blanc et de noir couvre la retraite avec les deux traînards ; une dernière balle lui fracasse la patte, et tout se débande en pleine déroute. Flossy alors recouvre toute sa vaillance ; les montagnes d'alentour répètent ses cris de ravins en ravins.

Je respire ; mais comme j'étais sur la frontière du lion, je crus prudent de ne pas poursuivre les fuyards.

J'essuyais de mon front *la poussière du combat*, quand un coup de feu retentit, suivi à l'instant du Haw! Haw! des Cafres. Je pensai que William Tainton arrivant avec les wagons avait surpris un de mes fuyards. J'accourus ! Une magnifique antilope, le « Bastard Harte Beest » aux cornes effilées, au dos brun noir, au poitrail d'argent, venait de tomber. Traqué par ces mêmes loups que je venais de rencontrer, le noble animal s'était placé au sommet d'un rocher à pic, pour observer les mouvements de l'ennemi, quand la balle de l'adroit Tainton le précipita du roc dans la vallée.

Presque au même instant, une bande de pintades sauvages vint à passer au-dessus de moi, et un hasard, un coup double, m'en donna deux. Nous étions riches pour trois jours.

Le feu s'alluma sur-le-champ, et vingt minutes après nous dégustions à belles dents la succulente chair de l'antilope.

Nos noirs enfants, se servant des deux mains, s'as-

similaient avec bonheur la graisse chaude de notre
rôti, comme les lazzaronis s'administrent les aunes de
macaroni.

Chacun était *totus in illis*.

Dix heures dans le désert.

Le lendemain, après la sainte messe, je finis mes
petites heures et, comme la route ne présentait aucune
difficulté, ma présence n'étant pas requise au wagon,
je pris mon fusil et cheminai le long de la voie à
travers la magnifique et claire forêt de Mapanis qui
s'étend à 40 lieues, sur une profondeur de 30 kilomètres à peu près. C'était dans les sauvages solitudes
du Makloutsi tropical. (1) Je songeais à enrichir ma
collection d'oiseaux rares, et n'avais avec moi que du
plomb de moineau. *L'aigle royal* vint à voguer sur ma
tête à travers les cimes des Mopanis et des Knopjes-
doorns. L'oiseau ne me vit point, et je pus lui lancer
une bordée de plomb. Blessé grièvement quoiqu'encore vigoureux, il s'éloignait en se relayant de cime
en cime. Je le suivis avec ardeur l'espace de vingt minutes. Quand je m'avisai de me reconnaître, je fis

---

(1) Dans les régions du Zambèze, le missionnaire, comme tous les
voyageurs, s'arme prudemment de son fusil, s'il n'a un chasseur à
ses côtés.

volte-face, et repris la direction de l'est, ayant quitté la route du côté de l'ouest. Chemin faisant, il me sembla entendre le roulement du wagon sur ma droite ; cela me surprit. « Il y a, sans doute, une courbe vers l'ouest, me dis-je, » et pour couper au plus court, je marchai au bruit. Le bruit cessa dans le sable ; je marchais toujours. Bientôt je me trouvai dans un immense fourré de plantes épineuses à triples crochets que les Boërs appellent « wachte beetje » (attends un peu). Le soleil avait disparu sous un brouillard subit, le « chobar ». J'écoutai longtemps ; plus de wagon, pas de route !...

Alors, un sentiment glaçant de consternation s'abattit sur moi ; je sentis la panique frapper à la porte de mon cœur, et spontanément je poussai ce cri : « Perdu ! » Un moment de réflexion me rappela à toute la réalité de ma position : le lion et le léopard étaient mes voisins !... Je m'arrêtai et j'appuyai la main au tronc d'un mopani. Je fis alors le signe de la croix, et repris mon empire sur moi-même. Je m'assis lentement, puis, à haute voix, en faisant appel à toute ma volonté, je parlai ainsi à moi-même : « Sois calme, réfléchis et ne cours pas : tu as quitté la route sur la droite ; la route va du nord au sud ; donc, il te faut marcher de l'est, marcher droit devant toi et ne jamais décliner ni t'arrêter ; tu dois aboutir à la route. Maintenant prie, et attends avec calme que le soleil perce, afin de t'orienter. »

Ayant ainsi fixé mes esprits, je tirai un coup de fusil en l'air dans l'espoir d'un coup de réponse ; puis un deuxième, un troisième !... Rien !.... et le ciel se couvrait davantage. Je ne voyais plus à dix pas de distance ! Pas moyen de déterminer les points cardinaux. Il était midi à ma montre. Je me disais : « Il est probable que la brume ne se lèvera pas ; la nuit peut me surprendre ; voyons où coucher ! » J'aperçus un instant la pointe d'un rocher isolé, à 200 pas vers l'est. J'y grimpe, je regarde en vain : un océan de vapeur s'étendait sous moi sur toute la forêt, et la dérobait à mes yeux. Plus haut, une couche plus dense formait un vaste stratus interceptant tout rayon de soleil. Jamais je n'ai contemplé un spectacle vide de toute chose comme celui-là. Je ramassai des branches mortes, des lianes et des herbes, j'allumai un grand feu, dans l'idée d'avoir un point de ralliment dans mes recherches.

En tournant autour du roc, j'aperçus un antre de 10 pieds de profondeur. « Voilà pour coucher s'il le faut », me dis-je. J'y pénètre avec joie, et veux me mettre en devoir d'accumuler du bois de chauffage à l'entrée.

Mais je regarde à mes pieds : voilà des empreintes dans la terre fraîche !... Empreintes de léopard ?... Non ! de lion ! — vieilles empreintes ! — Mais ces fauves peuvent revenir : je dormirai au sommet du rocher — entre trois feux... et Dieu me veillera.

J'avais maintenant le feu et la fumée pour me diriger un peu. J'essayai de tirer quelques oiseaux pour apaiser ma faim. Je manquai quatre tourterelles. Hélas! le plomb est trop fin, et n'ayant qu'une seule balle au canon rayé, je dois la garder contre une surprise le jour ou la nuit! — Une heure à ma montre!... déjà cinq heures d'écoulées! J'allume ma pipe à mon bûcher; — j'ai soif! — point d'eau! Je descends au ravin; sous le roc un ruisseau desséché, du sable; — j'y creuse avec la main; — je bois une eau boueuse et noire, puis, je retourne à mon rocher. Une heure passe encore — deux heures! Je dis vêpres et complies avec « moult » distractions et quelques profonds soupirs, mais je suis calme. J'invoque saint Antoine et, dans mon cœur, je lui promets trois messes « si ce jour même, avant la nuit, je puis m'étendre sur mon lit, dans mon wagon. »

Cependant le brouillard s'épaissit, le vent se lève et la pluie déborde. Je suis trempé, mais sur le rocher je bois à longs traits la bénédiction d'une eau fraîche qui étanche ma soif brûlante. Je levais ma main pour remercier le ciel, quand voilà un rayon de soleil qui tombe à travers les nuages! Je regarde ébahi, je regarde bien le soleil et ma montre : 4 heures 10 minutes! Voilà bien le couchant, voilà l'orient, voici le sud et voici le nord! Une joie intense me remplit le cœur. Calme et décidé je me lève; je saisis mon fusil, fixe bien mes poches, ma montre et mes allumet-

tes... et je m'élance au pas gymnastique, à travers
tout dans la direction de l'est.

Il est cinq heures... Me voici à un rocher horizontal,
une plaine de granit ; l'eau y stationne limpide — je
bois à longs traits — le soleil est radieux — en avant,
droit devant moi. — Une pensée me vient que la route
doit être à ma droite — n'importe : fidèle à ma résolution, je précipite ma course droit devant moi.
5 heures 45 — je m'arrête, je respire. — Je m'assieds
en tenant mes yeux braqués dans l'est. — Je me re-
lève soudain pour courir encore ; et que vois-je ? des
pieds de moutons dans le sable, sur la pluie ! — un
pied de Cafre ! ce doit être la piste de notre troupeau !
— Que vois-je encore, là, là ! la route ! et d'un bond,
j'y suis ; et le genou dans la terre humide, je lève les
mains au ciel, au milieu de la route retrouvée !

De voir la direction des pieds des bœufs et des
hommes, ce fut l'affaire d'un instant, et sans plus sentir
ni fatigue ni sueur, je repartis à la course. — Une
heure se passe — il était six heures et demie, et le
soleil allait se précipiter derrière les forêts, quand une
tourterelle se glissa sous un rameau. Cette fois je
l'abats, mais voici que quelques instants après, une
balle siffle dans l'air par-dessus ma tête ! — J'écoute
— deux, trois secondes ! et j'entends la détonation
d'un rifle répondant à mon coup de fusil ! — C'est
donc le fidèle Jan Engelbrecht qui revient à ma rencontre. Je ralentis le pas et j'avance d'un pied me-

suré vers mon chasseur. — Voilà bien le brave Boër qui arrive ventre à terre, et arrête son cheval tout court devant moi.

» Père! fit-il, d'où venez-vous? vous avez été égaré — nous vous croyions perdu! » Je répondis d'une manière rassurante et ne voulus pas inquiéter mon fidèle compagnon.

« Où sont les wagons? » fut ma demande. « A trois quarts de lieue d'ici, répondit le chasseur, prenez mon cheval. » — « Non, lui dis-je, repartez au galop, et arrêtez les wagons, j'y serai dans quarante minutes. »

Je n'eusse pas cheminé plus vite avec le fougueux étalon de Jan : il eût chargé sans moi!

Quand Jan fut parti à pleine charge, je repris ma course et sautai dans mon wagon au moment où retentissait le « Heck » réglementaire du départ. Je m'étendis tout d'abord sur mon lit, et les mains jointes, je remerciai le ciel et saint Antoine du repos, de la vie! Je grugeai ensuite un morceau de viande froide et un croûton de pain. Quelle viande délicieuse, et quel bon pain! Dans Paris, on n'en mange pas d'aussi bon, parce qu'on n'y a pas aussi grand'faim.

Jan vint ensuite s'asseoir à côté de moi, il voulait parler « praat »; car il était plein de son sujet! il portait une longue queue à la selle de son cheval. « Eh bien! Jan, lui dis-je, ouvre la bouche et dis-moi ce que tu as fait : je vois *queue de girafe*. — Ya, ya! répondit Jan. — Elle y est! quelle belle bête!! — Et tu l'as tuée ? — Oui, ça m'a coûté deux balles, mais elle a roulé, roulé, au point que son long cou tombant s'est cassé à la nuque ! » Ayant ainsi déversé son trop-plein, le chasseur commença la description de sa journée que je suivis d'une manière distraite, en repensant tout bas à la mienne !

« Ce matin, dit-il, quand vous avez quitté la route, j'entendis vos trois coups de fusil (mes trois coups de détresse) et, au troisième, six girafes arrivèrent de votre côté, et filèrent par-dessus la route. Immédiatement, je pris leur piste ; mon *alezan* vola comme la biche à travers les taillis, les fourrés, entre les arbres, parmi les « wacht à beetje. » Après une demi-heure je découvre les longs cous louvoyant, serpentant sous les branches ou dominant les mopanis. Je fais halte. Ils se mettent à brouter les feuilles pendues aux branches élevées ; je mène mon cheval par la bride en me traînant par terre ; à cinq cents pas, je saute en selle, et avant qu'elles se reconnaissent je suis à deux cents mètres. D'un bond je fus à terre, je visai le mâle qui filait en tête : « beng » !!! la balle lui brisa l'échine et « kameel » (la girafe) branlant de droite et de gauche s'en alla tomber à quelques pas, et dans sa chute se brisa la nuque. Une balle encore l'acheva. Voici le filet, voilà la queue, la plus longue que j'aie vue ; voici aussi la moelle promise pour frire nos œufs d'autruches ! »

Tel fut le discours du vaillant Nemrod. Je serrai la

main à « Jan ». L'intérêt de son récit m'avait tiré de la méditation que je faisais sur les événements de ma propre journée !

Ce soir, comme « Jan » me l'avait prédit, les cailles du désert avaient passé par nuées nombreuses au coucher du soleil, et nous nous préparâmes à les rencontrer le lendemain sur notre route, au lac de Palatchwé, à vingt lieues du tropique du sud. Ces oiseaux habitent les clairières des forêts et les vastes savanes de l'Afrique. Soir et matin elles se dirigent par centaines, parfois par myriades sur les rares eaux du désert, faisant ainsi des promenades aériennes de trente à quarante lieues et plus, deux fois le jour.

Le matin avant la rapide aurore nous étions au poste, cachés dans un buisson et les attendant patiemment. Une nuée passa sur nous. Deux coups partent à la fois et dix-huit cailles pleuvent sur nous — souvenir du Sinaï ! Nous attendîmes encore. Une autre troupe s'abattit sur le bord du lac. Elles jacotaient, couraient, se soûlaient d'eau. Deux charges fouettantes sifflèrent sur l'onde, et une vingtaine de corps morts flottèrent sur le bord du lac. Nous relevâmes les morts et les blessés ; nous étions riches pour longtemps.

Pour surcroît de bonheur, Jan l'infatigable converti rencontra un gnou (wilde beest) antilope à l'aspect échevelé qui tient du zèbre, du cheval et du buffle. Il tira aussi ce « petit » gibier.

Les Boërs appellent « groot goed », gros gibier, l'éléphant, l'autruche, l'hippopotame et le rhinocéros : cela rapporte gros argent.

Les *élans* gigantesques, les girafes, les buffles et soixante-quinze espèces d'antilopes variant de la taille du lièvre et du chevreuil à celle d'un taureau de Durham, le zèbre, le qwaga, etc., s'appellent « klei goed », menu gibier. Les quatre variétés de lions et leurs voisins les léopards, les chats-tigres, les quatre hyènes, le crocodile etc., cela s'appelle par son nom ; ce n'est pas du gibier ; le sanglier non plus. Quant aux lièvres, aux lapins, aux outardes, perdreaux et cailles, on estime cela comme nous les moineaux ou les pinsons. »

Voilà une partie d'une conférence ou « lecture ».

A ces narrations d'une digestion facile pour les différentes catégories dont se compose d'ordinaire un auditoire mêlé, j'ajoute quelque épisode ou plus sérieux ou plus religieux pour les esprits élevés, soit sur les lois et la religion des peuples de l'Afrique australe, soit sur les progrès de la foi et sur les rudes travaux de nos confrères dans le saint ministère parmi les idolâtres. Comme spécimen d'une de ces parties plus religieuses, voici le résumé d'une *conférence* donnée dans la cathédrale de la pittoresque ville de Toronto sur le lac Ontario, devant sa Grandeur l'archevêque, et devant la famille de feu mon vénéré compagnon de mission, le P. Augustus Towry-Law.

Je me permettrai de transcrire une lettre que j'envoyai d'Afrique aux *Précis historiques* de Bruxelles, peu après les douloureux événements dont il y est question.

« Gobulawayo (Afrique australe), 17-21 octobre 1881.

« Mon Révérend Père,

« Je vous envoie le récit complet de l'expédition d'Umzila, depuis le départ du P. Law et de ses trois compagnons jusqu'au retour à Gobulawayo des survivants, les Frères Hedley et De Sadeleer. »

1. — *Départ et voyage du R. P. Law et de ses trois compagnons, le P. Wehl et les Frères Hedley et De Sadeleer.*

Partis de Gobulawayo le 28 mai 1880, nos voyageurs s'arrêtèrent quelques jours auprès de Lobengula, roi des Matabélé-Zoulous, à la résidence d'été d'Umganin. Le P. Law, comme souvenir, fit don au roi du fameux dogue « Prins », pour lequel le Regulus du Lac Ngami avait offert quarante bœufs à Shoshong. Le 3 juin, ils prirent la route du nord-est par Oumslangeen. Leur but était d'aller fonder une nouvelle mission parmi les Zoulous Abagasas du roi Umzila, près de Sofala.

Leur voyage en compagnie des chasseurs anglais,

MM. Jemmisson, Colisson, Rongsley, Croock, Selous,
Airs, fut ce que nous pouvions prévoir, assez heureux
pour la table, un peu ruineux pour la cave de nos con-

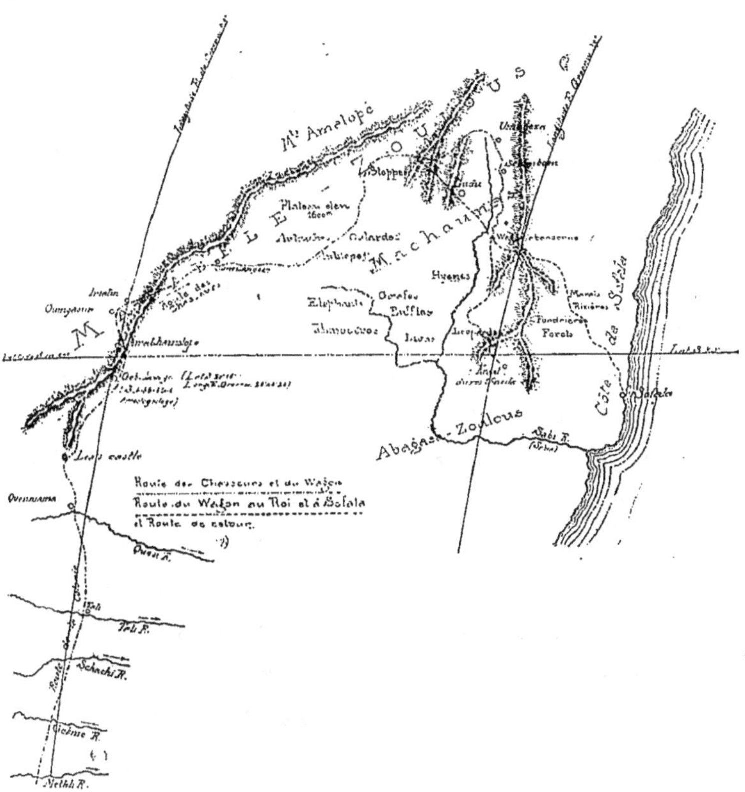

Carte du pays d'Umzila et des Matabélés.

frères. Le soir, souvent les chasseurs apportaient des
œufs d'autruches et le P. Law avait à les doser de son
précieux brandy. Ils arrivèrent aux Monts de Fer,
« Entab'Insimbi » longs, de 32 milles du nord-est au
sud-ouest. Les blocs de métal de ces monts contiennent

de 80 à 94 pour 100 de fer égal au fer suédois. C'est au « Poort », ou col de l' « Umtigéza Mountain » que le missionnaire, déjà malade, fit ses adieux à ses compatriotes.

Désormais abandonnés à leurs propres forces, ses compagnons et lui croisèrent le Sabi, non loin de sa source, au sud d'Oumtigéza. La route que César eût appelée à juste titre *invia* fut pénible dès lors. Il fallait tantôt combler des ravins, tantôt abattre des arbres et des taillis, souvent joncher les fondrières et les crevasses au moyen de fascines et de pierres. On avançait ainsi péniblement de 5 à 6 milles par jour; souvent on ne faisait qu'un ou deux kilomètres.

Jusqu'aux passes difficiles de ces montagnes, les sauvages ne s'étaient pas montrés hostiles aux missionnaires, bien que ceux-ci, après le départ des chasseurs anglais, se trouvassent à la merci des indigènes.

Ce ne fut que le dixième jour après le passage du Sabi-River et à cinquante lieues au sud d'Oumtigéza, que l'ennemi démasqua ses batteries. Deux chefs qui se considèrent comme à moitié indépendants, sur la frontière commune des royaumes de Lobengula et d'Oumzila, rançonnent tour à tour les deux bords du Sabi, à peu près comme faisaient les fameux *border chiefs* d'Ecosse.

Un des chefs s'appelait *Amalanga* ou le *brigand du jour;* l'autre était *Hamba boussoukou,* c'est-à-dire le *forban des nuits.*

Le premier vint se poster en tête de la caravane, et le second la serra en queue. Les hordes sauvages grossirent alors autour du wagon, et nos Hottentots, Cape-Corps et Tom, signalèrent l'embûche aux missionnaires. Les Machounas s'apprêtaient ni plus ni moins, à massacrer les blancs et à piller la caravane !

C'est dans cette position tendue, qu'un moment d'oubli amena une catastrophe. Un après-dîner, tandis que le P. Law et les frères s'employaient avec les deux Hottentots, le fidèle *batonga*, Zambeez, et les guides matabélés, à déblayer la route, le P. Wehl disparut de la caravane.

Ce Père autrichien était un homme de haute stature et d'une intrépidité que rien ne pouvait émouvoir. Au milieu des dangers, il se possédait au point de continuer tranquillement ses études ou ses prières.

Cette fois encore, il s'était écarté de quelques pas du reste de la troupe, quand soudain le cercle des ennemis se referma entre lui et les siens !

Dans le trouble du travail, dans le tumulte, personne ne s'aperçut d'abord de sa disparition. Le soleil descendait déjà à l'horizon quand le F. Hedley remarqua son absence. Aussitôt on appelle, on crie ! Le P. Law fait tirer les trois coups de ralliement ! Pas de réponse !

Le F. De Sadeleer se décide alors à rompre la ligne ennemie ; avec deux Matabélés il parvient à traverser les hordes *machounas,* et se met à battre la forêt dans tous les sens. Leurs efforts restent stériles! La nuit vient et dans l'obscurité, le brave Frère donne dans une trappe à gibier, un puits déguisé au moyen de feuillage et de terre. Ces fosses ont dix pieds de long sur deux de large et trois mètres de profondeur. En manœuvrant du dos et des pieds, comme font les ramoneurs, il parvint à se sauver de la mort; mais il fallut cesser toutes les recherches.

Pour comble de malheur, durant la nuit une pluie torrentielle vint effacer la trace des pas, et le lendemain toute poursuite fut impossible.

L'attitude des sauvages devint de plus en plus menaçante; tout le jour on resta l'arme au poing. Les deux jours suivants les poursuites furent également infructueuses. Nos gens et les machounas soudoyés, revinrent sans nouvelles aucunes. La consternation fut extrême. On se persuada que les sauvages avaient enlevé le P. Wehl et visaient maintenant à entraîner nos hommes à sa recherche, pour les envelopper séparément et piller le wagon sans défense. Comme l'eau et les vivres commençaient à manquer pour les hommes et pour le bétail cerné, on tint conseil. L'avis unanime fut d'abandonner le wagon dans cette impasse des montagnes, et de se frayer un passage à travers les sauvages, à la faveur de la nuit. On combina tout en secret, on fit les préparatifs en silence, on fit même un semblant de repas de fête pour dérouter l'ennemi, et vers neuf heures du soir, au coucher de la lune, on délogea sans bruit, laissant les bœufs attachés au wagon et de grands feux allumés pour dissimuler la retraite.

Nos hommes avaient pris avec eux de fortes charges. Au fur et à mesure que la fatigue augmentait, chacun allégea son fardeau, la poudre surabondante fut versée dans le gazon, on enterra le surplus de plomb et de cartouches; puis on pressa vers l'ouest et on se dirigea sur le Sabi. Cette nuit, avant qu'on eût passé la ligne des feux des sauvages, le bouvier Zambeez succomba sous le faix, et bien qu'on l'attendît longtemps, le matin il ne répondit pas à l'appel. Les premiers jours furent pénibles à l'excès. Sans feu la nuit comme le jour, de peur d'attirer l'ennemi sur la piste, on vécut de privations. Nos hommes marchaient éparpillés pour mieux dérober la trace de leurs pas. Dieu aidant on réussit à dérouter les poursuites des hommes d'Amalanga et d'Hambaboussoukou, et après une semaine de marche on découvrit le Sabi. Il était temps; car n'osant tirer, de peur de se trahir, ils avaient été sur le qui-vive toutes les nuits, dans cette région si infestée de lions que la forêt retentissait partout de leurs rugissements.

Dès lors, plus sûrs de la route et hors d'atteinte, on put songer à se pourvoir de gibier. Le jour où le dernier pain fut consommé, vers le soir, saint Hubert jeta au devant de nos hommes affamés, un magnifique rhinocéros avec son veau. Cape-Corps, un petit homme de quatre pieds et demi, planta une balle de six à la livre dans le flanc de l'animal. La bête s'arrêta, indécise entre l'assaut et la fuite. Cape-Corps cria au F. De Sadeleer de tirer. De Sadeleer qui portait mon Martini-Henry, épaula sur le dos de Tom couché, et logea sa balle dans l'oreille de l'animal. Le rhinocéros tomba, et Tom tua le veau à coups d'assegaie. Nos voyageurs remercièrent Dieu de la viande qu'il leur envoyait, en prirent chacun une bonne charge sur le dos et abandonnèrent le reste aux riverains, avides eux aussi du butin. Des antilopes fournirent la table le jour de l'Assomption, et souvent les *Endunas* furent payés au moyen de la venaison de nos chasseurs.

Enfin, après six semaines de fatigues et d'indicibles angoisses, le bon Père Law et nos bien-aimés Frères De Sadeleer et Hedley, les deux conducteurs et les deux hommes de Lobengula arrivèrent, sans autre désastre, au kraal royal d'Umzila.

Deux jours se passèrent avant que le roi reçût le Père Law en audience. Comme d'ordinaire chez les rois cafres, la visite de convenance fut froide. Umzila voulait voir le wagon, chose qu'il n'avait jamais contemplée de ses yeux.

Il donna ordre à nos hommes de prendre l'escorte qu'il leur donnait et d'aller chercher le wagon. Après bien des remontrances, Umzila finit par entendre raison, et donna au pauvre Père Law malade de la fièvre et épuisé, ainsi qu'au F. Hedley, l'autorisation de de-

meurer au kraal. Le Frère De Sadeleer, toujours prêt à
tout et encore valide, partit donc, sans autres pro-

Le P. Augustus-Towry Law.

visions que son fusil, avec Cape-Corps et Tom et une
escorte de trente nègres, à la recherche du wagon
abandonné.

Laissons le courageux Frère reprendre sa longue et pénible route, sous la garde de Dieu et de ses saints anges, et revenons auprès du Père Law et de son cher compagnon le F. Joseph Hedley, retenus dans la ville du roi.

Mort du Père Augustus Law. — Epreuves du Frère Hedley.

Le Père Law était d'une taille moyenne, d'un teint bronzé ; il avait les cheveux blond foncé. Sa barbe rousse, ses yeux bleus et sa physionomie fine, pleine d'intelligence et de bonté, faisaient de lui un type distingué de la race d'Albion. Ses forces, bien au-dessous d'ailleurs de son courage et de son zèle, avaient été minées depuis longtemps par onze ans de service dans la marine, par de longs travaux dans la pénible mission de Démerara dans la Guyane anglaise, suivies de trois années de professorat et d'apostolat dans les colonies de l'Afrique australe. Parmi nous, il se distingua toujours par une rare modestie malgré tout son savoir, par une bonté délicate envers tous, et par un zèle actif et ingénieux pour la conversion de ses nouveaux enfants. Beaucoup de personnes à Grahamstown et ailleurs, lui doivent leur admission au sein de l'Eglise, et lui gardent un souvenir plein de respect et d'admiration.

Dès son arrivée au kraal d'Umzila, une prostration

subite succéda à la surexcitation des derniers périls;
la fièvre qui l'avait pris dès Umslangeen se déclara
dans toute son intensité. Il comprit lui-même que son
corps, épuisé par la maladie, par la privation et par les
misères du dernier voyage, allait succomber. Le
Frère Hedley, était lui aussi d'une santé faible et
exténué de fatigue. Il fut saisi d'une fièvre intermittente, qui souvent se transportait au cerveau. Un
énorme abcès se déclara à son genou et le cloua à côté
du Père Law, sur le seul grabat de branchages qu'ils
eussent. Ils gisaient dans une hutte cafre, de la dimen-
sion et de la forme d'un four à pain. Cette cabane
était souvent inondée d'un demi-pied d'eau.

Une vieille femme, envoyée sans doute par la reine,
leur apportait l'eau et le cafir-corn (espèce de seigle
rond) soir et matin. Pas d'autres serviteurs autour
d'eux! Dans la hutte vivaient deux serpents, un cobra
de trois pieds de long, gros comme le bras, et un
autre moins redoutable. Ces reptiles protégeaient la
nourriture de nos infortunés contre les souris et les
rats qui remplissaient tout.

Le Père Law tomba bientôt dans une espèce de ma-
rasme. L'engourdissement faisait place au délire, et
ne lui laissait que de rares moments de lucidité.

Dans ces instants fugitifs, le pauvre malade était
d'une bonté touchante. Alors il causait avec le bon
Frère Hedley et l'encourageait; en retour, le Frère
Hedley lui lisait un chapitre d'un petit livre intitulé

Préparation à une sainte mort, et puis ils fumaient une seule pipe à eux deux, jusqu'à ce que leur bonheur passager fît de nouveau place aux angoisses du délire ou à l'oubli que procure un instant de sommeil.

Le jour de sainte Thérèse, le Père Law célébra sa dernière messe. Pour le soutenir, le Frère avait tendu une corde de paille par-dessus le modeste autel, et, ainsi appuyé de la poitrine, le cher mourant put achever le saint sacrifice et communier une dernière fois. Il communia aussi son compagnon, sous forme de viatique.

Le F. Hedley ne pouvait se lever ; le P. Law lui rendait les plus humbles services que l'état d'un malade peut réclamer, et lui-même, pour remplir ces pénibles offices, rampait sur les genoux et sur les mains jusque hors de la hutte. Ainsi il alla s'affaiblissant jusqu'à la fin d'octobre. Alors, se sentant mourir, il écrivit plusieurs lettres touchantes au R. P. Depelchin, au R. P. de Wit, à ses confrères et amis, à ses vieux parents. La dernière lettre fut détruite malheureusement par un des missionnaires dans un moment d'absence mentale. En voici une que j'ai sous les yeux :

« 12 octobre 1880, au kraal d'Umzila.

» Mes bien-aimés P. Wehl (?) et F. De Sadeleer, » disait-il, « je ne suis plus loin de ma fin. Je vous demande pardon de tout mon cœur, pour les scandales que j'ai donnés et pour toutes mes impatiences. Je crois que le mieux est d'aller avec le wagon à Sofala, et de rester là jusqu'à ce que vous receviez de Florence des instructions du P. Weld. Peut-être pourrez-vous aller de là tout de suite à Port-Elizabeth, en faisant le tour de la côte, et après avoir vendu vos bœufs et votre wagon. Vous ne pouvez pas demeurer ici actuellement. Vous n'avez pas de quoi *vivre;* vous ne pourriez que mourir tous. Ainsi donc, tâchez de gagner Sofala. Mettez tout en œuvre pour déterminer le roi à vous laisser partir, dussiez-vous lui engager le wagon et les bœufs après que vous seriez arrivés à Sofala. Si, malgré cela, le roi refuse, alors, à votre place j'essayerais de tourner vers Bulawayo jusqu'à la limite de la mouche Tsetsé, et de là j'enverrais un exprès au P. de Wit (le P. Law supposait celui-ci à Bulawayo, mais il était à Tati) afin qu'il vous expédie un wagon qu'il pourrait emprunter. Peut-être vous trouverez le cher F. Hedley mort également. Nos effets (bien peu de chose) seront laissés en la charge de la bonne femme ici. J'ai écrit au P. de Wit pour le paiement des serviteurs.

» Vôtre, en Jésus-Christ,

» Augustus-Towry Law.

« *P. S.* — Le F. Hedley demande pardon à tous. Je donne ma couverture à la bonne femme quand je mourrai ; le F. Hedley la sienne quand il mourra. »

Cette lettre écrite au crayon d'une main débile fut ensuite repassée péniblement à l'encre. Après la mort du P. Law, le F. Hedley écrivit au verso : « La bonne vieille femme ne veut rien en partage, rien qui ait appartenu à un défunt; ainsi ces effets passeront à qui y tiendra. »

Le 30 octobre, le P. Law écrivit une dernière missive qui me parvint en décembre 1880, et que j'ai envoyée en Europe l'an dernier.

L'état du cher malade alla s'aggravant. La dysenterie survint, puis la jaunisse alterna avec la fièvre chaude et la fièvre froide. Au milieu de ce lamentable abandon, les derniers jours du cher malade furent éclairés par des rayons de grâces surabondantes, par des élans de confiance et d'espérances extraordinaires que le F. Hedley indique simplement en disant : « Que ceux qui les éprouvent, les expriment; je ne le puis. »

Au coucher du soleil, le 25 novembre 1880, le F. Hedley, étendu à côté de son compagnon, disait les prières des agonisants, auxquelles le moribond répondait par signes, et enfin, vers les sept heures du soir, tous deux épuisés s'assoupirent. C'est dans cet état de délaissement suprême que le P. Augustus Law, mon frère et ami intime, s'éteignit, mûr pour la terre et pour le ciel.

Quand le pauvre F. Hedley s'éveilla, il appela son compagnon, et, ne recevant pas de réponse, il lui passa la main sur la poitrine; déjà les rats rongeaient le corps inanimé du vénéré défunt!

Le F. Hedley, incapable de bouger, tant sa jambe était gonflée, resta priant, couché sur le lit funèbre de son bien-aimé Père, et s'épuisant en vain à défendre le cadavre contre les vils animaux qui le dévoraient.

Le F. Hedley transporté par les Cafres.

Quand le jour fut venu jeter quelque lumière dans le triste réduit, il réussit à se lever, et, s'aidant d'une courroie qu'il passa au corps du cher défunt, il put traîner le cadavre jusque hors de la cabane. — A force de promesses, il détermina un Cafre à enlever le corps.

Ce Cafre revint dire qu'il l'avait enterré. Le frère n'eut jamais assez de force pour aller vérifier l'exactitude du fait et reconnaître le lieu de la sépulture.

Personne des nôtres n'a reparu là depuis. Plus tard nous ferons les recherches nécessaires, et s'il plaît à Dieu, nous élèverons un monument à la mémoire du Père Augustus Law, premier apôtre de ce pays.

La position du F. Hedley fut misérable à l'excès après la mort de son compagnon. Il exprima tant bien que mal, d'abord aux rares personnes qu'il voyait, et après s'être un peu remis, au roi lui-même, son désir d'être reconduit au wagon. La réalisation de son désir se fit attendre jusqu'au 17 décembre, d'après ses calculs, et pendant ce temps, il ne reçut pour entretenir sa triste existence, qu'un peu de millet et d'eau par jour. On ne doit pas accuser les noirs de cruauté. C'est toute leur nourriture à eux, et en donnant cela ils croient satisfaire à l'humanité.

Enfin le 17 décembre au matin, une horde de sauvages se pressa à sa porte. Le malade eut de la peine à comprendre qu'on allait l'emmener au wagon. Il recueillit ses pauvres bagages et la chapelle portative et serra les 48 livres sterling, restant des 60 livres que le P. Law avait emportées de Gobulawayo. L'argent il le confia à la garde de la sainte Vierge, sa personne à saint Joseph, puis tournant un dernier regard vers la scène de tant de souffrances et de tant de douloureux regrets, il se mit en route. Il ne savait pas un mot de zoulou. A peine eût-il fait 500 pas, à la suite de ses légers et bruyants conducteurs qu'il lui fallut s'arrêter, rendu et affaissé. Il fit comprendre par gestes aux barbares qu'ils avaient à le porter. Un vieillard plus compatissant coupa un baliveau de mimosa ; on y ajouta deux bâtons entrelacés de joncs et ainsi on improvisa un brancard suspendu, que quatre hommes vigoureux prirent sur leurs épaules.

Voilà le triste convoi en route.

De village en village on traîna le pauvre étranger, et de montagne en montagne, à travers les rivières, les marais et les jungles. Pour toute nourrriture une espèce de purée de blé cafre lui était donnée à des temps irréguliers.

Après quinze jours d'un si pénible voyage on arriva aux confins du territoire d'Amalánga et d'Hamba-Boussoukou. Ces brigands pressés de se remettre en grâce avec le roi, envoyèrent tous deux, des hommes pour recevoir le Frère et le ramener au wagon, en passant par leurs villes. Notre infortuné confrère se vit ainsi traîné durant huit autres jours, tantôt d'un côté tantôt d'un autre, tantôt traqué par une bande tantôt par une autre. Deux fois on fouilla ses hardes et sa personne pour découvrir son argent (oupondo). Un des hommes prit en main le linge dans lequel il l'avait caché. Il crut que c'était du plomb et le rejeta par terre. La bonne Vierge y veillait.

Dans la suite, nous avons appris que le roi, à la nouvelle de la disparition du P. Wehl, avait envoyé dire à Amalanga : « qu'il avait à poster l'homme blanc contre un arbre ; que s'il ne savait s'y soutenir (s'il était mort), Amalanga serait lié (pendu) au kraal du roi. » — Quant à Hamba-Boussoukou, il dut payer au roi huit bœufs pour la dureté dont il avait fait preuve envers les nôtres. On conçoit pourquoi l'attitude de ces deux capitaines avait changé.

Sur ces entrefaites, il arriva qu'on passa à proximité du kraal de la reine-mère. Cette digne femme désirait voir l'homme blanc, mais apprenant qu'il était mourant, elle donna ordre de faire hâte, et sans le voir elle le fit diriger à marches forcées sur le wagon. Elle donna huit poulets rôtis à la broche, pour sa nourriture; le malade n'en reçut qu'une bouchée. F. Hedley ayant appris qu'on n'était plus loin du camp, écrivit un mot au F. De Sadeleer et, à force de promesses il parvint à dépêcher un Cafre vers les nôtres, éloignés de dix journées de marche. Une surprise des plus inattendues lui était réservée.

Le P. Wehl qu'on avait cru mort, vivait !

Ramené de Gouddou au wagon peu de jours auparavant, il vint en personne à la rescousse du F. Hedley, avec le fidèle Cape-Corps ! Sept jours plus tard, le malade parvint au camp ; le 11 janvier il se trouva enfin dans les bras du F. De Sadeleer et du P. Wehl retrouvé ! Il ne pouvait en croire ses yeux. Ce ne fut que quand il eut touché, tâté les roues du wagon, qu'il fut convaincu qu'il ne rêvait point. Une nourriture saine et délicatement préparée par le bon De Sadeleer, le réconforta en peu de jours.

On put enfin se retrouver en famille et oublier, pour un temps, la misère des jours passés.

Retour du F. De Sadeleer au wagon.

Le F. De Sadeleer avait rencontré d'innombrables difficultés. Le roi lui avait donné une trentaine d'hommes, armés pour la plupart de lances (assegaie) quelques-uns de fusils à pierre. Mais ces gardes-civiques africains se pressaient de boire à chaque village; on eût dit une promenade militaire de soldats bourgeois. Le pire était qu'ils se débandaient pendant que d'autres, alléchés par la bière royale, venaient renforcer le sauvage bataillon.

Un soir, à cinq ou six journées du wagon, la ripaille avait repris de plus belle; le Zoulou, Tom s'était selon sa coutume, mêlé à la troupe des bons vivants. Depuis longtemps le F. De Sadeleer sonnait le rappel, Tom ne venait pas! Accoutumé au fait, le Frère partit avec Cape-Corps et une dizaine d'hommes, les autres disant qu'ils suivraient à l'aurore. Tom depuis la retraite du wagon avait eu le cerveau frappé, et toute idée de combat le faisait déraisonner d'effroi. Ce soir-là, troublé par la boisson, il fut pris d'un accès d'épouvante dans la tente de l'Enduna, à la vue de quelques hommes armés. Il jeta sa poudrière dans le feu et tandis que l'explosion brûlait deux hommes du chef, le Zoulou, fou de terreur, saisit son fusil et cria :

« Ils sont là ! Je tire ! » et il braquait le canon de son arme dans le tas.

En un clin d'œil, l'Enduna et ses hommes lui arrachèrent le fusil des mains ; mais Tom dégaîna son grand couteau et en larda affreusement l'Enduna ; puis, ressaisissant son fusil, il s'élança par-dessus l'enclos et disparut dans l'obscurité. L'Enduna parut calme ; mais depuis ce moment, malgré toutes les recherches, on n'a plus revu Tom. Il n'avait dans sa fuite, qu'une ceinture aux reins pour toute couverture, pour arme, son fusil déchargé, et point de munitions.

Dans sa folie, il doit avoir péri de misère ou être devenu la victime des lions ou de la vengeance du chef. Le F. De Sadeleer parvint au wagon après un mois de marche. Il y retrouva le fidèle bouvier Zambeez, les dix-huit bœufs au pâturage, et toutes choses en règle dans le wagon. En voyant que les blancs s'étaient échappés de leurs mains, les Machounas, redoutant que parvenus chez Umzila, ils n'attirassent la vengeance du roi sur eux, avaient eux-mêmes rapporté le butin, formé un bon enclos, et gardé le tout avec soin.

Peu de jours après le retour du Frère, quatre Anglais survinrent. Ils étaient montés sur des mulets, ils apportaient au F. De Sadeleer l'heureuse nouvelle que le P. Wehl vivait. Ils avaient une lettre de lui, écrite en latin malheureusement. Il était chez

le chef Machouna de Gouddou et on l'amenait vers
le wagon. Il n'avait pas voulu se laisser conduire par
les Anglais. Ceux-ci disaient qu'il avait le cerveau
dérangé. De Sadeleer attendit dix-sept jours encore.
Enfin le P. Wehl arriva avec l'escorte de Gouddou,
bien portant, vêtu à neuf par les généreux Anglais,
mais exalté au possible.

Nous n'avons rien pu savoir de certain sur les dangers de mort qu'il aurait courus, d'après ce qu'il disait,
de la part des Machounas. Les Anglais et Grant n'ont
rien entendu de pareil. — Que le pauvre égaré ait rencontré des difficultés sans nombre, cela se comprend.
Il a dû endurer d'incroyables privations. J'ai appris
des noirs, qu'on l'avait rencontré presque nu, et mourant de faim, à trois journées de Gouddou à l'ouest
du Sabi. Grant, que de Gobulawayo j'avais expédié au
secours des nôtres, a récompensé l'Enduna de la
place. D'après son propre récit, le Père passa beaucoup de nuits sur les arbres pour se soustraire à la
dent des bêtes ; ensuite, trop faible pour y monter, il
se tint sur les plateaux découverts, puis enfin, au
milieu des hautes herbes, le plein air étant devenu
trop froid. Il a dit au F. De Sadeleer qu'il n'avait pas
passé le Sabi ; — d'autres fois il assurait l'avoir passé
et avoir perdu dans un gué une de ses bottes qu'il portait à la main. Visiblement il divaguait, — il avait le
cerveau dérangé par les émotions de sa cruelle position. Ceci est d'ailleurs conforme à l'impression qu'il

15

avait produite sur les Cafres de Gouddou. Ces sauvages rapportèrent à MM. Thompson et Blockley que le pauvre Père montrait la terre, et répétait : « Gobulawayo » ; puis déclamait, pérorait sans relâche, avec force gesticulations dans une langue inconnue.

J'imagine qu'il a éprouvé et suivi l'impulsion de tous les égarés. Quand un homme se perd seul dans ces immenses solitudes, dès qu'il se voit dérouté, il se trouble, il se précipite droit devant lui; puis, après une heure de marche, il s'arrête soudain, regarde, se retourne dans toutes les directions, et à la fin se met à courir de toutes ses forces jusqu'à ce qu'il s'asseye de lassitude. La nuit vient alors et il n'y a plus pour lui moyen de se retrouver, s'il n'a pas l'idée ou le sens voulu pour déterminer sa route par les étoiles, s'il n'a pas une volonté énergique pour imposer silence à ses terreurs et suivre le conseil de sa raison. C'est ce que j'ai éprouvé deux fois moi-même, une fois près de Cradock, une autre fois dans les forêts du Gokwé et du Makloutsi, au pays des lions. Le F. Devylder s'égara une fois aussi et dans sa course furibonde il s'était dirigé tout juste en sens contraire. Au coucher du soleil il vit qu'il s'était trompé, reprit sa course en se retournant, et retomba sur le wagon.

Grâce aux bons soins du F. De Sadeleer et à sa délicate cuisine, nos chers malades, Wehl et Hedley, se remirent à vue d'œil. Le saint Sacrifice de la messe fut célébré pour le repos de l'âme du P. Law et nos

Frères se retrempèrent aux divines consolations de l'Eucharistie, bonheur dont ils n'avaient plus joui depuis longtemps.

Entre-temps les vivres commençaient à manquer, le calicot et les couvertures pour en acheter, s'épuisaient rapidement. Il n'y avait d'ailleurs pas moyen de rester là. Le P. Wehl était indécis. Tantôt il voulait aller en wagon à Sofala, tantôt retourner à pied à Gobulawayo. Les deux choses étaient également impossibles et le F. De Sadeleer, voyant l'état mental du Père, prit énergiquement sur lui-même toutes les responsabilités. Lui et le F. Hedley décidèrent que De Sadeleer partirait à pied pour Sofala afin d'y acheter les vivres et les provisions nécessaires pour opérer le retour à Gobulawayo.

Au moment du départ le P. Wehl éventa le secret et prétendit l'accompagner à Sofala, ne voulant pas être « abandonné une seconde fois » disait-il. Il partit en effet avec le F. De Sadeleer, entreprenant une longue et pénible route à travers d'innombrables rizières, des marais immenses et des montagnes presque inaccessibles.

Voyage de Sofala. — Mort du P. Wehl.
Ses funérailles.

En route la chaleur fut excessive, surtout dans les rizières et dans les marais remplis de poissons putréfiés qui exhalaient une odeur âcre et fétide. Ce fut alors, surtout dans les derniers jours de la route, que le P. Wehl ressentit les atteintes de la fièvre et qu'il donna des signes manifestes d'aliénation mentale. Il se dressait de toute sa taille athlétique et prêchait aux sauvages d'une voix tonnante, en latin et en allemand. Il reprochait au F. De Sadeleer sa lenteur, disant qu'il faisait fausse route. Un jour, il s'éloigna tout seul et prétendit passer au milieu d'un vaste marais. Le Frère et les hommes durent le débourber et l'emmener de force. Depuis ce moment, il considéra son compagnon comme un ennemi; il ne voulut plus ni manger ni rester avec lui, ce qui navrait le cœur du fidèle garçon. Bientôt il refusa toute nourriture et enfin il se joignit à deux mulâtres portugais avec lesquels il entra à Sofala, au pas de course, le soir du 9 au 10 mai, au moment où le Frère, qui le surveillait, y arrivait après lui.

La journée avait été accablante et le Père était hors de lui-même. Il avait la tête en feu. Sur-le-champ il se mit à haranguer les Portugais accourus en foule autour des étrangers. Il prêchait en latin en criant à tue-tête, et les Sofalais le regardaient avec pitié. Le capitaine qui commandait le fort, le señor d'Almeida accourut avec le maire et s'approcha de nos deux hommes. Voyant le triste état du Père, le capitaine le déroba aux empressements bienveillants de la population et conduisit nos hommes dans sa propre maison où il prit tous les soins imaginables du malade. La nuit le P. Wehl se mit à crier à gorge déployée, proférant sans suite des mots allemands, latins, portugais et matabélés. La matinée suivante fut meilleure. Il fit une promenade ; mais dans l'après-diner, comme il était occupé à acheter des effets à l'unique comptoir de Sofala, il eut une syncope effrayante. On le porta chez le commandant. Le soir, la fièvre et les transports au cerveau revinrent plus violents. Par un bonheur providentiel, un prêtre catholique venait juste d'entrer dans le port, dans la tournée annuelle qu'il accomplissait pour administrer le baptême et le mariage aux fidèles de la côte. Le prêtre lui donna l'absolution générale et l'extrême-onction, et le lendemain, vers quatre heures de l'après-midi, notre bien-aimé P. Wehl rendit l'âme dans une dernière et effrayante crise. Le transport au cerveau, suite de ses longues angoisses et des fortes chaleurs du dernier voyage, lui donna la mort. Les funérailles eurent lieu le 13 mai 1881. Toute la garnison portugaise fut sous les armes sur le bord de la mer. Huit soldats portaient le cercueil recouvert de drap noir et des ornements sacerdotaux. Les salves de mousqueterie furent tirées en l'honneur du missionnaire étranger. Le capitaine lui-même conduisit le deuil, tandis que le bon prêtre, ancien élève des Jésuites de Lisbonne, sanglotait en récitant les prières liturgiques. Toute la ville suivit le cortège, protestants, catholiques et païens. Une pierre fut élevée au cimetière catholique par les soins et aux frais du gouvernement portugais. — Nul ne voulut accepter quoi que ce fût pour les services rendus. Le capitaine Manoël d'Almeida Coëlho, le maire et le bon prêtre demandèrent comme souvenir la relique de saint François-Xavier, une croix et une médaille, qui avaient appartenu au vénéré défunt. Le F. De Sadeleer regretta plus tard de n'avoir pas conservé ces reliques pour les parents du P. Charles Wehl.

Une grande bonté, une assiduité exemplaire à l'étude des langues et une exactitude particulière aux exercices religieux et à la prière faisaient du P. Wehl un prêtre modèle. Que ma mort puisse être semblable à sa mort et à celle de ses trois vénérés prédécesseurs : les PP. Karl Fuchs, Joseph Terörde et Augustus Towry-Law. Ils ont donné leur vie pour Jésus-Christ.

Le 14 mai, le F. De Sadeleer, ayant acheté, en se servant du français, de l'anglais et du portugais, tout ce qu'il pouvait payer, reprit le chemin du wagon qu'il atteignit heureusement au commencement de juin, le 5, dans l'après-dîner.

Le retour.

Je laisse à penser quels durent être les sentiments mêlés de joie et de douleur qui assaillirent le bon F. Hedley, quand il vit revenir, mais seul, son bon

F. De Sadeleer. Ils se mirent à prier; c'est tout ce qu'ils pouvaient faire.

Les pluies venaient de cesser et le froid arrivait. Partir à pied vers Sofala, pour le F. Hedley, était chose impossible et le wagon ne pouvait aider. Il fut décidé qu'on retournerait à Gobulawayo, non à pied, chose impossible aussi, mais en wagon, et cela, dès que les routes défoncées seraient séchées. Entre temps, voyant les populations voisines bien disposées, le F. De Sadeleer et Cape-Corps se mirent en chasse. Un matin, dans les eaux limpides d'une ravine, le petit Hottentot surprit un hippopotame énorme et le tua. Un buffle eut le même sort. Le F. De Sadeleer en abattit deux à quelques jours de là; mais l'un de ceux-ci lui donna la chasse à lui-même. Il eut le temps de grimper le long d'un rocher et de se percher là-dessus jusqu'à ce que la bête succombât par la perte de son sang. Des zèbres, des qwagas, des antilopes vinrent tour à tour garnir la table du maître d'hôtel, le F. Hedley. On donne le nom de zèbre, à l'animal de l'espèce qui est rayé de bandes noires sur tout le corps, celui de qwaga au zèbre qui n'a point de raies sur les pattes. Les sauvages bénissaient de leur côté ces hommes blancs qui gagnaient leur cœur en remplissant leur estomac.

Des messages avaient été expédiés au roi avec des présents, pour demander « la route. » Comme le roi tâchait de temporiser, le Frère lui fit dire par l'Enduna du kraal voisin que si dans dix jours, le 28 juillet, les guides demandés n'arrivaient pas, ils partiraient sans guides pour le roi des Amandébélés, le puissant Lobengula. Les guides n'arrivèrent pas, et le matin du 28 juillet, les deux Frères, Cape-Corps et le fidèle Zambeez attelèrent les treize bœufs qui leur restaient, prirent un copieux repas, emballèrent le peu de choses qu'ils avaient, et fouettant leur attelage, ils se dirigèrent vers le col où ils avaient d'abord abandonné le wagon ; car le F. De Sadeleer avec les gens du roi, avait rapproché le wagon d'une centaine de milles du kraal d'Umzila. La chasse ne fut pas aussi abondante en route, qu'autour du quartier d'hiver. Cependant on tua encore de quoi vivre.

Ils abattirent deux rhinocéros, l'un à deux ou plutôt trois cornes blanches, l'autre à une corne noire.

Le rhinocéros blanc est devenu rare. Le gouvernement anglais a promis 10,000 livres sterling à qui en apportera un à Londres. Jemmisson, l'an dernier, a importé en Europe une tête de rhinocéros blanc, la première qui soit en Angleterre. On tua bon nombre de rooibocks, hartebiest, blessbocks et waterbocks. On n'en tua pas de toutes les espèces ; car il y a environ soixante-dix variétés de ces magnifiques antilopes. Moi-même, je n'en ai vu que huit espèces en liberté.

Par une providence spéciale toutes les populations Machounas, qui à l'arrivée, s'étaient montrées si hostiles, Amalanga le brigand des jours, et Hamba Boussoukou le maraudeur des nuits, rivalisèrent euxmêmes de prévenances envers nos hommes au retour. Le *timor Domini*, la crainte de Lobengula et d'Umzila avait été l'*Initium sapientiæ*.

De kraal en kraal, les jeunes gens venaient cette fois s'offrir pour rouvrir ou frayer la route, et en vingt-cinq jours on parvint sain et sauf, au lieu où le wagon avait été abandonné, et où le P. Wehl avait disparu l'année d'avant. Là, ils revirent les ossements du destrier du P. Law, le fameux « Lightning » qui faisait jusqu'à un quart de lieue à l'heure et que son maître avait acheté vingt-cinq livres sterling ! Dans la boue d'un ruisseau, on ramassa la selle rongée par les hyènes et les chacals. Les lions s'étaient contentés de la chair du bucéphale catholique.

Nos hommes contemplèrent avec émotion les trappes où le « front ox » avait péri et où le F. De Sadeleer avait failli mourir, enterré vif. Après un séjour suffisant pour déterrer les cartouches et le plomb, ils continuèrent leur chemin, de jour en jour moins difficile parce qu'ils retrouvaient leurs anciennes ornières. Ils tournèrent autour de la ville de Sèbumbum, au sud de Umtigéza et allèrent passer le Sabi au gué de l'année précédente.

Ils entraient en pays ami. Leur route allait désormais traverser le territoire de Lobengula. Aussi débouchèrent-ils alors la dernière bouteille sauvée par le F. De Sadeleer et ils burent tous les quatre « à leur santé réciproque. » Braves gens ! ils l'avaient bien mérité, et j'eusse applaudi à leur joie si j'avais pu les voir dans ce moment.

Bientôt ils retombèrent sur la route des chasseurs. Laissant au nord les Entab'Insimbi, ils traversèrent l'Umniati et la Sébakwé. Ils passèrent par Umslangeen où ils furent reçus comme en triomphe par les ministres et les habitants protestants, puis doublèrent le mont Enduna (Entab'Enduna) pour aller à Chilo. La dame de la maison, femme de l'ex-ministre protestant Th…, les aida le mieux qu'elle put. C'est de Chilo que le F. De Sadeleer m'envoya à Bulawayo une lettre ainsi conçue : « Eerwaarde Pater en Broeders, Wy zyn hier, ik, Br. Hedley, Cape-Corps en Zambeez ; onze ossen zyn allen vet, uitgenomen dry die dood zyn, en Tom ook, of verloren, dat weet ik niet. Kom, als t'u blieft, want ik zou den koning niet geern meer zeggen als ik zou willen. Wy zullen over morgen in Gobulawayo zyn. Er is geen tent op onzen wagen, want zy is er af. » Ce qui signifie : « Révérend Père et chers Frères. Nous y sommes, le F. Hedley et moi, Cape-Corps et Zambeez. Nos bœufs sont tous gros et gras hormis trois qui sont morts et Tom aussi, ou perdu, je ne saurais dire. Venez, s'il vous plaît, à nous ; car je n'aimerais pas de dire au roi plus que je ne voudrais. Nous serons à Gobulawayo après-demain. Il n'y a pas de toile sur le wagon, car elle est emportée par les buissons de la route. »

Cette lettre si laconique me disait assez la double et lamentable perte que nous avions faite. Je n'avais pas de cheval, mon rossinante était au service de la station de Tati, où le R. P. de Wit, dans ses vieux jours, apprenait à monter à cheval, pour rendre plus de services aux nègres dispersés. Je dus donc me contenter d'envoyer prier MM. Philips et Fairbairn, alors chez le roi, d'interpréter prudemment les nouvelles apportées par nos Frères. Ces messieurs firent fête à nos hommes, et enfin, le 1er octobre 1881, j'eus le bonheur de serrer dans mes bras ces deux bons et fidèles serviteurs de Dieu, si admirablement dévoués et que le Ciel nous ramenait à travers tant de périls.

Le F. Hedley se porte mieux que jamais. Le F. De Sadeleer souffre d'un peu de fièvre intermittente (polder koorts) rapportée de Sofala, mais le mal va s'effaçant. N'en ayant pas de *gras*, nous tuâmes le *veau maigre ;* nous fîmes main basse sur les plus gras chapons et nous fêtâmes le retour de nos Frères sauvés des eaux de tant de douleurs.

Pour comble de joie, le P. de Wit qui ignorait tout, nous arriva à l'improviste de Tati, et eut ainsi la joie de trouver ensemble quatre des onze premiers pionniers de 1879 : les deux revenants d'Umzila, le F. Nigg et moi. Quatre jours après, le P. de Wit emmena à Tati le F. De Sadeleer, bien que le bon Frère eût eu ce jour-là une forte atteinte de la fièvre. J'eusse préféré le garder à Bulawayo, — dans l'air salubre de mes montagnes ; mais ce que l'obéissance ordonne vaut mieux.

L'expédition d'Umzila coûta deux vies précieuses, un guide dévoué et plus de cinq cents livres sterling. *Dominus dedit, dominus abstulit; sit nomen Domini benedictum.*

Avant de partir d'Umzila, les Frères avaient eu la prudence de faire savoir au roi que de nouveaux *abafundisi* arriveraient prochainement ; car ils n'eurent jamais l'idée que la mission dût être abandonnée, ce qui, j'espère sera comme ils l'ont pensé ; ainsi plaise à Dieu (1).

J'ai payé largement les deux serviteurs survivants. A Zambeez, le fidèle bouvier, je remis une carabine de 125 francs, deux livres de poudre, huit livres de plomb, cinquante capsules, un briquet et une charge de vieux habits. Il est parti « *itabile* » (heureux) et « *unotile* » (riche) pour longtemps. Ces honoraires si minimes à nos yeux sont une vraie fortune en Afrique. Un coup de fusil peut valoir un éléphant dont l'ivoire vaut de 50 à 1,000 francs! Cinquante capsules sont donc un trésor.

Cape-Corps engagé pour trois livres sterling seulement, reçut une vache, une carabine, deux cents capsules, une barre de plomb, deux livres d'étain, un

____

(1) La mission du pays des Machounas a été reprise en 1891.

chapeau, un couteau, des habits et huit livres sterling, en tout la valeur de vingt-sept livres. Lui aussi est parti content et satisfait. On l'est à moins en ce pays-là.

Voilà, mon R. P. le récit fidèle, quoique succinct de tout ce que le bon Dieu a décidé de la mission d'Umzilas. *Lœtus exitus* ce fut, mais hélas ! quel retour ! Que la sainte volonté de Dieu soit faite. Il ne doit arriver que ce qui lui plaît ; autre chose ne vaudrait pas nos peines.

J'apprends en ce moment le massacre de trois des Mazizis et d'une de leurs femmes par ordre de Lobengula. Cette exécution sommaire s'est faite hier. Le roi n'oubliera jamais la violence faite par un Mazizi à une des reines matabélés.

Je me recommande aux bons et pieux souvenirs du R. P. Baesten, du P. S., je dirais volontiers de toute la chère Province Belgique dont les travaux et les succès me comblent de joie.

Votre tout dévoué,
Ch. Croonenberghs, S. J.

Cette lettre et les deux récits qu'on vient de lire donneront assez bien la note des conférences et des sermons qui me sont demandés. Le but reste le même : promouvoir la charité des fidèles, et stimuler leur zèle pour le soutien des œuvres apostoliques parmi les races du « Continent obscur ». Comme les auditeurs auxquels je m'adresse, s'attendent à être édifiés sur les travaux des missionnaires et sur les progrès des œuvres dont je viens plaider la cause, il est naturel que je choisisse le thème ordinaire de mes discours dans les documents nombreux que m'offrent les rapports de mes confrères d'Afrique et mes propres souvenirs.

La nationalité des divers auditoires que je rencontre, l'âge et la condition me forcent à modifier le ton, la forme et le choix des matières selon les circonstances. Tous les idiomes de l'Europe se parlant dans l'Amérique du Nord, j'ai besoin du don des langues pendant un certain temps.

Je prie Dieu qu'il me l'accorde dans la mesure de mes besoins. Il y va du succès de l'entreprise qui n'est autre que le soutien de la grande œuvre des missions, la propagation de notre sainte foi.

21 août. — Montréal sur le fleuve Saint-Laurent, porte bien son nom.

C'est jusqu'au havre de Montréal que les plus grands vapeurs, les vaisseaux du plus fort tonnage, et de vingt à vingt-trois pieds de tirant d'eau, peuvent monter à pleines voiles et échanger les produits du vieux monde contre les richesses du nouveau.

Montréal est la ville des églises, des tours, des minarets, des coupoles et des dômes. Montréal, bâtie sur l'île de ce beau nom, est la reine du commerce de l'Amérique anglaise. Cette île a onze lieues de long et trois de large. Le beau fleuve qui la baigne et l'embrasse, est large d'un mille de chaque côté, et des îlots pittoresques ajoutent à sa splendeur. Sainte-Hélène est un de ces îlots et la miniature de la prison du grand captif.

Jusque dans ces dernières années, les Sulpiciens restèrent les seigneurs de l'île de Montréal. Cédée à la Compagnie de Saint-Sulpice au temps de l'occupation française (1662), cette île se peupla autour du séminaire, lequel continua longtemps à prélever « la dîme par capitation » d'une piastre par communiant. C'est avec ce revenu croissant que plusieurs églises et divers monuments de cette superbe ville ont été bâtis. Ce droit de taxe n'a pas été révoqué mais depuis des années les messieurs de Saint-Sulpice ne le revendiquent plus guère.

Il n'y eut longtemps qu'une ou deux cures dans la ville. Il y a maintenant vingt-et-une paroisses et plusieurs autres églises.

Au centre de cette grande île de Montréal s'élèvent à cinq ou six cents pieds, et se dressent majestueusement dans les airs les flancs boisés du Mont-Royal.

Quelle fraîcheur dans ces bois, quelle délicieuse ascension ! Ce sont les bois de la Cambre montant en spirale !

Sur la douce pente s'étend un paradis aérien ; c'est Ville-Marie, ou Villa-Maria (1).

(1) Actuellement les sœurs de Notre-Dame du Canada sont au

Dans ce splendide monastère, au temps des grandes retraites, quatre cents Sœurs de Notre-Dame chantent les louanges de la reine des cieux. Cette « villa » d'édifices romans dresse ses minarets, ses tours élancées jusqu'aux nues.

C'est le plus splendide couvent moderne que j'aie jamais vu. Un pensionnat y est attaché, dans lequel 280 jeunes filles reçoivent une éducation supérieure.

Je ne me rappelle pas d'abbaye dont la vue d'ensemble m'ait autant frappé.

En montant plus haut, on entre dans une forêt majestueuse où les hêtres, les bouleaux, les érables, les mélèzes, les ormes, les chênes et les saules pleureurs varient le paysage à l'infini. Là, tout est solennel, sévère, imposant de grandeur !

On est dans la forêt vierge ; là se trouve la demeure des morts, donnant à travers des éclaircies, un horizon lointain sur l'immensité des solitudes, comme pour appeler nos espérances vers les rivages éternels. C'est le cimetière de Montréal, le Campo Santo, qu'on traverse comme pour monter dans un ciel, la cime du mont, le Mont Royal !

Quel spectacle s'offre ici à l'œil émerveillé ! Le

nombre de 884. Elles donnent l'instruction à 18,000 enfants. Les sœurs de Marie sont au nombre de 500. L'archevêché de Montréal compte 550 prêtres, 378 églises, 3 séminaires et petits séminaires, 110 couvents, 20 collèges et pensionnats, 12 noviciats d'hommes, 13 de femmes, 420,000 catholiques.

grand fleuve, un des plus beaux du monde, le Saint-Laurent, coule à plein bord, majestueux et puissant, au-delà de la ville, assise autour du Mont-Royal. Sainte-Hélène, l'île de Saint-Paul et les Rapides animent les eaux. Plus loin, s'avancent et s'effacent des plaines immenses, des monts vaporeux, derniers échelons des géants de la terre, qui reportent l'esprit vers ces Montagnes Rocheuses, animées des vivants souvenirs de la vie du P. Desmedt!

Comme noyée dans la profondeur de l'abîme et dans les grandes eaux du Saint-Laurent, émerge la ville de Montréal, avec ses chalets rouges, ses églises blanches, ses tours imposantes, ses innombrables minarets, ses touffes de verdure, ses parcs, ses colonnes de fumée, son immense pont Victoria à vingt-trois arches de cent mètres chacune! Quel spectacle grandiose ! Il est difficile d'en trouver un plus grand et plus calme à la fois.

Doré par le soleil couchant, Montréal est bien beau ; tout chante à l'oreille du voyageur émerveillé, les clochers, le feuillage touffu, l'infatigable cigale, et les mille habitants de la forêt.

Heureux le peuple qui vit ici autour de ses clochers, passant comme ses pères dans la simplicité des âges de foi, ne connaissant que l'Eglise et la patrie, la famille et le travail !

Et quelles églises et quelles familles !

Des églises toutes en pierre de taille, des tours brillantes au soleil ; des familles de douze, vingt-quatre et trente-six enfants !

Les enfants font la richesse du père. Dieu et la grande nature les nourrissent !

« Heureux le peuple dont Dieu est le Seigneur ! »

Je fis route un dimanche avec un jeune fermier qui cultive les choux et conduit un beau cheval.

Il a deux sœurs au couvent, et quatorze dans le monde ! Son père et sa mère encore jeunes (soixante-huit et soixante-douze ans) travaillent comme à trente ans, et au jour de leurs noces d'or, ils réunirent l'an dernier, leurs cent cinquante-cinq enfants et petits-enfants !

Il en manquait deux vivants, qui étaient au couvent du Sacré-Cœur, bien loin !... et on pleura beaucoup sur les morts ! Oh !... voilà qui rappelle le bon et pieux Jacob du vieux temps !

Un mot sur la dîme et sur la mainmorte.

Il y a dans le chapitre de Montréal un archidiacre qui au berceau fut payé en dîme à son curé *(sic)*, parce qu'il était le vingt-sixième enfant de sa mère et de son père ! Son père payait à l'église, et tout père paye la vingt-sixième botte de foin, de paille, etc. . comme il tâchera de payer le vingt-sixième enfant ! Personne n'y trouve à redire.

Les églises et les couvents, comme toutes les institutions publiques d'ailleurs, jouissent de la mainmorte ! Qu'ils sont arriérés, n'est-ce pas, ces Canadiens ! Ah ! les éteignoirs !

Mais, savez-vous ce qu'ils éteignent tout autour d'eux? Ils éteignent les églises protestantes à Montréal et ailleurs ! Il en est assez bien à vendre. Ils éteignent les Anglais, qu'ils pressent et repoussent tout doucement vers l'intérieur et vers la mer. Les protestants anglais, eux, suivent ici la grande façon, la mode de France : deux enfants ou un seul, si pas moins !

Courage, courage ! O prudes et prudents de ce monde !

Montréal compte cent à cent vingt mille catholiques, contre soixante mille Anglais et étrangers. Québec compte cinquante à soixante mille catholiques contre vingt ou dix mille Anglais.

Quel dommage que comme correctif, le libéralisme commence à éclore, ce fruit vénéneux de la franc-maçonnerie, qui se dilate ici, surtout parmi la partie anglaise de la population.

Ce serpent envieux est entré dans ce paradis !

Je prie Dieu qu'il daigne aider Léon XIII à veiller sur ce beau jardin du Père de famille.

Hier, 20 août, j'ai été à deux lieues d'ici visiter la famille de feu mon compagnon de mission, le P. Bourdon, mort l'an dernier, dans l'Afrique australe.

On peut comprendre comment son père, sa mère et ses sœurs ont écouté tout ce que je leur ai dit pendant trois heures, sur leur enfant et frère, martyr de sa charité, comme il eût désiré l'être en répandant tout son sang.

Quelle sainte joie de le savoir à jamais offert pour Dieu, et accepté par Lui !

Ces pauvres gens qui n'ont encore que vingt-six enfants et petits-enfants, désirent en donner plusieurs au bon Dieu, et à mesure qu'ils voudront passer au service de l'Eglise, ils les enverront aux écoles apostoliques de Belgique et de France !

V

DE MONTRÉAL AU NIAGARA

24 août. — Je prends congé du R. P. Turgeon et des charitables Pères de Montréal qui ont été vraiment bons pour moi.

Dans l'après-dînée, je m'installe dans un magnifique « char » de première classe, un de ces salons ambulants d'Amérique, auprès desquels nos wagons-lits d'Europe sont des cabinets. Ces voitures du « Grand Trunk » canadien ont une vingtaine de sophas à deux places, recouverts de velours rouge et bleu. Ils sont longs d'une quinzaine de mètres et roulent sur quatre paires de roues, accouplées en deux trucs mouvants de quatre, système qui, malgré la longueur des wagons, facilite le passage des courbes, à pleine vitesse.

Dans ces *chars*, chefs-d'œuvre d'ébénisterie, on circule sur toute la longueur. Aux extrémités de chaque char il y a le cabinet de toilette, et le buffet de rafraîchissements.

Des garçons offrent, sur le parcours, tous les fruits que l'Amérique fournit, depuis les pêches jusqu'aux bananes, depuis les mirtils de la Gaspésie jusqu'aux oranges du Maragnon. La tabagie est dans un wagon attenant et séparé, réléguée au-delà même des cabinets.

Voilà donc le pauvre de Jésus-Christ logé comme les princes du dollar, et nous partons à fond de train le long du Saint-Laurent qui s'éploie comme un bras de mer entre deux océans de verdure.

Après deux heures de route nous descendons au débarcadère du « Coteau. » Un steamer, le Spartiate, arrive comme un palais flottant, brillant d'azur et d'or, frayant triomphalement sa pénible route parmi les flots puissants du géant des fleuves. Nous y montons à plus de trois cents.

C'est un théâtre mouvant, où les loges sont des cabines.

Les prêtres, les religieux et les instituteurs payent demi-place. Nous nous installons comme sur les vapeurs du Sud, le « Durban » ou le « Drummond-Castle ». La cloche nous appelle ; un dîner de gala nous est offert pour cinquante sous. Parfait ! Nous escaladons le haut-pont, et nous voilà partis pour le plus intéressant voyage que soixante lieues de route peuvent fournir en quelques parages du monde que ce soit.

La Lesse avec ses mystérieux méandres, la Meuse avec ses ruines romantiques, le Rhin avec ses châteaux aériens, les rivières de la Touraine et du Béarn, les îles de la Zélande, les côtes d'Albion, les rivages d'Afrique, l'azur de Madère et l'or du Cap : tout cela va passer sous nos yeux, trop petits pour tant de merveilles. Cette fois avec raison : *Conticuere omnes, intentique ora tenebant ;* tous gardaient le silence, remplis d'idées et pris de l'amour du beau.

Celui qui voit Dieu dans les œuvres de sa belle nature, a le cœur plein et l'âme en méditation. Mon chapelet roulait à travers mes doigts à mon insu, tandis que mes pensées voyageaient dans l'immensité des eaux, du ciel, des rivages sans fin.

Le soleil se couchait à notre droite, pendant que la pleine lune sortait des flots, rouge comme un foyer, grande comme un monde. Les voilà qui émergent voilées et humides, les « Mille Iles » du Saint-Laurent.

Elles sont plus de mille, elles sont seize cents. Leurs silhouettes sont bizarres et fantastiques, apparaissant tantôt comme des escadrons échevelés, tantôt comme des vaisseaux à la mâture balayée par l'orage.

Quelques barques filent silencieuses à côté de nous, des vapeurs passent comme des flèches, emportés par les rapides. Ce sont les *Mille et une nuits !*

A deux heures le froid devient perçant, et les vapeurs s'abattent : mon ulster épais ne me protège plus de sa bienfaisante chaleur. Je m'en vais m'étendre au grand salon sur un des canapés bourrés de velours et de satin, et tout en regrettant à moitié ma paille d'Afrique, après avoir entamé « Matines » pour le jour qui a commencé, je m'endors au coucher de la lune, en attendant le lever du soleil.

A cinq heures précises nous voilà, tous trois en une ligne, la lune avec son voile azuré, moi avec mon ulster brun, et la pâle aurore portant la lampe vermeille du plus beau des soleils levants.

Quelle impression de fraîcheur j'éprouve à regarder aux deux extrémités des eaux, et sur le pont perlant de mon « Spartiate », et dans les remous des flots, et sur les îles verdoyantes de l'interminable archipel ! Déjà les touristes montent leurs barques et les pêcheurs matineux étendent leurs lignes dans les criques.

Çà et là les fenêtres s'ouvrent aux palais bâtis par l'opulence de New-York et de Philadelphie, sur ces îlots magiques qui portent les noms les plus recherchés écrits sur les rochers. C'est l'île de « Bienvenue », de « mon Plaisir », de » Mienne pour toujours », de « Sans-Souci », « Welcome, our own Royal Island », « mellow Light » etc., etc. Dans cette terre de liberté et de socialisme, chacun s'accroche au sol à qui mieux !

Pauvres amants de l'insaisissable bonheur, ils écrivent, ces princes de la fortune, en lettres de pierre, des vœux de félicité que le sort trahit et s'empresse de changer en de hâtifs ennuis. La plupart de ces chalets, de ces villas charmantes, de ces féeriques palais sont déjà fermés. L'isolement ne plaît pas aux financiers, et le murmure des ondes, et le « frisilis » des feuilles n'ont point d'attrait durable pour l'oreille de celui qui compte les dollars et les sterlings sonnants. Dans deux semaines tout sera fini et la première bise qui aura jauni l'érable et dépouillé l'ormeau des mille rivages, aura chassé aussi le dernier marchand de la fiévreuse Amérique. Resteront quelques hardis chasseurs qui poursuivront le canard et le plongeon, les foulques et les outardes que l'hiver ramène des bords polaires.

Las d'admirer, et fatigué de voir, je repris mon chapelet, puis mon bréviaire ; puis de nouveau, Dieu ayant eu son bon compte, j'allai partager mes impressions avec mon compagnon de voyage, le P. Louis (*Alias* Günter), un vénérable prêtre carmélite dont l'humble monastère veille et prie nuit et jour au-dessus de ce Niagara qui affole le monde entier d'une irrésistible curiosité.

Avec la seconde nuit, passa la longue série des innombrales îles, et le matin du 26 août, quand j'eus fini de prier pour l'Afrique et pour l'Europe, pour ma famille noire et ma famille blanche, pour les vivants et pour les morts, je me trouvai surpris de moi-même en me voyant, en toute réalité, voguer à pleine vapeur sur ce lac immense dont le nom sauvage avait frappé mon enfance, ce majestueux Ontario, père du Saint-Laurent, et fils des vastes mers intérieures qu'on appelle l'Erié, le Michigan et le lac Supérieur.

Il était deux heures et demie de l'après-dînée quand nous entrâmes en rade de la grande ville de Toronto, âgée de trente ou quarante ans, et comptant cent vingt mille habitants, d'innombrables monuments, et dix-sept mille catholiques.

Au quai, je trouvai le « commander » Frédéric Law, fils de W. Towry-Law, du palais de Hampton-Court, et frère de mon bien-aimé et tant regretté compagnon, le R. P. Augustus Law.

Un sentiment mêlé de vive joie et de pénible émotion nous fit amis dès le moment où nous nous rencontrâmes. Un passé qui survivait dans un regret commun nous unissait en cet homme dont nous étions frères tous deux. Sans banalités aucunes, nous commençâmes à l'instant le récit lugubre des derniers mois et de la mort de mon compagnon d'armes, ci-devant cadet-royal, lieutenant de marine, puis converti, et prêtre dévoué, enfin martyr de son héroïque mission.

John-Joseph Lynch, archevêque de Toronto,
décédé le 12 mai 1888.

Le P. Günter marchait à côté de nous, croyant que nous nous connaissions de tout temps, et respectait ce qu'il croyait notre intimité.

La veillée se passa tout entière à redire les vertus du vénéré défunt, et cette douloureuse ago-

nie, cette sainte mort dans la hutte désolée d'Umzila.

Le lendemain 27, nous allâmes visiter Sa Grandeur Monseigneur l'Archevêque de Toronto et,
après un tout gracieux accueil, je célébrai la sainte
messe pour notre frère Augustus Towry Law.

Le déjeuner se fit au riant chalet du commander.
On se promit de se revoir et nous retournâmes
au port où nous montâmes, le P. Günter et moi,
à bord du *Chicora*, un des légers avisos qui gar-
dèrent le canal canadien durant la guerre de Sécession.

L'Ontario est immense comme un bras de mer ;
toutefois, on n'y perd jamais entièrement la terre
de vue. Nous vîmes çà et là quelques mouettes et
quelques plongeons, des vapeurs lointains, des
vaisseaux qui, par un effet de mirage, semblaient
voguer au-dessus de l'horizon fondu avec le ciel.

C'est tout ce que l'Ontario nous montra durant
deux heures encore, et enfin parut le rivage des
Etats-Unis, tandis que les deux forts du fleuve
Niagara surgissaient lentement des eaux. La côte
semblait s'élever en collines superposées, des
forêts s'étageaient les unes sur les autres ; tout
au-dessus, montait jusqu'aux nues la colonne funéraire du général Brock, mort pour l'Angleterre,
en 1812, en sauvant le Canada de l'invasion américaine.

Un moment, les passagers se portèrent tous à la proue, et le steamer plongea sensiblement. J'aperçus alors deux hommes dont la physionomie m'intrigua. J'approchai. C'étaient des Français. Ces messieurs se plaignaient l'un à l'autre « de la *bêtise* anglaise qui ne comprend pas la langue française, connue du monde entier. » C'est que ces messieurs, ne comprenaient pas la langue anglaise et parlaient le français à tour de bras, sans parvenir à se faire entendre. Je les tirai d'embarras en leur servant d'interprète. Ils entendirent le P. Günter me parler de l'Afrique et du Congo !

Les messieurs furent intrigués. Ils eussent voulu me demander mon nom, et me glisser leurs cartes. J'évite toujours les accointances impromptu en pays étranger, et je gardai l'incognito. C'étaient des messieurs de l'expédition franco-canadienne du curé Labelle, venus pour inspecter les nouveaux territoires d'émigration au Manitoba.

Nous débarquâmes au fort Niagara, à l'entrée du fleuve qui fait suite ou avant-corps au Saint-Laurent, et qui mesure, en cet endroit, mille mètres environ. Un train nous emporta vers les fameuses cataractes, du « sourd grondement » desquelles Chateaubriand a rempli l'Europe. Il était six heures et demie du soir quand nous descendîmes des « chars », au sommet même du bord abrupt, où d'un coup, sans préparation, nous devions nous trouver en face de la soi-disant première merveille du monde, la merveille des merveilles, le fleuve tonnant, l'abîme fumant, en un mot qui dit tout, le Niagara !

Je suis donc parvenu, au service de mon Dieu, en vue d'un spectacle que des millions d'hommes rêvent de voir, sans jamais y parvenir ; et ce spectacle grandiose n'est pour moi, dans la grande part que Dieu m'a faite, qu'un petit grain de ce centuple qu'il promet à ceux qui abandonnent quelque chose pour Lui. Combien de riches et d'ambitieux de Belgique savent, ou peuvent, ou osent se permettre le luxe que ma pauvreté de serviteur de Jésus-Christ me paye ! Et je ne suis qu'à la porte du palais des merveilles : le monde entier s'ouvre devant moi ! A Dieu ne plaise que j'oublie de le remercier de ses dons ; à Dieu ne plaise aussi que j'y attache mon cœur, et que je prenne plaisir à quelque chose qui ne soit pas Lui. Je désire mendier pour mes frères d'Afrique ; je désire servir mes pauvres noirs du désert, et, des bords du *Niagara sonore*, mon esprit reprend son vol vers les rives du *Victoria tonnant*. Là est mon cœur, et je m'ennuie d'être dans l'abondance tandis que mes frères souffrent là-bas, et qu'ils espèrent en moi pour les soulager, pour les aider dans leur misère et dans leurs saints labeurs.

Que ne puis-je dire que leurs vœux sont exaucés, et que j'ai déjà réuni ce qu'il leur faut de ressources pour propager le règne de Jésus-Christ, pour avancer l'œuvre de la civilisation vraie de l'Afrique ! Ma vie n'a pas d'autre but maintenant.

Et voici donc devant moi le Niagara !

Je me suis trouvé un jour sur la crête des falaises abruptes d'Abbadia. La haute mer engouffrait ses flots orageux dans la baie de Fontarabie, et les effrayantes vagues s'élançaient comme des montagnes contre les rochers où je me trouvais hissé. Le grondement et les secousses successives, semblables au tonnerre roulant, étaient dominés par un son souterrain pareil au bruit amalgamé d'une grande ville au-dessus de laquelle monte et flotte l'airain de toutes les cloches. J'ai entendu Paris de Montmartre, et Londres des hauteurs de Sutton. J'ai vu l'océan assaillir les rochers de Port-Elisabeth et jeter quatorze vaisseaux sur cette côte. Le Niagara n'est pas cela.

C'est le sifflement sonore de la grève d'Ostende au lendemain d'un gros temps. L'œil s'accoutume d'un coup au spectacle grandiose mais uniforme, mouvant mais régulier, de cette masse d'eau qui descend dans un abîme à la fois trop grand pour charmer, trop petit pour subjuguer.

Sur les rivages de l'océan en furie, l'homme se sent néant, et il subit l'impression de l'immensité. Ici, l'homme se sent quelque chose, et il cherche ce qu'il doit admirer. Ceux qui pénètrent sous le dôme de Cologne ou dans Saint-Pierre de Rome doivent commencer par arpenter les nefs pour en mesurer la grandeur. Marchons donc au-dessus et au-dessous du Niagara. Le sublime, dit-on, échappe à la description. Tâchons cependant de traduire nos impressions.

Le lendemain de mon arrivée, après avoir célébré la sainte messe au magnifique couvent de Loretto qui, posé près du Carmel, domine toutes les cataractes, je montai en une légère voiture attelée d'un superbe cheval noir que conduisait dextrement le Père Günter, un enfant des bords du Mein en Allemagne. Nous descendîmes dans l'île appelée « des Cèdres » et qui devrait se nommer « l'île des Thuias ou des Cyprès ». De l'île des Thuias rabougris, écrasés, tordus, ou étêtés par le poids des glaces de l'hiver, nous passâmes le long du rivage canadien en descendant jusqu'au niveau *supérieur* des cataractes.

Là nous eûmes le spectacle saisissant de ces deux immenses nappes blanches et écumantes qui se précipitent de *cent soixante-quatre* pieds de hauteur dans un gouffre de *huit cents* pieds de diamètre. Une troisième cataracte, entre les deux autres, livre aux eaux de l'Erié un passage intermédiaire.

C'est sous cette cataracte, entre les rochers à

pic et la chute, qu'est la grotte appelée la « Caverne des vents » et, devant cette caverne, se trouve le « Roc des âges ».

Une colonne de fumée monte en tourbillonnant du milieu du gouffre, et s'élève au-dessus des rives rocheuses pour retomber en bruine sous le vent.

A première vue, les chutes manquent de sublime, peut-être parce que nuls rochers ne les dominent ni ne les encadrent. D'ailleurs, des chalets et des hôtels, des ponts, des fabriques, des moulins et des cheminées entourent et surmontent l'œuvre de la création. Même jusque dans le gouffre bouillonnant, de petits vapeurs promènent les touristes à la recherche du merveilleux, et ces humaines apparitions, en se produisant sur la scène de la nature, réduisent ce grand spectacle aux proportions mesquines d'une vulgaire comédie. On parle, il est vrai, d'exproprier les envahisseurs, mais cela n'est pas fait.

Ah! si Chateaubriand revenait maintenant à son Niagara, ou si le Père Jésuite Marquette qui le vit en 1673, et le Père Récollet Hennepin qui en fit le premier croquis en 1678, pouvaient revisiter la merveille du dix-septième siècle, combien leur désappointement serait justifié, et qu'ils désavoueraient de tout cœur la main téméraire de l'homme, s'accrochant comme le parasite aux grandes œuvres de Dieu, pour les rapetisser et les réduire à la taille de sa propre vanité.

Disons en passant que les *chutes Victoria*, sur le Zambèze, présentent une couche d'eau non de neuf pieds comme le Niagara, mais de quinze à vingt pieds, et se précipitent, sur une largeur double, d'une hauteur non de 164 pieds, mais de 530 pieds au moins !

Le « Continent obscur » l'emporte définitivement sur le Nouveau Monde en ce point.

Après avoir satisfait notre curiosité, nous franchîmes le fleuve en aval des chutes, sur un pont suspendu de huit cents pieds de long jeté sur un abîme de cinquante-huit mètres de profondeur.

Une aventure, heureusement sans suites fâcheuses, nous survint alors. Le beau cheval noir, familiarisé comme nous avec le bruit et le mouvement monotone des eaux, passait au petit pas au-dessus des flots et parmi le sifflement des lames : quand en nous garant d'un autre équipage, notre fine roue de noyer s'engagea jusqu'au moyeu dans l'interstice de deux madriers. Ce fut une alerte d'une minute. Deux Yankees prirent doucement la tête du cheval, une dame et moi nous soulevâmes la roue, et en un moment nous sortîmes d'un mauvais pas qui, avec un cheval moins canadien, nous eût coûté la voiture, et peut-être la vie.

Nous passâmes ainsi sur la rive droite et nous

nous trouvâmes aux Etats-Unis, dans la ville de Niagara. Un brave allemand, un Badois, Georges Ochs, nous reçut à sa table hospitalière. La truite saumonée nous fut servie gratis, avec des *canadas* farineux, des choux succulents, des haricots, des tomates, du pain français et du beurre canadien, le meilleur du monde. Un verre de Bavière et un havane couronnèrent la fête. A ce prix Chateaubriand lui-même se fût peut-être réconcilié avec la civilisation.

A quatre heures nous rentrâmes au Carmel non sans avoir été étudier, sur place, deux produits du Libre Examen, les clubs champêtres protestants, je veux dire les meeting-camps des Méthodistes et les phalanstères d'Onéida.

Les « campmeetings » ou clubs champêtres sont une parodie grossière et malveillante de la fête biblique des Tabernacles. Ces meetings ont été ouverts dans les forêts du Canada en face du Niagara.

Les Méthodistes protestants y fêtent leur fraternité par deux mois de sermons, suivis et entrecoupés d'agapes, dites de tempérance, qu'on prend autour d'une grange ou « tabernacle » en bois, et dans les forêts, sous des tentes de toile. Des centaines et des centaines de pèlerins, hommes, femmes, filles et garçons, campent là, nuit et jour, depuis deux mois. Les lampes suspendues aux ormes et aux chênes, les feux de bengale et la flamme des foyers se mêlent à la pâle lueur de la lune pour y éclairer durant la nuit ce nouveau judaïsme, doublé d'une forte teinte de mahométisme. Ce sont des orgies dont, aux Etats-Unis, on tâche de ne point parler.

Les « Onéïdistes » forment une société, une secte récente, imitation considérablement augmentée et raffinée du mormonisme du Salt-Lake. C'est le phalanstère de Fourier réalisé et renforcé par la logique de la raison sans Dieu.

Expulsés des Etats-Unis, où leur dévergondage bigamique a soulevé l'indignation et provoqué la répression officielle, ils ont paisiblement transporté leurs fabriques coopératives et communistes au sud du Niagara, tandis qu'ils tiennent leurs domiciles on ne peut plus suspects, de l'autre côté des cataractes sur le territoire canadien. Ils échappent ainsi aux lois des deux pays.

Protestantisme, judaïsme, socialisme et polygamie musulmane n'y font qu'un. Ainsi s'en va, descendant jusque dans la boue, ce Libre Examen qui fait litière de la Bible et transforme le vice en religion.

O Dieu! puisse le spectacle du bien qui se fait dans les asiles de la prière et de la vertu qui avoisinent ces lieux de honte, arrêter votre bras vengeur provoqué par *tant et de si hideuses* ignominies.

Nous rentrons au Carmel. C'est l'heure du repas du soir. Trois longues tables en fer à cheval sont frugalement servies dans un réfectoire modeste. Une simple croix de plâtre surmonte la place du commissarius ou supérieur.

Devant lui pend, à une corde, une sonnette de cuivre. J'entre avec la communauté.

Les frères coadjuteurs et les frères étudiants se placent devant les deux tables latérales, les pères devant celle du fond. Tous, la tête vers la croix, se tiennent silencieusement debout, l'espace de cinq minutes.

C'est l'examen de conscience qui précède la prière. Au signal du Recteur, un frère commence la psalmodie du *Benedicite*, et la communauté répond en demi-chant. Après la prière on s'assied. En honneur de l'hôte, le *Deo Gratias* est donné : on peut parler. C'est très extraordinaire ; mais, la règle première est la charité dans cette maison hospitalière par excellence. Le thé est versé, le pain est servi et deux œufs par tête.

Après un quart d'heure, le Recteur pousse la sonnette. On se tait, on se lève et l'on prie. Les frères coadjuteurs se retirent d'abord, puis les pères et moi, et enfin « post reliquos omnes venerabilis abbas. » Et l'on passe à la chapelle, simple comme nos chapelles du Matabéléland, si pas plus simple.

Mais, en décrivant tout cela, je m'aperçois que

ma montre marque une heure cinquante-sept après minuit ! Je ferme ma fenêtre après avoir prêté une dernière oreille au sifflement sonore du Niagara, et vu miroiter encore la lune dans la blanche avalanche. Une prière de plus pour l'Europe et pour l'Afrique, pour tous les cœurs amis dans le vieux Monde. Dormez, dormez encore une heure ! Mais non, levez-vous et allez à la messe : il est sept heures en Belgique, il est cinq heures au Zambèze (1).

29 août. — Le soleil se lève radieux ; au loin les rapides forment comme une mer de glace au-dessus du Niagara.

Brillant au soleil, les cataractes ressemblent aux glaciers du Ténériffe, aux avalanches de la Suisse. Au faîte de la grande chute, deux flots d'émeraude et d'azur restent toujours transparents. Ils doivent passer sur une arête unie comme le fil d'un rasoir. Les arcs-en-ciel ne se voient pas de ma fenêtre élevée. Ce sera l'après-dîner seulement, quand j'aurai quitté ces beaux lieux, que ce spectacle féerique sera visible. Tout passe sur cette terre.

(1) Les Pères du Niagara vont construire sur l'emplacement de leur pauvre maison de bois, que je visitai en 1885, un monastère en style roman, tout à fait digne du site grandiose qu'il commande et digne aussi du vénérable ordre du Mont-Carmel. Un immense hôpital y sera joint. Il s'élève lentement, avec le secours de la charité des deux Mondes.

Et maintenant, au revoir, Niagara sonore! Je te reverrai, j'espère, le cœur plus à l'aise pour te contempler. J'aurai fait un pas vers mon but, et peut-être te trouverai-je plus beau alors. Hélas! ce n'est guère le sort des merveilles de ce monde qu'on les retrouve plus belles que par le passé!

VI

AUTOUR DU LAC ÉRIÉ

Du 29 août au 17 septembre.

New-Germany. — Les soufrières. — Les Souabes. — Buffalo. — Les
Jésuites allemands. — Mon plan se dessine. — Les monuments. —
Le dimanche en Amérique. — Monnaie américaine. — Le climat
au sud des Lacs. — Moineaux et Chinois. — Le docteur Cronyn. —
Les Yankees. Les sectes protestantes. — L'architecture religieuse.
Les maisons en bois. Les incendies. — Les nouvelles villes. —
Les lignes transcontinentales. — Cleveland et Toledo.

30 août. — A l'ouest du Niagara s'étend une
vaste presqu'île qui fait saillie entre l'Ontario et
l'Erié. Cette portion très fertile du haut Canada,
ce coin perdu du Nouveau Monde a été envahi par
les Souabes de la Bavière, du Wurtemberg et du
Badois, qui l'ont baptisé du nom de New-Germany.
Welland en est la ville principale. Comme le nom
l'indique, c'est « la terre des sources ». J'ai passé
hier près d'une vingtaine de ces sources. Elles sont
situées dans un terrain tout plat, tout marécageux,
et se présentent sous la forme de mares d'eau dor-

mante, à niveau constant, comme on en rencontre dans les fagnes, dans la Campine belge et dans les Ardennes françaises.

Ce qu'il y a de remarquable dans les mares du Welland, c'est qu'elles sont toutes couvertes d'une épaisse couche de soufre. Ce sont donc de véritables soufrières, des solfatares neptuniens.

Dans ce fertile pays, de nombreuses fermes s'élèvent au milieu des forêts de noyers noirs, et des bourgades prospères y surgissent rapidement.

Presque tous ces Allemands sont catholiques, et catholiques dignes de ce nom. Ce matin j'ai eu le bonheur de leur faire une instruction en bas-allemand (très bas, en effet, car c'était presque du limbourgeois), patois qu'ils comprenaient assez bien. J'ai entendu les confessions. La sainte communion leur a été distribuée ensuite par le bon Père Günter. L'église est toute petite et en bois selon la coutume du pays. Comme je m'apitoyais sur le jeûne prolongé du grand nombre, le Père Günter m'a rassuré. « Nous ne sommes pas encore en hiver, me dit-il, et les plus rudes saisons n'empêchent pas nos *Schwaben* de faire leurs huit et seize milles (dix à vingt kilomètres) chaque dimanche à tour de rôle. Il ne reste aux fermes que les tout petits enfants et une personne chaque dimanche. »

Ceci pourrait servir de leçon à nos citadins de France et de Belgique qu'un petit rhume, une averse, une distance de dix minutes arrêtent souvent. Nous sommes trop *engraissés* par les faveurs de Dieu « incrassatus est dilectus » et nous l'oublions.

Après le dîner, un bon catholique de Welland a attelé son buggy, et sans parler d'argent, m'a conduit à trois ou quatre lieues à travers bois et marais jusqu'au fleuve Niagara, près de sa sortie du Lac Erié. Un vapeur m'a passé à l'autre bord, et un train m'a conduit à la grande ville de Buffalo, c'est-à-dire dans les Etats-Unis.

J'ignore par quelle voie j'y suis entré, mais je n'ai passé par aucune douane et n'ai pas eu à déboucler mes malles.

1er *septembre*. — Nous sommes à Buffalo, sur le lac Erié. Les bons Pères de la maison de Buffalo me reçoivent à bras grands ouverts. Je retrouve ici plusieurs Pères allemands que j'ai connus jadis en Belgique, entre autres le P. Buchholtz, mon compagnon d'armes de Tournai en 1878. J'ai visité sa Grandeur Monseigneur Ryan, évêque de ce diocèse. Ce prélat m'a, contre mon attente, donné pleine permission de prêcher et de faire des conférences dans son vaste vicariat. Je suis en plein dans ma rude besogne. Mes programmes sont lancés. Les journaux du Canada et ceux des Etats du nord ont pris l'éveil, à la suite de mes conférences de Québec, de Montréal et de Toronto. Des articles très favorables paraissent en français, en anglais et en allemand. Les Allemands forment la moitié de la population et possèdent huit belles églises catholiques. La cité, qui est la onzième des Etats-Unis, compte 255,000 habitants. C'est sur les catholiques allemands que je fonde mes meilleures espérances dans le nord des Etats-Unis.

Comme je le disais plus haut, le branle est donné et j'ai tout lieu de croire qu'il se communiquera de proche en proche. Malgré la difficulté de ma position, et bien que beaucoup de missionnaires quêteurs algériens, syriens, japonais, bulgares et irlandais me précèdent, la mission du Zambèze inspire une sympathie particulière. Au fond du cœur les Américains sentent qu'ils ont une dette à payer au « Continent obscur », à ces pauvres nègres d'Afrique qui ont fertilisé l'Amérique au prix de leurs sueurs.

De Buffalo, situé à l'angle oriental du lac, je laisse rayonner un peu mon regard sur les immenses rivages de ces mers intérieures, et sur ces Etats voisins qui sont de vastes pays. Buffalo appartient encore à l'Etat de New-York bien qu'il en soit éloigné de 667 kilomètres. La Pensylvanie s'étend au sud de l'Etat de New-Yok, et touche au lac Erié. Plus à l'ouest, on entre dans l'Ohio. Peu à peu je me suis orienté, et je me hasarde à tracer un itinéraire. En quittant Buffalo, je pousserai une reconnaissance vers Dunkirk, Cleveland, Tolédo et Détroit, — toutes villes riveraines du grand lac. J'y préparerai mon travail pour le mois d'octobre, et je reviendrai sur mes pas jusqu'à Buffalo et jusqu'à Montréal. Après que j'aurai terminé mon ouvrage au Canada, je reviendrai le long du lac Erié pour me diriger par Détroit et Grand-Rapids sur Milwaukée, de l'autre côté du lac Michigan.

Il faut du temps pour s'accoutumer, je dirai mieux, pour se familiariser avec ces vastes régions, ces immenses distances, ce monde vraiment nouveau de l'Amérique.

Enfin je m'aperçois que le « char chemine ». J'ai eu même cette semaine la consolation d'expédier sur Londres et l'Afrique mon second envoi d'argent pour nos chères missions.

Je remercie le bon Dieu du secours qu'il me prête. Que sa gloire soit étendue au loin, c'est tout mon désir.

Quelle vie intense que celle d'Amérique! Tout se fait en grand. Les ouvriers gagnent de deux à six dollars, soit dix à trente francs par jour. Ils ne sont guère plus avancés avec cela que les ouvriers d'Europe. Tout est à l'avenant. On ne voit pas de bourgeois ou d'ouvriers ici. Pas une blouse, pas une paire de sabots. Ce sont des messieurs qui travaillent : tout est opulence.

L'architecture américaine est libre comme le pays lui-même. Les églises, les édifices publics foisonnent ; constructions dispendieuses au possible, auxquelles il ne manque que le goût, que la règle de l'art pour en faire des merveilles. Dans quelques centaines d'années ce sera chose embarrassante de rattacher la plupart de ces édifices à un style quelconque.

Pour un amateur européen ces villes ne sont que bizarres. J'avoue qu'elles frappent l'œil à première vue, mais elles ne soutiennent pas l'examen de l'esthétique. La pureté du vrai beau n'est pas pas encore naturalisée en Amérique. C'est le communisme dans l'architecture, presque l'anarchie.

Quant aux arts plastiques, évidemment ils sont à l'état d'enfance. Statues genre faïence comme les Hercules de nos vieux jardins, vitraux peints au mètre ou à l'aune, tableaux froids à donner le frisson !

Le dimanche est en honneur parmi les catholiques comme parmi les protestants. Ce jour-là, les postes et les télégraphes ne fonctionnent qu'une demi-heure.

Dimanche dernier j'ai prêché dans un village allemand à quatre lieues du Niagara, dans la « Nouvelle Germanie ». Les fermiers, hommes et femmes, arrivent de trois, quatre lieues, en voiture l'été, en raquettes ou en traîneau l'hiver. Nul ne s'excuse, toute la ferme est abandonnée, à moins qu'il n'y ait lieu de laisser une personne à la garde des petits enfants ou du jeune bétail. On ne craint ni voleurs ni « tramps » vagabonds le dimanche matin. Il y a trêve de Dieu, dirait-on. Dans les villes les églises sont combles. J'ai vu cela à Québec, aux Grondines, à Montréal, à Toronto, à Buffalo.

L'éducation est assurée largement au Canada, et assez bien dans le nord des Etat-Unis ; les écoles sont bonnes, les collèges nombreux et populeux. Dans le reste des Etats-Unis, toutefois, environ six mille paroisses sont encore dépourvues d'écoles catholiques, m'assure-t-on.

Les Jésuites exilés de l'Allemagne ont à Buffalo un magnifique collège de deux cent cinquante pensionnaires, une école paroissiale de sept cents enfants, et l'école succursale de Sainte-Anne comptant quatorze cents enfants, tous Allemands. Ils sont aidés par des Sœurs pour instruire les filles, et par des Frères et des maîtres laïques, pour gouverner les garçons.

Ces Pères allemands ne sont pas précisément des fainéants. Les vieux Pères, Behrens, Pottgeisser, Henke, Lessman, von Rossum et autres, après avoir travaillé avec zèle en Allemagne et en Belgique, ont encore des forces de reste pour défricher le nouveau champ du Seigneur en Amérique.

Il se trouve ici treize mille Polonais catholiques

qui ont leurs églises et leurs écoles paroissiales. La langue polonaise y est seule usitée. Un de nos Pères westphaliens travaille parmi eux avec trois prêtres polonais. Etranges, ces Polonais : ils se battent pour ou contre leurs curés, assiègent et défendent presbytères et églises. Dimanche dernier on releva trois morts et dix-sept blessés sur le champ de bataille. Les Bohémiens ont la même « foi » à Tolédo, à Cleveland, et combattent aussi pour elle. Les Américains assistent paisiblement à ces luttes et se contentent de dire : « Wonderful people, those Poles ! »

Le collège Canisius, comme tous nos grands collèges des Etats-Unis, est agrégé à l'Université de l'Etat ; il possède sa charte libre et délivre ses diplômes jusqu'à la philosophie inclusivement.

Toutes les religions sont libres, et la loi les protège impartialement jusqu'ici. Le mormonisme est hors la loi avec les sectes analogues des Onéidistes, etc. Les Chinois jusqu'à ce moment n'ont pas la liberté du culte, comme ils n'ont pas non plus le droit d'amener des femmes, ni le droit de séjour permanent.

L'instruction est libre également, mais seulement « jusqu'à la bourse », l'Etat subsidiant uniquement les écoles officielles. Je me reprends : ce sont les administrations locales qui subsidient les écoles officielles. Je parlerai plus loin de l'esprit de ces écoles.

Dans la vie publique, Dieu est encore officiellement du pays. Beaucoup de billets de banque portent l'effigie du prêtre missionnaire avec la croix et la bannière du Christ, témoignant ainsi hautement des origines chrétiennes de la nation américaine.

Les *dollars*, grands comme nos pièces de 5 francs,

portent l'inscription « In God we trust » (en Dieu nous nous confions). Il y a le *cent* en billon valant 5 centimes, le *three cents* en nickel ou argent, le 5 *cents* en nickel, le *dime* de 50 centimes en argent, le *quart-dollar* de 1 franc 25 centimes, le 40 *cents* de 2 francs 50 et le dollar d'argent d'une valeur variable de 5 francs 15 centimes à 5 francs 20 ou plus. On rencontre encore des spécimens de la menue monnaie de guerre que les firmes frappèrent à leur compte, durant la guerre de Sécession.

Il y a aussi des pièces d'or de 1, 2, 5, 10, 20, 50 et 100 dollars ; mais on ne voit guère ni or ni argent. La sécurité nationale est telle que tout le monde préfère le papier-monnaie de 1, 2, 5, 10, 20, 50, 100 et 1000 dollars. Il en est de même au Canada.

Au sud des grands lacs, la température est exactement celle de la Belgique, durant les cinq mois tempérés. Les essences sont le saule, le frêne, le sapin, le noyer noir, l'érable, le platane, le peuplier d'Italie et du Canada, le tremble, le mélèze, le thuya, le chêne, l'orme, le tilleul, le merisier et d'autres bois très durs appelés bois francs.

Les ormes et les sapins sont cylindriques et droits jusqu'à 70 et 80 pieds de hauteur. Les échafaudages de notre superbe église gothique de Sainte-Anne à Buffalo, sont portés sur des sapins d'un pied et demi de diamètre à la base, et gardant encore un pied à peu près, à 75 pieds de hauteur.

Voilà quelques détails curieux sur ces pays étonnants. Du gibier il n'en reste guère dans les parages de l'est.

En revanche, les *moineaux* récemment introduits d'Europe s'appellent déjà *légion*, tant il y en a ! Ces émigrants ne perdent pas leur temps. Qu'ils se trompent dans leurs calculs climatologiques, ou qu'ils soient pris de la fièvre américaine, toujours est-il qu'ils bâtissent leurs nids hiver et été. Ils se multiplient au point de chasser tous les oiseaux aborigènes, imitant en cela les *bipèdes* de la race de Japhet en face des autochtones indiens. Ils menacent sérieusement les moissons, et même la salubrité des villes. Ils bouchent les lucarnes, les cheminées, les chenaux et les gouttières, emplissent les minarets et les tours ! C'est même assez amusant de voir le matin la domesticité des nombreuses maisons gothico-rococo, occupée à arracher ces nids malencontreux et à les jeter à terre avec une visible mauvaise humeur. Mais les mécréants emplumés ne se découragent jamais. Ils attendent sur les toits voisins plume ou paille au bec, et dès que l'ennemi a retiré sa brosse et sa tête, ils recommencent avec une nouvelle rage et refont leur demeure avant le soir.

Quels Américains !

J'apprends que le gouvernement de Washington prépare une loi d'expulsion contre les Chinois et les moineaux. (1)

Quels Américains !

2 septembre. — J'ai donné une conférence aux jeunes gens du collège Canisius. Sa Grandeur Monseigneur Ryan a daigné y assister. La jeunesse des Etats-Unis tout comme la jeunesse canadienne,

(1) Une loi a été votée contre les Chinois, en avril 1892.

s'enthousiasme vivement pour l'œuvre des missions.

Aujourd'hui je me sens fort accablé par l'hypertrophie du foie qui est allée s'aggravant depuis mon départ d'Europe. Il y a dans cette ville de Buffalo une célébrité médicale, le docteur Cronyn, dont la spécialité est précisément de traiter les affections du foie. Je me suis donc adressé à lui. Le docteur Cronyn est un catholique irlandais. Il lui a suffi d'apprendre que j'avais rencontré des Irlandais en Afrique, que j'avais été l'hôte de Monseigneur Ricards pour qu'il me montrât une véritable amitié. Il m'a prescrit un remède fort simple et me promet une prompte guérison. C'est beaucoup promettre. Espérons, car je n'ai pas le temps d'être malade. (1)

3 *septembre*. — La vaste salle académique du Collège Canisius est remplie ce soir. Les Allemands de la paroisse Saint-Michel sont venus entendre le récit de la sainte mort des Pères Füchs et Terörde, martyrs de leur charité dans les missions du Zambèze. Toute l'Allemagne catholique a suivi dans le temps, avec intérêt, les émouvantes péripéties de cette pénible mission, et leurs frères

____

(1) Le Dr Cronyn est tombé victime d'un attentat en 1890. — Il a été assassiné à Chicago et jusqu'ici le plus profond mystère plane sur le crime.

d'Amérique, qui sont tenus soigneusement au courant de toute la vie religieuse de la mère-patrie, connaissent les noms vénérés des Pères Fuchs et Terörde.

Buffalo est une ville d'aspect moderne. Les rues sont larges, les avenues immenses, le commerce énorme. Placée à l'extrémité orientale des Grands Lacs, elle jouit d'une position unique pour le commerce du transit. Les blés et les bois que la « Lake Shore line » et les communications par eau lui amènent du « Far-West » et du Canada, elle les transmet par le New-York Central jusqu'à Troy et Albany sur le fleuve Hudson, d'où ces riches produits descendent jusqu'à la métropole.

La ville est divisée en deux parties d'une physionomie bien distincte. La ville ouvrière est cosmopolite. Les Allemands, les Irlandais et les Polonais y dominent avec les Canadiens-Français. Honneur à cet élément croyant. C'est cet élément qui, par son énergie et par sa foi, soutient et élève l'Amérique. Là tout est progrès gradué, depuis le prolétaire qui marche d'un pas égal, par le travail, l'économie et la religion, vers l'honnête aisance, jusqu'au parvenu fortuné qui est assis sur ses millions. Là les écoles, les églises grouillent d'enfants et de fidèles.

Mais, à côté de cette ville du travail, il y a la ville du plaisir, la ville des Yankees. Je tremble en l'abordant ! Les quartiers yankees, dans leur égoïsme opulent, sont morts et tristes, lugubres comme les rives honteuses du Bosphore. On croirait parcourir les régions du sérail. Pas un enfant à voir, pas âme qui vive autour de ces édens où le luxe stérile épuise les sources du plaisir. Des domestiques, çà et là, rasent des pelouses que nul pied ne foule, ornent des jardins qu'une femme solitaire parcourra, blasée et silencieuse, aux heures du soir. Le Yankee ne peut avoir qu'un enfant, et cet enfant ne peut sentir aucune autorité. Il doit croître sans frein, et devenir le maître superbe « du tout-puissant dollar ».

C'est contre ce « capital » que le travail s'insurge à l'heure actuelle en Amérique. Dans cette ville de l'opulence il y a église sur église, et chapelle sur chapelle; mais nul homme n'y pénètre. D'écoles, il n'en faut guère : il n'y a point d'enfants. Le Moi, la Matière, le Présent : quelle trinité! et c'est le monde yankee, tel qu'on le trouve dans l'Est surtout. Cette race s'éteint; elle se dévore.

Parmi les autres protestants, les sectes se fractionnent à l'infini. On en a compté cent soixante, et je crois que ce n'est pas tout. L'incohérence, je dirais volontiers le dévergondage des idées religieuses, est quelque chose qui déconcerte. Pour s'en faire une idée il faut ouvrir un journal protestant américain, quelque journal de la grande publicité. Au point de vue des principes, de la morale, du dogme, on ne peut rien imaginer de plus inconséquent, de plus contradictoire ! Vraiment il y a là de quoi trembler pour cette fière Amérique. Elle ne ressemble pas mal à un grand navire sans boussole, et n'était le lest compact de l'élément catholique, et aussi des protestants de bonne foi, il faudrait craindre qu'il ne sombre bientôt.

Les braves Irlandais, les laborieux Allemands, les Canadiens, les Polonais, les Bohémiens bâtissent des églises sans nombre.

Ce sont des monuments où les vastes proportions et la profusion des dépenses remplacent généralement l'art et l'architecture. Il y a quelques louables exceptions qui tendent heureusement à se multiplier. Nos Pères exilés d'Allemagne construisent ici, avec les souscriptions de leurs deux paroisses, une superbe église gothique. C'est un Frère coadjuteur qui en est l'architecte, et l'œuvre n'en est pas moins belle. Les dépenses de la construction se sont déjà élevées à sept cent mille dollars. La paroisse voisine, celle de Sainte-Marie, en bâtit une, soumissionnée pour 500,000 dollars, et qui ne sera pas terminée pour 3 millions de francs. Celle-ci se construit dans le style grec, genre peu goûté en Amérique.

Aux Etats-Unis, les églises affectent les formes élancées des constructions d'Europe. Toutefois, n'ayant pas de voûtes en pierre, elles sont généralement dépourvues de la splendeur extérieure des arcs-boutants et des contreforts. Au Canada, au contraire, tout est organisé en vue de l'hiver. Les voûtes sont peu élevées et surbaissées, les étroites fenêtres à coulisses, sont doublées ; les édifices sont planchéiés et chauffés à l'air chaud ou à l'eau chaude.

Les constructions particulières dans les campagnes du Canada sont généralement en « log wood » ou madriers horizontalement superposés, épais d'un pied. A l'extérieur, ces murs de bois déjà très chauds, sont revêtus de planches horizontales superposées en larmiers. Les tuiles sont inconnues, les ardoises très rares. On couvre les toits en plaques de hêtre (bardeaux) ou en plaques de fer blanc ou de zinc, appliquées comme des ardoises. Souvent ces plaques sont soudées. L'intérieur des maisons est doublé de bois, puis recouvert d'un lattis sur lequel s'applique la tapisserie. Tout y est fait contre le froid, mais aussi en faveur des incendies.

Les constructions en bois valent les édifices en pierre, dans ce rude climat. Les fortes gelées soulèvent les bâtiments en bloc avec la terre, et au dégel crevassent naturellement les murs des maisons en brique ou en pierre, tandis qu'elles ne disloquent pas les log-houses.

On conçoit la fréquence des incendies, surtout si

l'on y ajoute un peu de *bonne volonté* de la part
des propriétaires. On dit qu'on n'est pas trop scru-
puleux à Buffalo, les assurances y étant très sûres.
J'ai vu indiquer, dans un journal de cette ville,
vingt-six incendies pour le mois d'août. On s'y
habitue très vite au feu.

Dans les grandes maisons il y a un timbre électrique relié au dépôt des pompiers « Fire depart-
ment ». Il y a quelques jours, un Frère coadjuteur
de ce collège, voulant montrer l'instrument à un
visiteur campagnard, ôta le capuchon de sûreté de
l'appareil avertisseur, et, après en avoir donné
l'explication à sa façon, il passa outre.

Cinq minutes après, il y avait dix pompes à
incendie devant le collège et un peloton de pompiers dans la maison. C'est que, par le fait même
qu'on enlève le capuchon de sûreté, on établit le
courant électrique. Le Frère avait donné l'alarme.

Il y a des appareils avertisseurs à tous les coins
de rue. En arrachant le couvercle, du coup on
donne l'alarme à la station de feu, et le secours
arrive au galop des chevaux, juste au coin de rue
d'où le signal est parti.

Les villes de l'Union canadienne du nord ressemblent aux vieilles villes d'Europe, sinueuses et
entassées. Les villes neuves comme Toronto et
Ottawa, et les cités des Etats-Unis au contraire,
ont toutes des rues larges et parallèles, souvent

bordées de rangées d'arbres. Les maisons s'y trouvant toutes isolées sur leur carré de jardin, ces villes nouvelles présentent l'aspect d'une suite de chalets et de villas, de châteaux et de palais. Une conséquence de cette disposition est que les cités s'étendent à des lieues et des lieues, ce qui nécessite naturellement des chemins de fer et des street cars, ou tramways partout. Sur les trams tout est simple. Pour un réseau entier, quels qu'en soient le transfert et l'étendue, on paie vingt-cinq centimes pour toute distance. Sur la plupart des trams on y va de bonne foi. Une boîte est là, et chacun y jette ses « cinq cents. »

12 septembre. — La distance de Buffalo à Cleveland est de 301 kilomètres. Nous fîmes le trajet en 5 heures par train rapide. La vitesse est donc d'un kilomètre par minute. Les tarifs sont généralement les mêmes qu'en Belgique. Le voyageur a droit au transport gratuit de 50 kilogrammes de bagages en 1re classe et de 25 kilogrammes en 2e classe. La grande ligne appelée la « Lake Shore Line » ou « ligne du rivage des lacs », part de Chicago, métropole de l'Etat d'Illinois, et longe les lacs Michigan et Erié en traversant les Etats d'Indiana, d'Ohio, de Pensylvanie et de New-York pour aboutir à Buffalo. A Buffalo la Lake Shore Line se rattache au « New-York Central » pour aboutir enfin à la grande métropole des Etats-Unis. La distance de New-York à Chicago est de 1,468 kilomètres et le trajet s'effectue régulièrement en 24 heures. On le fera bientôt en 17 heures.

Pullman Sleeping car.

D'autre part, dé Chicago, l'express du « Union Pacific » transporte les voyageurs en 90 heures (soit 4 jours) à une distance de 3,792 kilomètres jusqu'au bord de l'Océan Pacifique, jusqu'à San-Francisco, la métropole de la Californie.

Ainsi, un voyage transcontinental de New-York

à San Francisco, de l'un à l'autre Océan, s'effectue maintenant en l'espace étonnamment réduit de cinq jours, avec une vitesse sensiblement égale d'un kilomètre par minute, et pour la somme minime de 500 (ou de 750 francs, nourriture comprise et wagon-lit). Les trains de plaisir sont à meilleur marché encore (1).

Il y a trois autres lignes transcontinentales principales : le Canadian Pacific à travers le Dominion, le Missouri-Pacific et le Texas-Pacific.

Cleveland est une ville qui compte à peine 25 ans d'existence et dont la population s'élève déjà à 262,000 habitants, y compris au-delà de soixante mille catholiques allemands, irlandais, canadiens-français et hollandais. La basse-ville est un Seraing doublé d'un Charleroi. La ville ouvrière s'allonge à perte de vue dans l'immense vallée d'une Meuse américaine. Par-dessus ce volcan de feu et de fumée, un pont d'un kilomètre relie la ville commerciale de l'ouest à la ville opulente de l'est. « Euclide Avenue » ressemble aux beaux quartiers d'Anvers, avec cette différence que chaque pavillon de l'Euclide Avenue est isolé, et assis sur son gazon

(1) Tout récemment un train-éclair a été organisé entre New-York et San-Francisco, via Chicago. Un service rapide de steamers transporte ensuite le voyageur, de San-Francisco à Yokohama, au Japon. Le trajet de Londres à Yokohama, via New-York, se fait en vingt-six jours aujourd'hui. — Il s'effectue en quarante-trois jours via Brindisi et Aden. On peut donc faire le tour du monde en soixante-neuf jours.

d'un vert tout anglais, et que chaque « mansion »
est parée avec une coquetterie, un luxe d'ornemen-
tation, une variété de moulures à défier les styles
des grands ordres. Pas deux maisons semblables
à trouver ! Peu s'en faut que les rues d'Amérique
ne reproduisent l'« Histoire de l'Habitation ». On
y voit des maisons gallo-romaines et normandes ;
des habitations romanes, byzantines, romano-ita-
liennes, gothiques, moyen-âge et renaissance ; des
façades arabes, moresques et tunisiennes, des
chalets suédois, finlandais, tyroliens, — tous les
genres possibles ; mais, surtout, des constructions
d'un composite étrange et bizarre, qui tient de
tous les styles, et qu'on fait passer sous l'étiquette
anglaise de « Queen-Anne ». L'idéal de l'architecture utilitaire en Amérique, c'est de produire
l'incroyable. C'est joli, c'est absurde ; et voilà
Buffalo, voilà Cleveland, voilà Toronto et voilà,
je crois, toute l'Amérique yankee.

La sculpture, la peinture... O nobles sœurs, où
vous trouver ! Nos saints dans les églises arrivent
tout droit de l'archaïsme des dixième et onzième
siècles. Les peintures sont froides à glacer les entrailles. Les autels sont des masses inertes de
marbres. La sculpture est à venir. Les Yankees
m'apparaissent comme des cyclopes dans les ateliers des muses, voulant tout créer avec le pilon
« du tout-puissant dollar. »

Dans trois cents ans, le monde qu'ils produisent sera comme le monde géologique, une énigme de plus jetée en proie à la curiosité des savants. Tout ce qu'on en dira sera vrai et sera faux.

A Cleveland les Jésuites allemands ont une maison située dans le quartier ouvrier. Ils desservent une des vingt-six paroisses de la cité et dans leurs écoles ils réunissent plus de huit cents enfants. Ils viennent d'ouvrir même un collège d'humanités.

Cleveland, grande ville manufacturière et commerciale, contient des émigrants de toutes les nations de l'Europe, moins les Russes, les Espagnols et les Portugais. Ces trois nations en effet, possédant, l'une les régions immenses de l'Asie septentrionale, et les deux autres de nombreuses colonies, ne jettent guère l'excès de leur population sur l'Amérique du Nord (1). Les Allemands forment la grande masse des émigrants, avec les Irlandais. Il y a sept paroisses allemandes dans la ville même. Il y a aussi une paroisse de catholiques hollandais bien fervents.

Les Pères allemands me reçurent avec une cordialité pleine de simplicité et de fraternité, le véritable esprit de la Compagnie. Oh ! qu'il fait bon entrer dans les maisons de ces généreux exilés.

---

(1) Ce n'est que depuis l'été de l'année 1891 que quelques milliers de Portugais ont pris la route des Etats-Unis.

« Nihil enim ita blandum et amabile, ut candidum
et apertum, et cui securus te credas ingenium ! »
J'étais malade en arrivant. Je fus heureux de me
trouver « chez moi ».

14 septembre. — Me sentant un peu mieux et le
foie me laissant quelque répit, je me rendis, accompagné du Père supérieur, à la résidence épiscopale. Sa Grandeur Monseigneur Gilmour était
à Rome. En son absence je fus reçu avec beaucoup de bonté par le vicaire général, Monseigneur
Boff, et avec son autorisation j'allai préparer à la
hâte quelque ouvrage. Le soir même je prêchai aux
Allemands de notre paroisse de l'Assomption, et
donnai une conférence aux Hollandais, au cercle
catholique de l'excellent M. Westerholt.

Ce me fut une agréable surprise de tomber,
au cœur de ce monde américain, sur un auditoire
néerlandais, et ce fut une bonne aubaine aussi
pour ces Bataves d'entendre, de la bouche d'un
missionnaire belge, des nouvelles toutes fraîches
de *leurs frères* de l'Afrique australe, de ces Boërs
dont les noms sont les leurs, et dont la vie est encore celle de la mère-patrie. Ils ne me laissèrent
lever la séance que vers onze heures du soir.

Je fus attendu le lendemain à la salle académique
du séminaire, où je fis aux jeunes lévites du diocèse un tableau animé de la vie du missionnaire

parmi les sauvages de l'Afrique. Le feu sacré s'empara de cette ardente jeunesse ; plusieurs voulurent dare dare partir ni plus ni moins pour les missions !

Les Ursulines de l'avenue Euclide avaient réuni dans la grande salle de leur beau pensionnat l'élite des dames de la ville, et toutes leurs élèves, pour entendre quelques nouvelles des missions lointaines. Je leur racontai le grand bien opéré dans l'Afrique australe par les religieuses dominicaines et par les dames du couvent de Grahamstown. Je leur montrai comment le zèle patient de ces religieuses prépare les voies à l'apostolat parmi les colons protestants, par les exemples de vertu et de religion que leurs élèves rapportent dans leurs familles et font rayonner de là sur toutes les colonies. L'anecdote suivante tirée non pas de la vie des missions d'Afrique, mais de l'histoire de l'Amérique même, fit grand plaisir.

« Vers l'an 1639, leur dis-je, les premières Ursulines abordèrent au Canada avec les premiers Jésuites, et les deux communautés se fixèrent au centre de la colonie française, dans la ville de Québec. En ces temps-là on ne trouvait dans les jeunes colonies que les ressources qu'on apportait de l'Europe ou qu'on savait se ménager soi-même. Les nouveaux arrivants devaient s'entr'aider. Les Jésuites veillèrent donc aux besoins

spirituels des Sœurs, et les Ursulines cuisaient
chaque jour onze pains pour la maison des Pères
Jésuites. La chose marcha ainsi durant cent trente
ans à peu près, quand vint l'heure de la douloureuse épreuve. La compagnie de Jésus fut sup-
primée, et les Pères quittèrent leurs belles et laborieuses missions du Canada. Un seul Frère coadjuteur resta dans la maison de Québec, apparemment
commis à la garde des propriétés non confisquées,
mais séquestrées d'après les lois anglaises alors
existantes. Le bon Frère coadjuteur continua
de recevoir chaque jour les pains accoutumés,
et, n'ayant pas ses Pères à servir, il nour-
rissait à leur place *dix pauvres* qui lui repré-
sentaient sa chère communauté. Ainsi la fin du
siècle arriva. En l'an 1800 ce « serviteur bon
et fidèle » alla recevoir au ciel la récompense
de ses longs services, et les *onze pains* cessèrent
d'arriver au vieux collège de la Compagnie de
Jésus.

Quarante ans passèrent; au bout de ce temps,
la Providence, qui dispose tout avec force et douceur, ramena les Pères de la Compagnie réta-
blie, dans cette terre canadienne si longtemps
arrosée des sueurs et du sang de leurs devan-
ciers.

Un beau jour trois Pères rentrèrent donc à Québec et allèrent occuper une pauvre maison près de

leur vieux et vénérable collège. Or, le lendemain matin, quand sonna l'heure du déjeuner, les pains traditionnels avaient reparu sur la table de la communauté, et ce jour-là, les Pères Jésuites reprenaient leurs fonctions spirituelles auprès des Sœurs Ursulines. Depuis lors, la vieille tradition reprise n'a pas été interrompue, et, à la table hospitalière des Pères de Québec, j'ai mangé « des onze pains des Ursulines ». Vraiment ! l'amitié, quand la religion la consacre, est immortelle comme la charité !

16 *Septembre*. — Temps superbe. Le beau lac est calme et uni comme une glace. Au loin les vaisseaux le sillonnent en silence comme des oiseaux qui émigrent par un ciel serein. Dans la fraîche matinée je prends la ligne qui le longe, et m'en vais, me dirigeant vers l'ouest, faire à nos Pères allemands de Toledo, une très courte visite. On parcourt cette route de 182 kilomètres en trois heures. La réception fut pleine de charité. Ces exilés m'attendaient. Les Pères Fuchs, Terörde, Wehl, Vesteneck et beaucoup d'autres de leurs confrères d'Allemagne avaient déjà succombé dans nos missions d'Afrique ; les Pères de Toledo désiraient vivement entendre le récit de leurs travaux et de leur sainte mort. Je satisfis leur pieux désir, et la soirée se passa tout entière à rappeler

les hauts faits de ces héros [de l'apostolat. Nous réglâmes une série de conférences et de sermons de charité pour le mois d'octobre, et le 17 au matin, je repris la route de Buffalo.

VII

SECOND VOYAGE AU CANADA — LE NIAGARA

Du 17 au 30 septembre.

Clergyman-Ticket. — Le rivage de l'Erié. — Buffalo. — Tutt's liver
Pills. — La réclame américaine. — Je reviens au Niagara. — Etude
géodésique et physique du Niagara. — La rivière Niagara. —
Les cataractes. — Les chutes Victoria du Zambèze. — Pont du Nia-
gara. — Loretto House. — Toronto. — Un train d'émigrants. —
Ottawa. — Le palais de glace. — Montréal. — Vers le Michigan.

Dans le Dominion Anglais, et sur les lignes des
Etats-Unis qui bordent le Canada, les administrations des chemins de fer et des bateaux à vapeur
accordent aux prêtres, aux religieux et aux religieuses, aux instituteurs et aux institutrices, à *tous
ceux qui se consacrent à l'éducation intellectuelle
ou morale du peuple* une réduction de 50 pour cent
sur les billets de première classe. A cet effet les
administrations délivrent aux intéressés une attes-
tation à présenter au guichet et au contrôle, et
valable sur tous les trains et bateaux, de janvier
à janvier. Quoique étranger j'ai bénéficié du privi-

lège, et muni de mon « clergyman ticket » je me suis confortablement installé dans les magnifiques voitures-palais de la « Lake shore line ». Riante est la route le long du frais rivage de l'Erié aux eaux verdâtres. La côte est agréablement ondulée. La campagne ressemble tantôt à celle de nos côtes de Flandre, tantôt à celle du Bordelais. Ici, les riches vignobles cachent leurs grappes noires sous le pampre brunissant ; là, les champs étalent leurs groupes sans fin de meules de grain. Les villes succèdent aux villages. Tout respire la prospérité et la paix. Quoique les lacs Erié et Michigan soient à la même latitude que Bordeaux et Toulouse, la saison y est beaucoup plus avancée à cette époque de l'année que dans le sud de la France. Partout l'érable à ses derniers jours revêt ses teintes mélancoliques. Quelle merveille de couleurs sur la palette de l'automne américain !

Une réception enthousiaste me fut faite à Buffalo. Bien que je n'eusse été absent que quelques jours, ces jours avaient paru longs à la communauté. C'est que parmi les Pères allemands il règne un grand esprit de famille, et l'éloignement où ils se trouvent les uns des autres depuis la dispersion de la Province par l'application des « Lois de mai », ne fait qu'aviver la charité qu'ils ont les uns pour les autres. Il fallut reprendre la série des événements survenus en Afrique. Il fallut raconter au

long la vie et la mort des missionnaires allemands
du Zambèze.

Le Révérend Père Recteur eut grand plaisir à me
remettre une somme assez ronde pour ces missions
lointaines. C'était le produit des aumônes apportées
par les ouvriers allemands durant mon absence.

Le Frère infirmier, de son côté, s'empressa de
m'apporter un remède contre le mal de foie. C'é-
taient les fameuses « Tutt's Liver pills » qui se fa-
briquent vis-à-vis du collège Canisius dans un établissement immense où trois cents ouvriers (*sic*)
confectionnent ces pilules à la machine. Il y en a
là pour guérir tous les foies du monde. Dommage
que je me trouvasse déjà rétabli par le docteur
Cronyn, car les « Tutt's pills » sont infaillibles,
d'après la réclame.

A propos de réclames, annoncez ce que vous
voulez en Amérique, donnez dix mille dollars à la
publication, et vous êtes sûr de réaliser un bénéfice
énorme. Voici un spécimen de réclame américaine,
extrait textuellement de l' « Etendard de Montréal ».

« *Aux portes du tombeau.* »

« C'est un triste spectacle que de voir l'état où
se trouvait M. Devreaux d'Yona, Michigan.
Voici ce qu'il dit : « Mes reins étaient paralysés et
je souffrais horriblement. Mes jambes étaient aussi

grosses que mon corps, et mon corps aussi gros qu'un tonneau ! J'avais été condamné par les médecins les plus éminents. Enfin je fis l'essai du « Kidney Worth ». Dans l'espace de quatre ou cinq jours il se fit un changement. Dans une dizaine de jours j'étais sur pied, et aujourd'hui je suis parfaitement rétabli. C'est certainement un miracle. Tous les pharmaciens vendent le Kidney Worth en liquide ou en poudre. »

Il y a quelques jours un agent se présenta au couvent des Pères Carmes sur le Niagara. Il dit au Père commissarius : « Monsieur, donnez-moi trois mille dollars pour faire la réclame de votre Eau de Mélisse des Carmes, et je vous garantis deux mille dollars de bénéfice annuel, et de plus, le remboursement de vos trois mille dollars dans trois ans. »

Si le Révérend Père commissarius avait accepté, les placards se trouveraient à tous les coins de rue, à toutes les stations, églises et murs inoccupés, dans tous les journaux des Etats, sur tous les milliers de bateaux à vapeur, chez tous les pharmaciens, etc., tout le long des chemins de fer, sur les arbres, les haies, les poteaux voyants, sur le pavé de tous les trottoirs, sur toutes les marches des escaliers du chemin de fer aérien de New-York. C'est la rage de la réclame, et c'est un des cachets du monde américain.

Le lendemain, 18 septembre, je reprends le train du Canada. Je me laisse induire en erreur par les Pères : au lieu d'arriver à sept heures sur la rive nord du Niagara, je me trouve encore à huit heures dans la gare du Centre à Buffalo, et à neuf seulement sur la rive sud, vis-à-vis des cataractes. J'eus le plaisir de payer 12 fr. 50 pour me passer en calèche par-dessus le fleuve. Le spectacle valait 12 fr. 50. Du milieu du long pont où je me fis arrêter par l'automédon, j'admirai le Niagara grondant sur les effrayants rapides dans lesquels périt le téméraire Webb (1), et contemplai l'ensemble des trois grandes chutes. Cette fois je m'efforçai d'élever mon admiration à la hauteur de la renommée ! J'évoquai les mânes de Chateaubriand ; je mendiai une étincelle de son enthousiasme ! Pas possible ! je restai froid. Le Niagara n'est que joli, beau si vous le voulez ! Mais, ô mon Zambèze ! ô chutes Victoria, la palme du sublime vous appartient.

C'est le moment de faire une étude plus complète des cataractes du Niagara et des phases géologiques par lesquelles ces cataractes ont passé.

______

(1) Le 24 juillet 1883, le capitaine Webb entreprit de passer à la nage les rapides du fleuve, en aval du *tourbillon*. Il fut suffoqué incontinent par la pression des eaux, et rejeté à deux kilomètres plus bas, à l'état de cadavre.

La rivière Niagara.

Le Niagara est une rivière d'environ 1,500 mètres de large à son embouchure dans le lac Ontario

et de 3 kilomètres à sa naissance, à l'extrémité est du lac Erié.

Elle coule du sud au nord. Sa longueur totale est de 58 kilomètres. Dans son cours rapide elle s'épanche en certains endroits jusqu'à mesurer 6 et même 12 kilomètres de largeur, et s'étrangle ailleurs jusqu'à ne former plus qu'une gorge profonde d'une largeur de 282 mètres comme au passage d'eau en aval de la cataracte, et de 137 mètres à peine comme au « tourbillon » un peu plus au nord.

Sa profondeur varie selon la largeur, de 20 à 300 pieds d'eau. La nappe liquide qui s'épanche par-dessus les crêtes des cataractes est d'environ 9 pieds d'épaisseur.

Dans son cours total de 58 kilomètres, le fleuve descend de 113 mètres. De fait le fleuve Niagara n'est qu'un tronçon d'un immense cours d'eau commençant aux sources du fleuve Saint-Louis à l'ouest du Lac Supérieur, pour se terminer aux bouches du Saint-Laurent, transformant, sur sa route, de vastes vallées en de véritables mers intérieures, comme sont les lacs Supérieur, Michigan, Huron, Erié, Ontario et nombre d'autres de moindre étendue.

Le lac Supérieur mesure 739 kilomètres de l'est à l'ouest, sur 161 kilomètres du nord au sud. Sa profondeur est de 900 pieds.

Le lac Michigan a 483 kilomètres de longueur sur 81 de largeur et 900 pieds de profondeur.

Le lac Huron est long de 351 kilomètres et large de 289 kilomètres. Il a une profondeur de 900 pieds.

Le lac Erié mesure 467 kilomètres de l'est à l'ouest et 107 kilomètres du nord au sud. Sa profondeur est de 120 pieds.

Le lac Ontario a une longueur de 400 kilomètres et une largeur de 90 kilomètres à peu près. Sa profondeur est d'environ 550 pieds.

Une cinquantaine de lacs de moindres dimensions, alimentés par des centaines de rivières, déversent leur trop-plein dans ces mers intérieures ; ce formidable amas d'eau est charrié par-dessus les cataractes et, à travers les rapides du Niagara, vers l'Ontario, d'où en frayant son passage par les Mille Iles du majestueux Saint-Laurent, il va se décharger dans l'océan par un chenal qui ressemble à un bras de mer.

Depuis les sources du Saint-Louis, à l'ouest du lac Supérieur, jusqu'à la mer, ce fleuve géant parcourt un espace de plus de 4,000 milles anglais, plus de 6,436 kilomètres.

Venons-en maintenant au phénomène de la nature, considéré longtemps comme le plus grandiose dans son espèce : les cataractes du Niagara.

Cataractes du Niagara.

Découvertes par les explorateurs français de la fin du dix-septième siècle, les proportions en furent naturellement fort exagérées. Le Franciscain belge Hennepin qui les visita dès 1676 en publia une description et une esquisse en 1697. L'esquisse qui nous reste montre que la scène n'a guère changé depuis deux siècles. Mais, avec une imagination frappée, dépourvu d'ailleurs d'instruments de précision, le bon missionnaire prête aux diverses

cataractes une élévation de plus de 600 pieds, tandis que la cataracte canadienne, connue sous le nom
de Fer-à-Cheval, n'a que 150 pieds de haut, et la
cataracte américaine, ainsi que les quatre petites

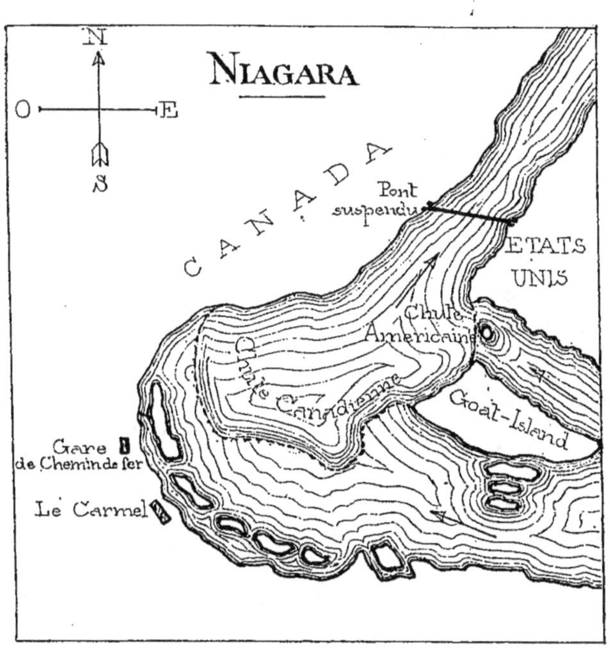

chutes, seulement 165 pieds ou 49 mètres d'alti-
tude. Les premiers visiteurs donnent également à
l'étendue des nappes d'eau, des dimensions beaucoup
trop grandes. La crête du Fer-à-Cheval mesure en
réalité 2,000 pieds de longueur, le bord abrupt de
Goat-Island qui le sépare de la chute américaine,

est long de 980 pieds ; la chute américaine a une étendue de 1,100 pieds.

La ligne concave entière des cataractes est donc de 4,080 pieds environ, soit 1,224 mètres.

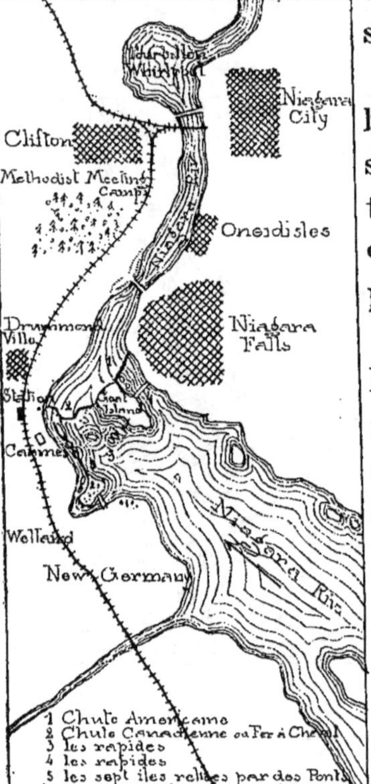

Abords des chutes du Niagara.

Que le lecteur veuille bien jeter un coup d'œil sur les trois plans ci-contre. La description des cataractes en deviendra plus saisissable.

Nous remarquerons que le chenal que nous nommons la rivière Niagara suit un cours direct du sud au nord. La pente de la rivière est de 12 pieds seulement sur une distance de 29 kilomètres, depuis l'Erié jusqu'à la pointe de Navy-Island. De Navy-Island jusqu'aux chutes, sur un parcours de 4 kilomètres, l'inclinaison du lit est de 90 pieds. Les chutes elles-mêmes plongent de 164 pieds. Depuis les cataractes jusqu'à la ville de Lewiston, sur un parcours de 12 kilomètres, la pente, de rapides en rapides, est de 104 pieds — puis, de là jusqu'au lac Ontario sur un parcours égal, le fleuve suit paisiblement une pente insensible de 2 pieds. Ces dépressions successives font donc une inclinaison totale de 372 pieds, soit 113 mètres, sur le cours entier de la rivière, qui est de 58 kilomètres depuis le lac Erié jusqu'au lac Ontario.

A l'île de la Chèvre ou Goat-Island, à peu près au milieu de son cours, la rivière Niagara se partage en deux bras, et heurtant ensuite de front les rochers calcaires du plateau canadien, elle fait un coude subit et s'enfuit au nord, à angle droit, par un ravin étranglé qui porte ses eaux vers l'Ontario.

C'est dans ce coude, c'est aux deux côtés de Goat-Island que nous admirons le spectacle grandiose des deux cataractes qui, partagées par des blocs énormes à leur crête, forment en réalité quatre ou même six chutes.

La cataracte de l'ouest, allant de Goat-Island à l'angle de la côte canadienne, affecte la forme d'un hémicycle et présente au milieu une édenture profonde en retrait, qui lui donne la forme d'un immense fer à cheval : c'est la *chute canadienne*. De l'autre côté de l'île, la chute dite *américaine* présente une arête presque droite.

Les cataractes réunies, vues du pont suspendu des Rapides, se confondent en un seul et grand spectacle, ressemblant à un rivage abrupt, où la mer se soulèverait et écumerait contre des falaises énormes et où une colonne épaisse de vapeur et de fumée s'élèverait sans cesse par-dessus les crêtes liquides en montant jusque dans les nues. Mais, à cette distance, tout le vaste spectacle paraît immobile, et ressemble à un phénomène coulé en verre.

Sur le rideau vaporeux qui monte sans fin du gouffre, les arcs-en ciel se multiplient et se déplacent à mesure que le soleil s'élève et tourne dans sa course, offrant ainsi à l'œil émerveillé un spectacle changeant à l'infini, un jeu de lumière dont une aurore boréale peut seule retracer la mobilité.

Vu de haut et de loin, tout ce merveilleux échappe au regard de l'observateur. C'est du niveau du fleuve qu'il faut l'admirer, et c'est de là que le Niagara est vraiment grandiose, la nuit comme le jour, alors qu'il pèse sur vous de tout le poids de son immensité.

Disons toutefois que ce grandiose spectacle, n'est point une de ces merveilles dont l'admiration ne se lasse pas. Il ne revêt pas en vérité la sublime et solennelle grandeur de l'océan luttant et gémissant dans une éternelle commotion contre un invincible rivage. Il ne reflète point non plus la mystérieuse majesté des vastes cathédrales d'Anvers ou de Tournai, d'Amiens ou de Séville.

Vu de loin la vie manque au tableau; vu de près le calme fait défaut à la mobilité de cette grande œuvre de la nature.

Des voyageurs ont écrit que le tonnerre du Niagara se prolonge de lac en lac, de forêt en forêt à travers l'immensité des déserts ! Je me suis trouvé quatre fois sur le lac Ontario à 30, à 20 kilomètres des chutes ; j'ai prêté l'oreille, durant la nuit, au vent venant des cataractes, quand je me trouvais à 16 kilomètres de là au presbytère de New-Germany ; j'ai écouté derrière les collines du fleuve lui-même, et j'ai écouté des hauteurs du rivage américain : je dois avouer qu'à ces distances, je n'ai pu saisir « le sourd grondement » des cataractes.

Les aigles non plus ne sont pas entraînés dans le gouffre, aspirés par le courant d'air des formidables chutes ! J'ai vu des tourterelles même passer les cataractes à tire d'aile.

Quant aux caribous, aux cerfs et aux sangliers emportés par les rapides dans leurs tentatives de passage, selon les histoires d'autrefois ; je n'ai pu en voir, parce qu'il n'y en a plus à cent lieues à la ronde. J'ai vu au contraire le superbe terre-neuve noir du couvent des Carmes, passer les rapides depuis les falaises situées au pied du monastère jusqu'au Long-Island et au Cedar-Island. On m'a dit que ce vigoureux animal se risquait même à quelque cinquante mètres dans les grands rapides au-dessus du Fer-à-Cheval.

Il n'est pas nécessaire du reste à la juste renom-

.mée du Niagara qu'on le festonne et l'enguirlande de vaines et légendaires exagérations.

Les cataractes dit-on, marchent à reculons. Ceci est bien vrai. La marche en arrière de ce grand-œuvre de la nature a du être comme suit.

Dans les âges préhistoriques le fleuve Niagara roulait ses eaux tantôt à plein bord, tantôt par-dessus les rapides, mais sans former aucune chute formidable, jusqu'au plateau du mont de calcaire qui lui barrait le passage devant la ville actuelle de Lewiston. C'est là qu'ont dû être les cataractes primitives du Niagara, se déversant vraisemblablement en une nappe unique et non en plusieurs, comme dans le phénomène actuel. Cette cataracte a du être en cet endroit d'environ 250 pieds d'élévation, la hauteur du rocher étant de 300 pieds au-dessus de la pente douce qui part de Lewiston vers l'Ontario.

L'érosion graduelle a ramené les chutes du nord au sud, — à raison d'un à 3 pieds par an. Des cataclysmes ont pu précipiter cette marche rétrograde à diverses époques, en sorte qu'il n'y a pas à s'en tenir aux calculs hypothétiques de la science.

Charles Lyell qui adopte l'hypothèse d'un pied de rétrogradation par année, ce qui ramènerait l'époque de la cataracte primitive de Queenstown et

Lewiston à 35,000 ans en arrière, dit lui-même
que beaucoup de facteurs ont pu et dû abréger ce
laps de temps.

Quoi qu'il en soit, il est admis que les cataractes
ont graduellement reculé du nord au sud, et di-
minué de hauteur comme elles continueront à dé-
croître lentement, jusqu'à leur entrée finale dans le
lac Erié.

Dans cette marche rétrograde il s'est trouvé
un temps où les chutes primitives ont présenté à
peu près le même spectacle qu'aujourd'hui. Ce fut
quand l'érosion arriva à l'endroit où nous voyons
actuellement le « Whirlpool » ou tourbillon circulaire, à quatre kilomètres en aval des cataractes. Là
comme au « horse-shoe », le fleuve a donné contre
un rocher abrupt, et en s'échappant à gauche, il a
dû se bifurquer des deux côtés d'une île aujourd'hui
disparue, et les chutes ont présenté au moins deux
cataractes.

Il arrivera de même un temps où les chutes
auront ramené l'érosion en amont de leur site actuel. Or, comme l'action destructive du Fer-à-Cheval
ou « horse-shoe » est plus rapide que celle de la
chute américaine, le Fer-à-Cheval aura dépassé
l'île de « Goat-Island » bien avant que la chute américaine ne parvienne jusque-là. Il se fera alors
que tout le fleuve se précipitera dans le Fer-à-
Cheval, et que cette cataracte drainant le cours

oriental actuel à droite de Goat-Island, la chute américaine aura cessé d'exister.

Ceux qui viendront voir la merveille d'alors, pourront se consoler en se répétant que leur Niagara vaudra en ampleur ce que le nôtre vaut en étendue.

Ils auront même, selon toute probabilité, la satisfaction de tenter la descente périlleuse des bords, tout contre l'effrayant précipice. Ils se risqueront encore dans les galeries aquatiques, ou pour mieux dire, dans les aquariums immenses, vides heureusement d'eau, que la projection des flots forme maintenant, entre le sommet de 164 pieds de haut, le rocher rongé en retrait par le bas, surplombant par le haut, et le bord de l'abîme à trente pieds et plus en avant du spectateur.

Emouvant le spectacle que présentent ces « cavernes des Vents », ces « galeries des Tempêtes ». L'air entraîné par les cataractes plonge et se condense avec l'eau dans le gouffre, et rebondit avec l'élément liquide, en fusées, en cônes de cent pieds de haut, en tourbillons, en spirales, en fumée de vapeur, sous toutes les formes imaginables. Le vent produit par l'élément mouvant, ressemble à un ouragan et vous flagelle dans tous les sens. Toutefois l'action prédominante est de bas en haut et en arrière, en sorte que le spectateur risque peu d'être détaché du roc auquel le chemin est adossé.

Une vague lumière d'émeraude enveloppe le visiteur et donne à cet étrange spectacle une beauté féerique, comme celui d'un feu de bengale verdâtre dans une forêt humide.

Nos descendants jouiront encore de ces étonnantes beautés ; mais, il est probable que les lignes des cataractes seront bien modifiées, le phénomène devant se produire sur une seule arête plutôt droite que semi-circulaire au delà de Goat-Island, jusqu'à ce que la rétrogradation, après des âges incalculables, aura formé ou gagné d'autres îles, telles que Navy-Island et Grand-Island.

A une époque postérieure les cataractes atteindront le lac Erié.

Quelles transformations se feront alors? Le niveau de cette mer intérieure, selon toute probabilité, baissera beaucoup, le fleuve Niagara s'élargira, et dans son lit prolongé en amont dans l'Erié, se produira comme dans le Saint-Laurent au sortir du lac Ontario, un second archipel des Mille-Iles pour le repos des milliardaires de l'avenir.

Mais sans nous inquiéter de ces phénomènes futurs, on peut se demander quelle doit être la masse d'eau que le fleuve impétueux vomit pardessus les crêtes des formidables cataractes. Le génie américain, hardi dans ses calculs comme dans ses créations, s'est donné libre carrière sur ce point.

Le Dr Dwight est arrivé à « plus de 85 *millions* de tonnes par heure. » Ce chiffre suscita un murmure approbateur à travers les Etats-Unis. Encouragé par un accueil aussi flatteur, un autre Yankee réussit à trouver « plus fort que ça » : il arrive à 102 millions 93,750 tonnes tout juste ! L'écart, comme on le voit, ne dépasse guère la bagatelle de 47 millions de tonnes ! Les données officielles (?) fournies par les ingénieurs de l'Etat de New-York varient de même entre 31, 27, 17 et 18 millions de pieds cubes d'eau par minute. Après cela on peut tirer l'échelle, et se contenter d'assurer avec le « farmer du Far West » que la masse d'eau qui passe les crêtes du Niagara « is a mighty lot indeed ! »

Un des spectacles les plus féeriques qu'offrent les chutes du Niagara est, sans contredit, l'effet d'hiver qu'elles présentent durant trois mois. Ouvrez la Grotte de Han-sur-Lesse, déchargez-la du mont qui la recouvre et la dérobe aux rayons du jour ; remplacez ses voûtes de cristal, ses pendentifs et ses colonnes de stalagmites et de stalactites en calcaire et en dolomie par autant de merveilles de glace ; couvrez tout cela du dôme céleste de l'azur le plus profond et versez à travers ce magique ensemble les torrents de lumière d'un soleil brillant... et vous aurez le Niagara en hiver.

Je place ci-près une vue partielle du Niagara.

Vue des chutes du Niagara.

Que l'imagination du lecteur supplée à tout ce que
je ne puis décrire, et il corrigera peut-être lui-
même le sentiment de déception que j'ai exprimé
à ma première visite des fameuses cataractes.

Après avoir parlé du Niagara, la merveille des
Grands-Lacs d'Amérique, il ne sera pas sans intérêt pour le lecteur, de lui présenter en regard
des plans de celles-ci, les plans tout autrement
remarquables des « Victoria-Falls » du Zambèze
africain.

A l'endroit où se présentent les chutes, le Niagara s'avance du sud-est vers le nord-ouest, et
plonge dans un abîme semi-circulaire qui, se res-
serrant uniformément, laisse aux eaux tumul-
tueuses un débouché unique et direct vers le nord.

Le Zambèze, au contraire, s'avance du nord-
ouest vers les chutes, s'épanche en un lit de
4,500 pieds, et puis, s'alignant sur une seule
droite parallèle à l'Equateur, se précipite dans un
ravin, un gouffre étroit comme un canal, d'où, par
un chenal également étranglé, il s'enfuit en zig-
zags vers le sud, pour reprendre plus loin son
cours vers l'orient.

D'après Serpa-Pinto (1) dont les relevés doivent

(1) Serpa-Pinto et son compagnon Hermenegildo Capello, partant
pour l'Afrique, reçurent de M. Antoine d'Abbadie, l'illustre membre
de l'Institut de France, son fameux « aba » ou « altazimut » qui
réunit les avantages du sextant et de théodolite. Ce magnifique instrument a un double niveau d'eau remplaçant le bain mercuriel et

faire foi, les caractères géodésiques des Victoria-Falls sont les suivants :

Largeur du fleuve aux cataractes, environ..	4,500 pieds.
Première chute à l'ouest, largeur.......... ...	196 —
Grande île de la crête.....................	450 —
Deuxième chute.......	1,312 —
Deuxième grande île	200 —
Série de chutes moindres.................	2,300 —
Ravin ou gouffre de la chute, longueur......	4,500 —
— — largeur.......	328 —
— — profondeur *visible*.	393 —
Cañon en zigzag à sa sortie du gouffre, largeur.	400 —
Front du Niagara 1,224 m., des chutes Victoria.......,..............................	1,350 m.

D'après les observations des voyageurs que j'ai rencontrés près du Zambèze de 1879 à 1884, la nappe d'eau passant par-dessus les crêtes des cataractes doit dépasser 20 pieds d'épaisseur au temps des pluies, puisqu'à cette époque elle couvre et efface tous les îlots qui séparent les diverses chutes le reste de l'année.

Au Niagara une seule colonne de vapeur monte de l'abîme.

Au Zambèze il s'en élève quatorze, et ces colonnes ne s'évanouissant pas dans l'atmosphère, s'en vont en véritables nuages sous le vent.

Un phénomène admirable se produit dans le

l'horizon marin. En 1879, M. Antoine d'Abbadie me fit don du même instrument. Il l'a depuis perfectionné en y ajoutant le « dip-circle » magnétique de feu le Père Perry.

gouffre en dessous de son niveau apparent. Comme les eaux tombant des énormes crêtes basaltiques, doivent trouver un passage par l'unique issue qui

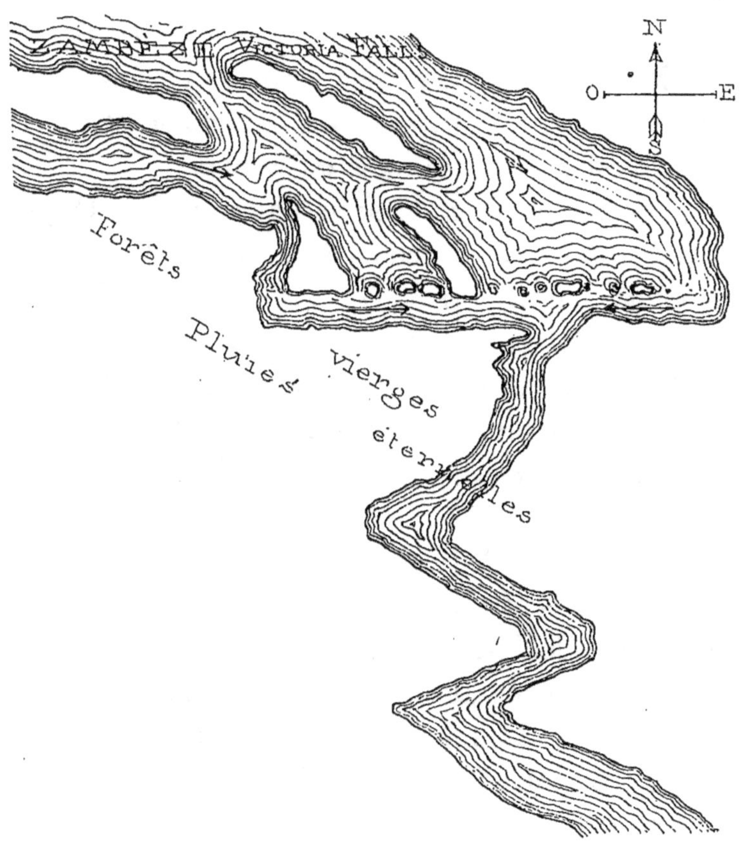

leur est ouverte vers le milieu du ravin, il s'établit naturellement vers cette porte, deux courants, l'un de l'ouest à l'est, et l'autre de l'est à l'ouest. A des intervalles probablement isochrones, ces deux courants déchirent le niveau apparent des eaux du gouffre, et découvrent dans leur sein un abîme insondable dans lequel paraît la vision momentanée de deux obélisques énormes et d'un amas de palissades basaltiques ressemblant aux ruines d'une cathédrale.

Les Makolólos de ces bords appellent dans leur idiome les « chutes Victoria » du nom de Moussi-iè-tounya, c'est-à-dire « Fumée qui tonne ».

Rapprochez ce nom « Bantu » du nom de « Ony-a-kar-ra, tonnerre des eaux » que les Indiens ont donné aux chutes des « Grands Lacs, » et vous trouverez peut-être dans cette analogie d'idée et de linguistique, un fait bien simple, de nature à corroborer l'opinion de l'origine asiatique commune aux deux races, aujourd'hui si distantes et si distinctes.

Si les Victoria Falls semblent l'emporter sur les Niagara Falls par les caractères géodésiques et physiques, elles ne l'emportent pas moins par la beauté tout orientale et tropicale des sites. La végétation du Zambèze est luxuriante au delà de toute expression. Le palmier et le baobab y dominent les forêts primitives, et la faune qui s'y meut est la plus grandiose du monde. C'est encore l'éden du gorille et du babouin, du rhinocéros, de l'hippopotame et de l'éléphant.

Seul, l'effet d'hiver est ce par quoi le Niagara demeure sans pareil connu jusqu'ici.

Il me reste à dire un mot des œuvres d'art que le génie américain a produites sur les bords du Niagara.

Evidemment, je passe d'un pied « dédaigneux et superbe » ces villes et ces villages, ces hôtels et ces « bar-rooms », ces fabriques de fils et ces moulins à papier, ces ventilateurs et ces cheminées, ces observatoires, ces douanes, ces octrois et ces péages de toute nature, faits pour la désillusion et le dépit du touriste. Je ne m'arrêterai qu'à ces trois ponts, jetés avec une audace titanique sur le gouffre effrayant creusé par l'action des âges. Il y a deux ponts suspendus et un pont à tablier.

Les ponts du Niagara.

Tout près des cataractes, à 260 mètres en aval de la chute américaine, se trouve le premier pont, le plus léger et le plus élégant des trois. Ce pont suspendu fut construit en 1869, et mesure 387 mètres avec les approches. Sa résistance statique est calculée pour le passage des piétons et des voitures seulement. Il se balance à 58 mètres au-dessus du lit tumultueux du fleuve, et de ce pont, ou mieux encore, des tours de 30 mètres d'élévation qui en portent les deux câbles, le spectateur ébahi embrasse le panorama saisissant du fleuve, des rapides et de toutes les cataractes réunies du Niagara. C'est du milieu de ce pont, vraie dentelle de fer que, par un temps de bruine légère, le touriste peut avoir l'heur de voir se dessiner autour de lui l'arc-en-ciel complet, formant un cercle parfait au-dessus et en dessous du tablier suspendu (1).

A trois kilomètres des cataractes et un peu en amont du fameux whirlpool ou tourbillon, fut construit en 1855 un autre pont suspendu, bâti d'après les mêmes principes, mais avec des pro-portions plus grandioses. Il est calculé pour sup-porter l'énorme poids des trains internationaux du Canada et des Etats-Unis, et pour résister aux oscillations produites par cette traction, ou par les mouvements atmosphériques.

Le premier fil du câble avait été passé d'un bord à l'autre au moyen d'un cerf-volant, ainsi que le deuxième, le fil de retour. A ce deuxième fil fut adaptée la petite poulie qui devait faire la navette entre les deux rives avec les fils suivants.

Environ 13,000 kilomètres de fil d'acier en-trèrent dans la confection des deux câbles appuyés sur les quatre tours des deux rives, et ancrés à grande distance dans le roc vif.

Cet ouvrage du génie américain est composé de deux plates-formes superposées à 7 mètres et

(1) Ce pont fut renversé par le cyclone du 9 janvier 1889. Il a été reconstruit en quelques mois, plus beau et plus solide qu'il n'était auparavant.

demi l'une au-dessus de l'autre. Celle d'en bas sert à la circulation des piétons, des cavaliers et des équipages, et celle d'en haut à l'énorme mouvement des trains les plus pesants de plusieurs grandes lignes de chemins de fer. Les deux plates-formes sont suspendues aux câbles. En franchissant la rivière par cette voie aérienne qui se balance au vent par-dessus les flots mugissants des rapides, et à cette effrayante hauteur qui dépasse celle du Panthéon, je me sentis comme flottant dans l'espace, et j'éprouvai ce branle du cerveau qui chez maint voyageur approcherait du vertige. Le sensation fut plus marquée encore au moment où un immense train vint à passer au-dessus de nous. Un tremblement solennel fit résonner la colossale construction avec un bruit sourd et comme une note d'airain. Tout le monde s'arrêta comme par instinct, et les chevaux semblaient cloués sur le frêle tablier, entre l'abîme en dessous d'eux et l'orage au-dessus de leur tête. L'impression qui suivit immédiatement le passage du train fut aussi frappante : piétons et chevaux reprirent leur marche au même moment, comme soulagés d'une oppression pénible. J'avoue pour ma part, que ce fut avec un sentiment réel d'aise et de tranquillité que j'abordai sur terre ferme au rivage canadien.

Le troisième pont est intermédiaire aux deux ponts suspendus. C'est le fameux pont en treillis, Canti-Lever Bridge, construit en 1883 sur un plan ingénieux et tout nouveau, pour le service du « Michigan-Central ».

A cette époque on avait commencé à concevoir des appréhensions pour la solidité des ponts suspendus, dans les conditions où le nouveau pont devait s'élever. L'emplacement avait été déterminé et s'imposait. Le pont devait recevoir en plein la pression des coups de vent remontant du sud à travers le cañon du fleuve. Sous le poids des énormes trains internationaux, les oscillations d'un tablier ainsi suspendu eussent été dangereuses, malgré les amarres latérales les plus puissantes. Quant à bâtir un pont à travées sur piles, il n'y avait pas à y songer : les rapides, larges de 152 mètres d'un bord de l'eau à l'autre, rendaient toute tentative de ce genre impossible.

Les ingénieurs des « Central Bridge Works » de Chicago s'arrêtèrent donc à l'admirable construction que voici :

Deux tours en treillis, d'acier, hautes de 40 mètres et de la forme d'obélisques tronqués, furent placées au bord de l'eau, une de chaque côté du fleuve. Sur chacune des deux tours fut appuyé, à peu près par le milieu, un fléau ou tablier, également en treillis et dont le bras de puissance est

Pont suspendu et pont du Michigan-Central.

couché et solidement amarré dans le roc du bord, tandis que le bras du levier s'étend dans le vide au-dessus du fleuve. Le fléau partant du bord cana-dien est long de 114 mètres, la section qui touche à la rive américaine mesure 120 mètres.

Entre ces deux sections, équilibrées sur les tours et d'ailleurs ancrées par le côté fixe de manière à vaincre toute pression inégale sur les bras de le-vier, il restait, au milieu du fleuve, un espace vide de 38 mètres. Une troisième section, un tablier ordinaire en treillis, soutenu par les deux leviers eux-mêmes, remplit cet espace et compléta au-des-sus des rapides cette portée totale de 152 mètres, la plus grande qui eût été faite jusqu'alors pour une ligne à double voie.

Entre les bords et les tours, la construction de la partie riveraine de chaque section latérale s'effectua sur des échafaudages ordinaires. On avait la pente du cañon pour appui.

Quant aux parties fluviales s'avançant des tours au-dessus des rapides, il fallut les construire dans le vide, nul échafaudage ne pouvant être dressé dans le lit tumultueux du fleuve, profond de 37 à 45 mètres.

Ici on imagina un procédé aussi simple qu'ingé-nieux. Chaque bras de levier fut travaillé par pan-neaux de 7 mètres 62 de longueur, dans les chan-tiers de la rive respective. Le panneau tout monté était alors renversé, sommet en bas, sur les rails placés sur le tronçon achevé du pont, et roulé jusqu'à la place qu'il devait occuper. Là on couchait le panneau et, comme il était à l'envers, son sommet touchait naturellement le sommet du tronçon déjà construit. On boulonnait l'extrémité du panneau aux pièces extrêmes du tronçon, puis, soulevant au moyen d'une grue mobile le bout libre du panneau, on faisait basculer celui-ci et exécuter une demi-révolution sur lui-même pour le laisser choir doucement en place à la suite du tronçon. Le reste du boulonnage se faisait et l'opération recommençait. Les deux sections latérales furent ainsi terminées ; et l'on amena tout d'une pièce, sur les rails, le troisième tronçon, qui devait combler le vide et servir de clef de voûte entre les deux bras. Ce dernier tablier de 38 mètres de long fut enlevé dans l'espace au moyen de puissantes grues mobiles placées à l'extrémité des bras de levier, descendu au niveau du pont, puis boulonné comme les panneaux.

Tout l'ouvrage est consolidé au moyen de barres d'acier formant des losanges et des rectangles. La pression de la pièce centrale est compensée par la poussée des sections latérales construites en biseau de bas en haut, de manière à former trois arceaux, l'un sur le fleuve, et les deux autres contre les deux rives.

Les conditions de statique et de dynamique de cette imposante construction sont donc telles, que la fermeté du pont augmente avec le poids qu'on y amène. Aussi, deux immenses trains internationaux s'y croisent-ils sans aucun danger au beau milieu de l'effrayant abîme.

Aucune amarre latérale de sûreté n'a été jugée nécessaire contre les pressions atmosphériques. Les ingénieurs assurent que les coups de vent les les plus violents ne peuvent avoir d'action sur la masse énorme de 1,600 tonnes qui pèse sur chacune des deux tours d'acier inébranlablement assises sur le rocher.

Les variations de la température n'ont pas été oubliées. Un système ingénieux de compensation assure à la section centrale un libre jeu suivant la dilatation ou la contraction de l'acier, durant le rude hiver et le brûlant été des bords des Grands Lacs.

La longueur totale du pont est de 263 mètres et sa hauteur au-dessus du niveau des rapides est de 75 mètres.

Tout ce gigantesque ouvrage a été complété et livré à la circulation internationale en l'espace de huit mois !

Aussi les Américains se vantent-ils d'avoir devancé dans ce grand œuvre tous les progrès du génie civil de notre époque, et d'avoir construit, pour les siècles à venir, un monument parfait dans tous ses détails, assuré contre toutes les forces de destruction et aussi inébranlable que le « Roc des âges » dans le gouffre des cataractes.

Peut-être que la tour de Babel a paru telle aussi aux Américains d'alors !

19 septembre. — Cette nuit, du haut de ma fenêtre du Carmel, j'ai contemplé le vaste panorama des rapides et des chutes; j'ai prêté une oreille attentive au sifflement des flots, au sourd grondement de chaque cataracte et j'ai suivi l'ombre des nuages sur le linceul écumant. Sous le voile de la nuit, au milieu de cette grande scène de la nature où l'Eternel a marqué si profondément l'empreinte de sa toute-puissance, l'âme ravie et subjuguée se sent le témoin du Créateur et toutes ses pensées deviennent des prières. Involontairement me revenaient à l'esprit les premières lignes du livre inspiré : « Au commencement Dieu créa le ciel et la terre. — La terre était inerte et pleine de solitude, les ténèbres couvraient la face de l'abîme, et l'Esprit de Dieu se mouvait sur les eaux. »

Ne voyant plus les distrayantes superfétations par lesquelles l'audace de l'homme et sa vanité ont encombré et rapetissé l'œuvre de Dieu, n'ententendant plus le bruit discordant du tumulte mondain au milieu de la grande voix de la nature, j'ai pu sentir enfin les tressaillements de l'enthou-

siasme, et mon âme émue a loué le Seigneur en-
trevu dans la majesté de ce chef-d'œuvre de sa
main :

Benedicite aquæ omnes... Domino
Benedicite fontes Domino : benedicite maria et flumina
Domino.
Laudate eum in virtutibus ejus : laudate eum secundum
multitudinem magnitudinis ejus.

Ce matin j'ai célébré la sainte messe dans l'humble chapelle du couvent des Carmes, puis je me
suis rendu à la ravissante maison des Sœurs de Loretto. Ce beau pensionnat est logé sur la rive canadienne, bien haut, tout au-dessus des cataractes
du Niagara. Admirable et unique, le site de ce
pensionnat. En face les immenses rapides, les îles
pittoresques, les chutes réunies, les nuages montant du fleuve et les arcs-en-ciel en plein midi ! Au
delà s'étagent les villes de la rive américaine ; des
rivières, des forêts sans fin vont se perdre à l'horizon. A l'intérieur c'est un palais diaphane. De
vastes croisées romanes versent des torrents de
lumière dans les salles et les salons. Les classes
sont ornées des fleurs les plus rares du Midi. Tout
est fraîcheur et lumière, et au milieu de cet eldo-
rado pédagogique, les petites Américaines vont et
viennent à leur aise, comme dans leur élément
naturel. Parmi elles il y a des protestantes, il y a
des catholiques. Avec un tact et une sagesse

extrêmes, les Sœurs protègent et nourrissent la foi des unes, respectent et dirigent les opinions des autres. Il se fait des conversions dans cette maison comme dans tous les pensionnats et collèges. Personne en Amérique ne trouve à redire à cela. En Europe on crierait à la pression morale, à la séduction monacale, à l'oppression des consciences, que sais-je? Mais dans cette Amérique, où pourtant on se connaît en fait de liberté, on trouve bon de confier ses enfants, dissidents et catholiques, à la sage et sûre conduite de ces Sœurs, au risque de les voir devenir meilleures en devenant catholiques, voire même religieuses.

L'instruction des filles me semble surchargée dans beaucoup de pensionats que j'ai visités. A l'enseignement fondamental des préceptes et des lettres s'ajoutent beaucoup de branches à effet, telles que la peinture sur soie, sur velours, sur cuivre; l'algèbre, la physique, la philosophie, la géologie, l'astronomie et même la logique (*sic*). Je crois que j'oublie quelques branches. Toutes ces institutions s'appellent académies, et plusieurs se décernent gravement le titre de collège; bon nombre sont de petites universités en jupon.

Il y a là une tendance américaine qui a du bon : on veut rendre tout le monde apte à tout; mais, poussée à l'excès et trop généralisée, elle compromet parfois l'avenir des ménages et risque fort d'augmenter le nombre des déclassés et des incompris, deux catégories plus répandues encore aux Etats-Unis qu'en Europe.

Après avoir intéressé la jeunesse du pensionnat par quelques récits d'Afrique et par quelques notions sur le vieux monde européen, je dis adieu à la fervente communauté de Loretto, ainsi qu'aux Pères si admirablement hospitaliers du Carmel. Je jetai un long et dernier regard sur le vaste panorama des cataractes, en tâchant de fixer dans ma mémoire chaque partie et chaque point culminant du majestueux tableau. Enfin, vers les cinq heures de l'après-dînée, je remontai dans le train qui devait me ramener à l'embouchure du fleuve Niagara, d'où le vapeur « Chicora » allait partir pour Toronto, sur l'autre bord de l'Ontario.

Le « Chicora » était en retard ; il ne devait arriver qu'à sept heures du soir. Entre temps j'allai assister au tir des soudards canadiens. Ils avaient la carabine Martini, mon arme d'Afrique, et faisaient les épreuves de la fameuse mitrailleuse, le « gatling gun » anglais. Ils revenaient du nord-ouest canadien, où ils avaient triomphé du malheureux chef, Riel, et des métis exaspérés et poussés à la révolte par l'injustice des blancs. Ces bons soudards faisaient merveille avec leur tir. Ils touchaient assez bien la rive opposée du Niagara, à une portée de 1,500 à 2,000 mètres. Ce serait dommage que dans quelque danger pressant de la mère-patrie, ils dussent aller se faire écharper par les Boërs de l'Afrique australe.

Le « Chicora », vrai théâtre flottant, nous promena gaiement sur le lac Ontario. Cette grande nappe d'eau ne m'a point paru intéressante à voir. Elle est trop vaste pour avoir les charmes d'un lac, et trop petite pour offrir les émotions des grandeurs de la mer. Du fort George j'avais expédié un télégramme rédigé comme suit :

« M. le commandeur Law, rue Wellesley, 58, Toronto. — Ayez lit — arriverai 8 soir par eau. »

Or, à huit heures, nous ne vîmes encore que les phares, les mille lumières électriques de Toronto. Il était neuf heures et demie quand j'entrai en rade. J'examinai toutes les figures du quai; pas de Fred Law. — Dois-je aller à l'hôtel? Non, j'irai Wellesley street.

Dix heures! On m'introduit dans un boudoir-bazar. Une femme de chambre vient me dire que monsieur est allé au quai pour me prendre. J'attends une heure. La femme de chambre revient. Je demande « Comment se porte madame? » — Très bien. — Et le baby? — Très bien aussi. — Le mois précédent à mon premier passage, je les avais trouvés malades tous deux.

A dix heures et demie, M. le commandeur Law

arrive essoufflé. « Ah ! Père Croonenberghs, vous voilà. Je suis heureux. Vous m'avez demandé un lit. Je suis au regret ; mais ma femme m'a donné ce matin un gros garçon, le sixième ! L'enfant et la mère vont bien. Malheureusement ma belle-mère, femme de feu le vice-roi, occupe votre chambre ; votre appartement est préparé dans son hôtel, rue de Montréal. » — Je m'excuse et veux aller à l'hôtel. « A Dieu ne plaise que le missionnaire d'Afrique, l'ami intime de mon frère, nous quitte ; je vais vous conduire », répliqua-t-il.

Nous arrivons à onze heures. La maison étant peinte à neuf, l'entrée de la façade était inaccessible. Nous allons par le fond, en tournant une rue. Nous battons la porte des écuries. Un mastiff du Saint-Bernard répond en aboyant avec fureur.

Un monsieur apparaît tout blanc à une fenêtre. — « Oui, tout de suite, commandeur. » Dix minutes après, on nous introduit par les écuries, la cour et les cuisines.

J'avais mis tout en émoi. Me voici enfin à minuit établi dans un appartement rappelant la chambre de « Jérusalem » aux falaises de Fontarabie, chez mon illustre ami, Antoine d'Abbadie. A une heure du matin je me couche. C'était encore une de mes « mille et une nuits ».

Le lendemain dimanche, 20 septembre, je me rends à la cathédrale pour y célébrer la messe.

Après l'office, l'archiprêtre, M. Laurent, vient à moi. — « Révérend Père, nous n'avons personne pour le sermon de la messe épiscopale ; nous comptons sur vous. » — Bon! Je vais prendre mon déjeuner à l'hôtel Crawford, mon chez-moi de la nuit. On me servit avec un luxe anglais dont je ne profitai pas, ayant mon sermon sur la conscience.

A dix heures et demie je monte en chaire. Foule aristocratique du grand monde de Toronto, foule de pauvres irlandais et canadiens. Je prends le texte « Oh! si vous saviez le don de Dieu » et je fais la comparaison de l'état de délaissement de nos millions de noirs avec celui des heureux catholiques de l'archidiocèse de Toronto, qui compte plus de prêtres que n'en possède l'Afrique australe tout ensemble. L'émotion de l'auditoire fut vive quand je retraçai les scènes de la sainte mort du Père Augustus Law.

J'ai reproduit ce sermon plus haut.

J'étais attendu à dîner à l'hôtel du commandeur Law, où madame la douairière Crawford, sa belle-mère, devait faire les honneurs de la table. J'avais bien été servi par des reines, à la cour de Lobengula ; jamais par la douairière d'un vice-roi.

Sa Grandeur l'archevêque, toutefois, ne me lâcha pas ; je dus dîner à la table de Mgr Lynch, un vénérable et tout aimable prélat irlandais qui voulait en savoir long sur l'Afrique, et bien long sur le clergé colonial qui est tout entier irlandais.

J'étais comme l'âne entre deux bottes de foin, entre le dîner de monseigneur et le banquet Crawford. J'eus quelque peine à m'excuser auprès de mon illustre amphitryon.

L'aprés-dîner je visitai Toronto, parc et ville à la fois, cité vraiment royale, tout jardin et tout amphithéâtre, adossée aux forêts séculaires, et se mirant dans le lac azuré. Le soir, la famille Law me remit une aumône de 300 francs pour mes Noirs, en souvenir du vénéré Père Augustus Law, et à huit heures je fus conduit au train qui allait à Montréal, en longeant le Saint-Laurent.

20 septembre. — Me voyant en si haute compagnie, un employé s'était empressé de me chercher un billet de première classe. Cela devait coûter 50 francs. M. Fred Law voulut m'acheter le supplément du Pullman-Car pour 50 francs en plus! Je déclinai l'offre avec horreur. Je n'étais pas encore américanisé. Ma conscience ne me permit pas d'employer, pour dormir plus à l'aise, l'argent destiné au pain quotidien de mes Frères. Je fis reprendre mon billet de première classe, et sans difficulté j'en obtins un de seconde classe, avec réduction de 18 francs sur le passage.

Les officiers publics ne sont pas comme en Europe, des cerbères qui étouffent le voyageur dans l'étau de l'inexorable *administration*. Sur le continent de l'Europe, le voyageur en défaut est traité comme un délinquant et la loi lui est appliquée sommairement, avec la raideur d'un plat de sabre. Ici les compagnies et leurs officiers se regardent comme les obligés, et le voyageur a droit au respect, aux attentions gratuites.

En Amérique le voyageur est le maître, en Europe c'est le conducteur, ou le chef de station.

Dans le monde anglais au contraire, on trouve que, puisque le voyageur paye, c'est lui qui doit être servi. C'est juste! A mon retour en Europe je m'en vais essayer nos officiels; mais il est probable qu'on me prouvera que j'ai tort.

Voici quelques remarques dignes d'être servies au public de notre vieille Europe si engouée de libéralisme.

Le dimanche dans le Dominion canadien, c'est-à-dire dans toute l'Amérique anglaise, est un jour absolument férié. Pas de tramways le dimanche, aucune boutique, aucun magasin, aucun café n'est ouvert.

La correspondance postale ne se délivre pas. Elle est levée une fois, le soir. Durant une demi-heure, on peut aller demander ses lettres aux guichets. Les télégraphes sont fermés, excepté un temps très restreint. Pas de trains de banlieue sur les chemins de fer. Les trains express arrivent le matin, et repartent seulement le soir.

Pas de salles de concert, pas de théâtres ouverts. Les cafés le peuvent être à certaines heures seulement, là où il y en a ; car il y en a très peu au Canada.

Défense absolue de tout travail. Le tout par ordre officiel, et sous des peines graves.

La loi reconnaît les droits de Dieu, les droits de la famille et les droits de l'individu ; et pour garantir à chacun la liberté de vaquer aux exigences de son culte, de sa famille et de son propre repos, elle proscrit le travail servile, pour tous sans distinction, excepté dans les services publics et privés, quand ils sont indispensables. Avis à nous qui nous croyons libres non seulement de gêner le repos public en travaillant nous-mêmes ; mais encore, de méconnaître la liberté d'autrui, en forçant les autres de travailler pour nous !

Et ce repos dominical se pratique dans ce pays mi-protestant comme il se pratique dans la protestante Angleterre — comme il se pratique dans la grande République Américaine, et cela en dépit des exigences d'un trafic, d'un commerce colossal, et colossalement prospère !

A propos du Fisc, je lis en ce moment dans la « Minerve » de Montréal, une requête à l'administration pour que les Sœurs de charité soient exemptées « de la taxe d'eau », une des rares formes des contributions canadiennes et américaines. Or, cet appel est sûr d'être entendu. Nous sommes loin de là dans nos pays aux centimes additionnels, aux taxes sur le revenu présumé !

Mais continuons notre voyage vers Montréal.

Le progrès matériel dans les branches mécaniques est réellement stupéfiant, et ne s'explique que par le « tout-puissant dollar » qui attire l'univers à son service. Le perfectionnement des voitures des chemins de fer, par exemple, est étonnant dans son genre. Cette nuit je voyage sur le « Canadian Pacific », dans les voitures des émigrants. Chaque wagon de cinquante à soixante pieds de long, suspendu sur deux trucs de quatre roues chacun, possède ses ustensiles de sauvetage, haches, scies, etc., ses chauffoirs à vapeur pour l'hiver, ses cabinets et son buffet d'eau glacée. Le train en marche a son marchand de livres, de vivres et de fruits. Chaque voiture a ses vingt-huit bancs de deux places en deux lignes, avec passage au milieu. Les bancs sont opposés deux à deux en vis-à-vis. Les sièges et les dossiers s'étirent de part et d'autre, et ainsi deux bancs opposés font deux lits. Du plafond, au-dessus de chaque couple de sièges, on abaisse un battant qui forme un lit de deux personnes, en sorte que la nuit, les quarante-huit passagers ont chacun leur lit. Tout cela est compris dans le tarif étonnamment réduit de trente-deux francs en seconde classe, cinquante francs en première, pour un parcours en express de trois cent quatre-vingt-un milles anglais ou cent-vingt lieues françaises. Je pense que le prix du transport est beaucoup moindre encore pour les émigrants venant du « Far-West » ou s'y rendant de la côte. Ces prix ne sont donc guère différents de ceux d'Europe, vu les grandes distances parcourues ici. Beaucoup de lignes n'ont que la première classe, plusieurs en ont deux; par exemple les trains d'émigrants. Il n'y a pas de troisième classe.

Il faut compter que les bagages sont transportés en franchise jusqu'à concurrence de 25, 50 ou 75 kilos, suivant les règlements des lignes. On vous délivre gratis une rondelle de cuivre pour chaque colis. Cette rondelle est marquée d'un numéro d'ordre, et sur le colis on vous attache la rondelle correspondante au numéro que vous gardez sur vous.

Le « bagage master » l'enregistre et colle l'étiquette sur vos bagages, et vous ne vous inquiétez de rien jusqu'à destination. Là, vous allez au fourgon, ou au bureau des bagages, vous rendez vos rondelles et on vous rend les valises correspondantes à vos numéros en cuivre. A l'approche des grandes villes, un commissionnaire fait même le tour des voitures, et si vous voulez lui confier vos rondelles et votre adresse, et lui payer le prix fixe de 1 fr. 25, vous trouverez vos bagages en arrivant à votre hôtel.

Quelle différence avec l'Europe. Quel martyre que d'y traîner, enregistrer, payer, dégager des colis! Bonne foi aussi aux douanes. J'ai passé quatre fois la frontière entre les Etats-Unis et le Dominion canadien. Une fois seulement on m'a fait ouvrir mes valises; encore l'officier s'est-il confondu en excuses en me disant : « Monsieur, si j'avais remarqué plus tôt que vous êtes prêtre, je ne vous aurais pas donné tant d'embarras. » Mon costume de clergyman anglais l'avait dérouté. Il replaça tout lui-même et ne voulut pas que je touchasse à mes effets pour les porter jusqu'à ma voiture.

En passant du Canada aux Etats-Unis, à la fin du mois d'août, voulant me débarrasser de deux lourdes valises, pour voyager plus à mon aise dans le voisinage du Niagara, je m'étais rendu au bureau d'expédition, à la station de Toronto. L'officier de douane me demanda simplement « si c'étaient mes effets personnels. » Sur ma réponse affirmative, sans examen aucun, il y apposa les plombs, et quand quelques jours après, j'arrivai dans ma chambre au collège de Buffalo, j'y trouvai mes valises encore plombées.

L'expédition avait coûté en tout, la valeur de quatre francs, pour une distance de 140 kilomètres.

Il n'est pas étonnant que les voyageurs accourent dans un pays où il est donné aux transports tant de facilité et de sécurité.

Aux chemins de fer, à chaque grande station, vous voyez une étagère à compartiments nombreux, remplis de guides, avec cartes illustrées pour toute l'Amérique du Nord. Au-dessus se trouve affiché : « take one », prenez-en un. Cela veut dire « un de chaque ligne. » Ces guides-réclames sont naturellement gratuits. Heureuse surprise pour le voyageur d'Europe habitué à payer partout son « guide des chemins de fer », et cela cinq ou six fois par an.

Cependant, tout n'est pas rose. En dehors de la bonne société, en dehors des cercles des Américains de troisième génération et au-delà, le cachet général des hommes d'Amérique est le genre commis voyageur. De prime abord on remarque parmi les passants, un air de compère et compagnon du prolétaire envers l'homme de position ; un air de supériorité négligemment suffisante de la part du parvenu.

Cette nuit même j'ai éprouvé, à mon grand déplaisir, les désagréments de ce style égalitaire. Vraiment, j'ai regretté mon ticket de première classe, et me suis mis à réfléchir sérieusement si dans la suite je ne me soumettrai pas au luxe dispendieux des « Pullman-sleeping cars. »

Le commandeur Fred. Law m'avait conduit jusqu'à ma voiture, et s'était montré quelque peu inquiet en me voyant m'asseoir au milieu d'une foule de « Far Western men » aux allures campagnardes et négligées. Pour moi je n'y avais vu qu'une occasion de faire une étude de mœurs fort instructive, sinon parfaitement intéressante. Habitué à traiter avec les Zoulous d'Afrique, je me croyais de force à vivre en frère avec des hommes quelque peu civilisés. Tout alla bien d'abord. Je nouai conversation avec un groupe d'hommes qu'à leur haute stature et leurs cheveux blonds, j'avais pris pour des allemands. Je ne m'étais pas trompé; c'étaient des hommes de la Baltique. Ils parlaient maintenant un langage de terroir où le français canadien, l'anglais et l'allemand entraient à peu près à parts égales. Ces hommes portaient tous la barbiche américaine sous le menton, le large feutre aplati, la veste coupée et les pantalons un peu courts. Ils avaient passé quelques années dans l'Ouest et ils en avaient pris toute la rudesse; même, ils crachaient à travers les incisives à de très fortes distances, et semblaient se complaire à changer le plancher en une mare continue. Ils chiquaient et fumaient. Je les interrogeai. Ils n'étaient pas contents du pays. Ils en voulaient aux Canadiens catholiques, aux Anglais protestants, aux métis, aux sauvages, aux six mois de gelée, au sol qui n'avait pas produit cent pour cent, à la fortune qui ne les avait pas enrichis en six ans. Bref, c'étaient des malcontents qui ayant sauvé l'argent qu'il fallait, s'en retournaient plus riches qu'ils n'étaient venus, raconter en Europe que l'Amérique ne vaut rien.

Un autre groupe prenait la chose du beau côté de la vie. C'étaient des Irlandais qui, dans les récents défrichements du Manitoba, sous l'impulsion du fameux curé Labelle, avaient fait de bonnes aubaines. Ils venaient à Montréal et à Québec voir comment tournait le monde « how the world goes » et tourner un peu en même temps que lui. Pour ne pas perdre de temps, ils anticipaient sur la vie et buvaient force rasades de « whisky ». Plus loin, je voyais une bande de métis qui portaient des pelleteries au marché de Québec. Ceux-ci parlaient un français assez pur, mais parfois mêlé d'expressions du terroir qui rendaient leur langage peu compréhensible.

Au bout d'une heure ou deux, ces divers groupes s'étant plus ou moins mêlés, les conversations devinrent d'abord très animées, puis violentes. Les expressions les plus virulentes sortaient de toutes les bouches. Des menaces on en vint aux coups. Les couteaux brillèrent, et en un clin d'œil les ceinturons furent tournés, les revolvers apparurent. Cela devenait si dramatique que je me levai, et courus vers le coin où la bataille allait s'engager. Tout était déjà fini ! Cette levée de lames et de revolvers que j'avais prise pour le signal d'une lutte à mort, n'avait été qu'une intimation de la volonté du nombre à la turbulence de quelques-uns. Séance tenante, le différend fut soumis à l'arbitrage de quatre hommes, choisis dans les quatre groupes. Un instant après, les trois belligérants entendirent prononcer le verdict : l'un d'eux dut payer la bouteille de wisky — et tout le monde voyant l'incident bien clos, on procéda aux préparatifs du coucher.

En un rien de temps les bancs furent étirés, les battants baissés et les lits tendus. Chacun y jeta ses habits, en roulant sa veste en guise d'oreiller, et quelques minutes après le wagon-belvédère se trouva transformé en un vaste dortoir.

Jusque-là, il y avait eu moyen de respirer ; mais un grand gaillard de l'Ouest ayant baissé les glaces et fermé la plupart des ventilateurs, en même temps qu'il éteignait les lumières, il n'y eut bientôt plus moyen de trouver l'air voulu pour mes poumons. Tandis que tous ces rudes gens dormaient, soufflaient et ronflaient, je cherchai la porte à tâtons, et réussis à passer dans une voiture de première classe. Je m'y casai jusqu'au matin et revins auprès de mes Zoulous d'Amérique, juste au moment où on s'arrêtait devant la ville d'Ottawa.

Cette belle cité, toute moderne, est le siège du Parlement fédéral, composé de 210 députés élus par les provinces, et du Sénat qui compte 78 membres nommés à vie par le Gouverneur général en conseil, c'est-à-dire en réalité par le ministère issu de la représentation nationale. Le français et l'anglais sont les deux langues officielles du pays. La suzeraineté de l'Angleterre est affirmée sur le Dominion par un Gouverneur général ou vice-roi, qui a le droit de veto, mais qui ne l'exerce pas. Le Gouverneur général, choisi d'ordinaire parmi les lords anglais, ouvre et ferme les sessions du Parlement par un discours anglais ainsi que par un discours français.

Les Parlements provinciaux ont à leur tête des ministères sectionnels dépositaires de la puissance réelle.

Le Dominion n'a pas d'armée permanente, mais seulement une milice, qui est fort peu nombreuse.

Les communes sont autonomes et libres. Il n'y a pas d'impôts directs et très peu d'impôts indirects.

Les douanes, la vente des terres et la location des forêts permettent au gouvernement d'équilibrer ses budgets. Les recettes publiques sont de 200,000,000 de francs, les dépenses de 193,000,000 de francs. La dette publique s'élève à un milliard et 200,000,000 de francs.

Le Canada est un pays immense, un pays libre, hospitalier, salubre, magnifique et tout à fait propre à l'immigration des surabondantes populations de la vieille Europe.

La ville d'Ottawa est bâtie sur les bords de la grande rivière de ce nom qui, drainant un bon nombre de petits lacs, va se jeter comme un vaste fleuve dans le Saint-Laurent, devant Montréal.

Au moment où nous arrivâmes devant la ville, l'aurore dorait l'orient et jetait ses premiers feux sur la vapeur du fleuve. La fumée de la cataracte de l'Ottawa montait toute brillante dans l'air froid du matin, et sur ce voile lumineux se profilaient, devant nous, les imposantes lignes du Palais de la Nation et toutes les tours de la ville endormie.

Une des attractions d'Ottawa est son « palais de glace. » Dès que la grande rivière est prise, d'innombrables ouvriers se mettent à y scier des blocs cubiques de glace. Ces blocs se transportent sur une place de la capitale fédérale, et là ils entrent dans la construction d'un château-fort, ou d'une cathédrale, ou d'un palais, fac-similé de quelque monument historique de la vieille Europe. Les ouvriers versent de l'eau dans les interstices des blocs de glace, et cette eau, en se congelant aussitôt, donne à tout l'édifice une solidité qui lui permet de résister durant de longs mois aux changements atmosphériques. Des fêtes, des bals, des concerts se donnent tantôt de jour, tantôt de nuit, dans ce palais sibérien. Eclairé au feu de bengale ou à la lumière électrique, il laisse à tous les voyageurs le souvenir d'une véritable féerie.

21 septembre. — Il était huit heures du matin quand nous arrivâmes à Montréal en traversant le gigantesque viaduc bâti sur vingt-quatre piles, à travers le cours profond du Saint-Laurent.

Après avoir été pendant quatre semaines en contact presque journalier avec les populations laborieuses mais rudes du centre de l'émigration ; après avoir passé douze heures comme celles que je viens de décrire : j'éprouvai une véritable joie de retrouver l'exquise politesse, la cordialité facile et pleine de noblesse des Pères de la rue de Bleury ; ce fut un soulagement de rencontrer partout, dans la ville, ce respect, cette urbanité de bon ton que les Canadiens ont apportée de Bretagne et de Normandie. Qu'il est frappant le contraste d'un côté de la frontière à l'autre ! Ici tout le monde se découvre, chacun salue l'étranger : passé la frontière, personne ne se connaît plus.

Pendant mon absence, les bons Pères du collège avaient soigné les intérêts de mes nègres d'Afrique. Ils m'avaient préparé les voies. J'allai présenter mes hommages au vénérable archevêque, Mgr Fabre, et muni de son autorisation, je me mis à l'œuvre. Ma première conférence fut aux « Dames des Pauvres ».

Ces Dames sont partout les mêmes, zélées et charitables. Elles sont plus de cent ici, appartenant à la haute société de la cité. Presque toutes sont d'anciennes élèves des Sœurs de Notre-Dame. Aussi, est-ce dans le grand parloir du pensionnat de ces Sœurs qu'elles se réunissent plusieurs jours le mois, pour travailler à la confection des vêtements pour les pauvres de la ville. Elles déposèrent leur ouvrage à mon entrée, et suivirent avec un vif intérêt, elles qui connaissent les pauvres, le tableau attristant que je leur fis de la détresse et de la nudité des millions d'infortunés de nos lointaines missions. Leur charité les rendit ingénieuses. Quand j'eus fini de parler, madame la présidente voulut elle-même solliciter la générosité de ses compagnes, et au nom de toutes, elle me remit... la dot d'une petite convertie.

22 septembre. — En ouvrant le journal de ce jour, je tombe sur un article intitulé : *Voyage d'Irlande en Amérique*. Il est intéressant cet article. Il ressemble à s'y méprendre à mon récent voyage. Voilà bien les « icebergs de la côte du Labrador », voilà « le groupe d'enfants de Londres conduits au Canada par la bienfaisance protestante. » Je lis avec attention : que vois-je ? « latitude 53°, longi-

tude 54°18'. Beau temps. Le P. Charles Croonenberghs, un charmant gentleman belge, membre
de la Compagnie de Jésus, et missionnaire des
Zoulous et des Bétchouanas, célèbre la sainte
messe ! »

Il n'y a pas à s'y méprendre. C'est de moi qu'il
s'agit ! Suit un aperçu des missions du Zambèze,
tracé de main de maître, et un appel chaleureux à
la charité des catholiques canadiens en faveur de
mes pauvres nègres. Je reconnais la plume de
mon compagnon de voyage, le chevaleresque abbé
Proulx (1). Je me rends droit à sa maison, et je suis
assez heureux pour le rencontrer sur le seuil de sa
porte. Nous eûmes une agréable et longue conversation au cours de laquelle je recueillis diverses
informations que j'ai consignées en partie dans les
pages précédentes.

Après avoir serré la main à ce digne ami, je me
rends à la Maison de Réforme des jeunes délin-
quants. Cette maison est admirablement tenue
par des belges, les « Frères de la Charité. » Je
visitai les ateliers d'apprentissage, établis sur le
pied de la division du travail, et organisés avec
une gradation parfaite comme à la Maison Péni-
tentiaire de Saint-Hubert et autres en Belgique et
en France. Pour ne prendre qu'un métier, on y

(1) M. l'abbé Jean-Baptiste Proulx a été nommé vice-recteur de
l'*Université Laval* à Montréal.

voit par exemple une classe d'enfants coupant les empeignes sous la direction d'un apprenti-expert et d'un Frère. Une classe suivante taille les semelles sous une même direction. La division subséquente découpe l'arrière du soulier, et ainsi de suite, jusqu'à ce que les élèves, passés maîtres, aient donné le dernier fini au soulier. L'apprenti ne monte dans une classe supérieure de travail que quand il s'est perfectionné dans sa classe actuelle. Après avoir appris un métier, ils en essayent un autre, selon leurs aptitudes. Chaque enfant passe aussi par la série entière des offices du ménage.

Le travail des champs et la culture maraîchère, ainsi que l'arboriculture et l'élève du bétail s'y enseignent.

Il y a les heures d'étude et de musique, les heures de récréation et de prière. Tout y a son temps et sa place dans un ordre parfait.

J'ai admiré la douceur ferme en même temps que toute paternelle, avec laquelle les Frères conduisent cette nombreuse jeunesse.

Parmi ces dignes religieux j'en ai trouvé plusieurs de nos bonnes Flandres.

En revenant de la Maison de correction, j'allai faire mes dévotions au sanctuaire de Notre-Dame de Lourdes. Cette petite église est un bijou d'architecture romane, orné de vitraux d'une harmonieuse composition de lignes et de couleurs.

Je visitai l'imposante église Saint-Jacques, qui m'apparut bien belle, mais un peu massive.

En rentrant au collège de la rue de Bleury, je trouvai les frères et la mère bien agée du Père Daignault, ancien zouave, qui devenu jésuite, s'était rendu au Zambèze avec moi en 1884, à mon second voyage vers les missions. Toutes les nouvelles que j'avais à leur communiquer touchant la santé et le zèle de leur bien-aimé missionnaire étaient excellentes ; les lettres que je leur remis de sa part, doublèrent leur joie en confirmant mes paroles.

23 septembre. — L'ouverture de la retraite de notre jeunesse du collège approchait. Pour reposer leurs esprits et compenser à l'avance le manque de promenades des trois jours de recueillement qui allaient suivre, le Rév. P. Recteur leur avait donné ce jour-là congé plein. J'allai assister à leur grande récréation.

La physionomie d'un collège canadien est fort différente de celle d'une maison d'éducation des Etats-Unis. Dans les maisons américaines on trouve les allures dégagées du self-government anglais ; dans les maisons canadiennes, l'esprit d'ordre et de discipline de l'éducation française et belge. Ici tout se fait sous l'œil vigilant et paternel des maîtres : là, le jeune homme est plus abandonné à sa raison et au sentiment de sa propre dignité. Les deux méthodes trouvent leur raison d'être dans les conditions propres de chaque nation. Le self-government du collège américain arme le jeune homme pour chercher sa position dans un monde sans passé, où toutes les aspirations se croisent à la conquête d'un avenir inconnu. La mâle discipline des maisons canadiennes, forme l'élève à prendre sa place dans une société conservatrice, où toutes choses sont harmonieusement modelées sur les usages consacrés d'un passé classique. Les jeux eux-mêmes témoignent de cette différence des deux caractères.

De part et d'autre, l'entrain est le même ; mais aux Etats-Unis dominent les jeux où prime la force ou l'adresse des individus, comme le cricket; tandis qu'au Canada on affectionne les jeux d'ensemble, où l'adresse individuelle se combine avec l'élan de tous. Tel est le beau et grand jeu de « la crosse », auquel toute la cour participe, en même temps que chacun cherche à y déployer sa dextérité. La « crosse » est un bâton d'un mètre de long, portant une tête en forme de louche, faite de fibres. Avec cette crosse, on chasse une balle à tour de bras — et cette balle, disputée par les deux camps, est pourchassée avec un élan qui ne se ralentit pas de toute une longue récréation. C'est bien un des jeux les plus moraux et des plus sains que j'aie vus.

La retraite s'ouvrit par un salut solennel. Les trois cent vingt élèves y assistaient, à l'exception des plus jeunes. Je remarquai, dès les premières instructions, cette attention respectueuse et générale qui dénote une jeunesse uniformément nourrie dans la communauté des mêmes convictions religieuses. La délicate éducation qu'ils ont reçue au sein de leurs familles, se reflète dans leur maintien aisé autant que distingué, et le vif intérêt qu'ils montrent pour les élévations de l'esprit, témoigne de la supériorité des sentiments et des idées, qui règnent à tous les degrés de cette société toute classique du Canada français.

Leur pieux recueillement ne se démentit point durant les quatre jours que dura la retraite. La ferveur des aînés surtout m'édifia vivement, et me fit concevoir de grandes espérances pour l'avenir de plusieurs. La retraite fut clôturée selon la coutume, par une communion générale. Cette cérémonie, toujours émouvante, eut ici ce caractère spécial d'édification, qu'une foule de parents y assistèrent et s'approchèrent de la sainte Table après leurs fils.

La journée fut une journée de fête jusqu'au soir, quand je dus me prêter une fois encore au vif désir de ces braves jeunes gens. Je leur donne une longue conférence, sur l'île de Sainte-Hélène et sur la France de 1815, sur les Zoulous et sur le Prince impérial, sur l'Afrique australe et sur les grandes œuvres entreprises dans ces lointaines missions par les Pères de diverses provinces d'Europe, ainsi que par les deux missionnaires de leur chevaleresque Canada. L'enthousiasme fut alors à son comble. Il fallut finir tout court.

27 septembre. — Une rumeur inquiétante se répand parmi les Pères de la maison. Une épidémie qui avait couvé quelques semaines dans la ville, venait de se déclarer avec violence. La petite vérole faisait ce jour-là soixante victimes à Montréal. — On disait quatre-vingts, cent ! — et déjà elle avait fait son apparition dans le collège ; deux élèves avaient dû monter à l'infirmerie ! A midi le docteur de la maison arrivait. Il fallut procéder à la vaccination, décrétée obligatoire par la municipalité ! Comme j'avais été vacciné quelques années auparavant, j'objectai que je n'avais pas besoin d'être vacciné de nouveau. On me répondit tout canadiennement « que le cordon sanitaire était placé autour de la ville et que personne ne sortirait « vivant » de la ville, s'il n'était ou vacciné ou revacciné. » Pour moi l'argument était péremptoire : je devais absolument partir pour Tolédo et Cleveland aux Etats-Unis, où les conférences étaient annoncées pour les premiers jours d'octobre. L'opération se faisait rapidement. Le vieux docteur avait ses plaques de verre, enduites « de virus animal ». Avec le bout d'une plume d'oie, il grattait trois ou quatre petites croix sur le bras gauche de chacun, et tout aussi promptement le Frère infirmier épinglait à l'intérieur de la manche de chemise, un flocon d'ouate pour prévenir le frottement et l'inflammation. En attendant l'incubation de la maladie, dans le cas que je fusse *un sujet apte* à la gagner, je dus assister au développement rapide de l'épidémie dans la ville.

Il y eut cent décès par jour, puis deux cents. La consternation devint grande, et bientôt elle fit place à l'émeute des quartiers pauvres et des bassins, où la mortalité était plus grande.

C'est que la proclamation municipale de la vaccination obligatoire était venue se heurter contre l'opinion rapidement accréditée « que le vaccin inoculait au sujet sain, de deux choses l'une, ou les infirmités du malade dont il était pris, ou la mort! »

Comme cette désespérante alternative ne laissait aucune issue aux masses affolées, la populace refusa de se soumettre à la vaccination. La municipalité fit escorter les médecins légistes par des escouades de police. Le peuple repoussa la police avec fureur. On tint bon des deux côtés, et cette émeute d'un genre nouveau dura des semaines, jusqu'à ce que le mal baissant faute d'aliment, l'animosité populaire se calmât avec le danger.

Au collège, toute la communauté s'était mise en prière pour obtenir des Sacrés-Cœurs de Jésus et de Marie, la préservation des élèves. Les deux malades n'eurent qu'une légère atteinte de varicelle, et personne autre ne gagna le terrible mal.

Toutefois, par mesure de précaution, le R. P. Recteur prit le parti de renvoyer dans leurs familles, les élèves des Etats-Unis et des provinces lointaines qu'il n'aurait su héberger, si la maladie éclatait au collège, ou les atteignait eux-mêmes.

C'est ainsi que le 29 septembre, je fis mes adieux aux excellents Pères et à la brillante jeunesse du collège Sainte-Marie. Je m'en allai vers les Etats-Unis, emmenant avec moi les deux jeunes Farish, qui s'en retournaient à Saint-Louis du Missouri.

Nous arrivâmes à la station du « Pacific central » au milieu d'une bagarre des plus vives, occasionnée par la foule qui prétendait forcer le cordon sanitaire. Par raison d'hygiène dans ce temps d'épidémie, autant que par crainte d'être enfumé comme à ma venue, nous suivîmes le conseil du bon P. Turgeon ; nous ne montâmes ni en deuxième, ni même en première classe, mais bien aristocratiquement, dans le luxueux Pullman-Sleeping-Car. Malgré tout l'amour que je ressens pour les nègres et pour les pauvres, j'avoue que je m'y trouvai mieux que parmi les « Far Western Emigrants ».

Mes jeunes compagnons étaient émus en quittant

leur collège de Sainte-Marie, et leurs vénérés
maîtres, et la terre canadienne; ils fredonnaient
tout bas ces vers de Crémazie :

> » Salut, ô belle patrie,
> Salut, ô bords du Saint-Laurent !
> Terre que l'étranger envie
> Et qu'il regrette en la quittant !

> » Heureux qui peut passer sa vie
> Toujours fidèle à te servir,
> Et dans tes bras, mère chérie,
> Peut rendre le dernier soupir.

> » J'ai vu le ciel de l'Italie,
> Rome et ses palais enchantés ;
> J'ai vu notre Mère-Patrie,
> La noble France et ses beautés !

> » En saluant chaque contrée,
> Je me disais au fond du cœur :
> Chez nous la vie est moins dorée
> Mais on y trouve le bonheur !

> » O Canada ! quand sur ta rive
> Ton heureux fils est de retour,
> Rempli d'une ivresse plus vive,
> Son cœur répète avec amour :

> » Heureux qui peut passer sa vie
> Toujours fidèle à te servir,
> Et dans tes bras, mère chérie
> Peut rendre son dernier soupir !

Je quittai les charmants Farish à Toronto, non
sans leur avoir dûment promis de les revoir à Saint-

Louis, quand je viendrais dans leur « grande ville ».

Le commander Fred Law, était à la gare de Toronto pour me recevoir.

Il me conduisit à l'hôtel de madame Crawford sa belle-mère, où nous passâmes une dernière soirée au milieu de ses charmants petits enfants. Le lendemain matin j'allai faire mes adieux au vénérable archevêque, Mgr Lynch, je serrai une dernière fois la main à mon brave commander, ce type achevé du gentleman et du soldat, et remontai à bord du vapeur qui devait me ramener aux Etats-Unis.

VIII

L'AVENIR DU DOMINION

Coup d'œil rétrospectif. — Le Dominion actuel. — Trois éléments en
présence : les éléments franco-canadien, anglo-irlandais et cosmopolite. — Leur avenir probable.

Le lecteur qui a bien voulu me suivre à travers
le Dominion, a dû s'apercevoir que je n'ai visé, en
aucune façon, à écrire l'histoire de ce pays. Il existe
des ouvrages complets où se trouvent consignées
les évolutions sociales et politiques que le Canada
a subies depuis les temps des Cabot et des Cartier
(1497-1534) jusqu'à nos jours.

Mon but a été de dépeindre ces régions septentrionales sous leur aspect actuel. Soustrait à l'influence directe de la France par la conquête anglaise,
en 1759, le Canada est resté, en quelque sorte, en
dehors du mouvement de l'Europe moderne. Durant
un siècle il s'est développé en lui-même, sous la
tutelle jalouse, mais protectrice d'Albion. Sans

éprouver les convulsions révolutionnaires qui ont agité les nations civilisées, il a pu se transformer graduellement et s'élever par degrés, dans les voies du progrès, tout en sauvegardant ses mœurs, sa foi et ses traditions conservatrices.

Riche maintenant de l'évolution de ses propres ressources et de l'expérience que d'autres nations ont si chèrement payée, il ouvre ses portes avec confiance à l'activité étrangère, il s'apprête à entrer résolument dans le concert des nations, à prendre la place qui lui revient dans le monde moderne.

Au moment où le gouvernement d'Ottawa convie les nations de l'Europe à transporter l'excès de leur population vers les rives hospitalières du Saint-Laurent, j'ai voulu apporter l'appoint de mon humble expérience à ceux que travaille le malaise du changement, que tentent les attraits d'une patrie nouvelle.

Les ressources du pays, les conditions du climat, les beautés de la nature, je les ai exposées telles qu'elles me sont apparues. J'ai essayé d'énumérer aussi les difficultés que l'étranger devra combattre, et j'ai esquissé brièvement le milieu social, politique et religieux dans lequel il va se trouver.

Je pense n'avoir exagéré ni le bien ni le mal. J'ai décrit ce que j'ai vu.

Il me reste à dire un mot de l'avenir du Canada, du Dominion anglais.

L'Amérique anglaise, telle qu'elle est en voie de se constituer maintenant, ne forme pas une nation homogène.

L'ancienne colonie, située autour de Québec et de Montréal, est française de souvenirs, de mœurs et de langue. Autour d'elle se groupent les populations de l'Acadie, de la Gaspésie, des bords du Saint-Laurent et de l'Ottawa, ainsi que les centres des métis indo-français.

Le district d'Ontario, Terre-Neuve et les rivages de l'océan Atlantique, sont principalement peuplés d'Anglais et d'Irlandais.

Enfin, les bords des Grands Lacs, le Manitoba, l'Assiniboia et les immenses régions traversées par le Canadian-Pacific, deviennent le partage des diverses nationalités, des Allemands, des Belges, des Irlandais, que l'émigration déverse sur le Dominion, ou qu'elle attire du Canada même et de l'Ontario.

Quant à l'élément indien, bien qu'il ait son importance réelle, il peut se négliger dans le groupement des grands intérêts, les tribus existantes devant graviter naturellement dans la sphère d'action de la fraction respective, dans laquelle elles sont cantonnées.

Trois influences principales se trouvent donc en

présence dans le Dominion : l'influence franco-canadienne, l'influence anglo-irlandaise, l'influence cosmopolite.

Devant ces divers groupes, un triple problème se dresse, problème qu'ils auront à résoudre, selon toute probabilité, dans le cours du siècle qui va s'ouvrir.

Ce problème le voici :

Quelle sera leur situation commune vis-à-vis de la Grande-Bretagne ? — Quelle sera leur situation vis-à-vis de leurs puissants voisins, les Etats-Unis d'Amérique ? — Quelle sera la situation respective de chaque groupe vis-à-vis des deux autres ?

L'empire britannique, si colossal qu'il soit, n'est pas si stable, qu'il ne porte dans sa puissance même, les causes d'une dislocation fatale.

Il y a un siècle déjà que les Etats-Unis ont donné l'exemple de la sécession. Depuis lors, l'évolution naturelle des autres régions placées aux extrémités de la sphère d'action de l'Angleterre est devenue si rapide ; ses colonies, peuplées de 275 millions d'hommes, sont devenues si puissantes, et leur esprit si indépendant, qu'elles ont peine à ne pas désavouer les allures centralisatrices et conservatrices de la mère-patrie.

En fait, les Indes, l'Australie, le Canada, sont

des républiques alliées, plutôt que des colonies dépendantes de l'Angleterre.

Nul ne pourrait dire quelle complication internationale en Europe ou en Amérique, quel incident colonial quelconque peut, d'un jour à l'autre, déterminer ou forcer les gouvernements locaux à rompre les derniers liens d'allégeance envers la dynastie, à séparer leurs intérêts de ceux de la Grande-Bretagne, et à courir les chances de leur propre fortune.

Dans le Royaume-Uni cette possibilité n'est plus un mystère, au Cap et en Australie elle est regardée comme une solution naturelle qui s'imposera dans un temps donné. L'Angleterre s'y prépare en s'assurant un nouveau cercle d'activité dans l'Afrique centrale ; les colonies sont prêtes à en subir l'éventualité.

Bien que dans le Dominion aucune idée générale ne semble encore avoir pris corps à cet égard, on peut cependant reconnaître certains indices d'aspirations séparatistes (1). D'une part l'antagonisme entre la race française et la race anglo-saxonne subsiste et s'accentue. D'autre part, on ne peut méconnaître l'existence d'une fraction libérale avancée, qui caresse l'espoir d'une réunion aux Etats-Unis.

(1) Aux récentes élections de Toronto, Mac Donald, le candidat du parti de l'*Annexion*, n'a obtenu que 166 voix sur 9,000 votants.

Pour le moment, les différents partis se bornent à préconiser *une réciprocité commerciale*, large, mais *limitée* avec l'Amérique. Tous ils repoussent l'abolition *complète* des droits douaniers proposée au Dominion par les Etats-Unis.

Ce premier pas, il est vrai, est un pas en avant vers l'union pan-américaine.

Toutefois, hâtons-nous de le dire, le temps où l'influence américaine se sera affirmée dans le Dominion au point de supplanter la prépondérance britannique, ne s'annonce pas encore comme prochain.

Il y a une force réelle de résistance dans l'élément canadien. Tout en revendiquant le respect de sa langue, de sa religion et de ses us et coutumes, tout en proclamant les droits de sa nationalité, le Canada français reste loyalement fidèle à l'Angleterre ; et, d'autre part, aux Canadiens se rallie toute la partie conservatrice de la race anglo-saxonne.

Le grand parti des conservateurs unis des deux races, est parfaitement édifié sur le fait que, le Dominion, avec ses ressources à peine entrevues, avec sa population inférieure, avec ses territoires immenses et non exploités, avec ses principes monarchiques et ses cultes établis, n'est pas en mesure d'entrer à partie égale dans le mouvement social, religieux, politique et commercial de l'Amérique républicaine.

Il n'y a donc dans le Dominion actuel ni aspiration séparatiste sérieuse, ni tendance américaine généralisée.

On peut assurer également qu'aux Etats-Unis, ni l'opinion publique, ni le pouvoir ne songent à étendre les frontières américaines au nord des limites actuelles.

Mais si, vis-à-vis de l'Angleterre et de l'Amérique, le *statu quo* s'impose au Dominion, si même cet état de choses semble lui être garanti tant que la Grande-Bretagne tiendra l'empire des mers, on peut se demander quelle sera la situation respective des trois races, ou plutôt, des trois influences qui s'exercent dans l'Amérique anglaise.

Remarquons d'abord que le mouvement de la population suit dans l'Amérique anglaise la même direction qu'aux Etats-Unis. Il y a immigration et il y a émigration, et le flot de l'*immigration* comme celui de l'*émigration* se porte de l'est à l'ouest.

Sans cette remarque on ne s'expliquerait point comment le *Canada français*, avec l'excès considérable des naissances sur les décès, et avec l'appoint des étrangers, n'accuserait qu'une augmentation annuelle d'à peine deux pour cent sur sa population globale.

Cette remarque s'applique avec plus de raison encore à la région anglo-saxonne dont l'Ontario est le centre. L'augmentation n'y atteint qu'un pour cent par an.

Ceci posé, il faut s'attendre à voir un développement de densité relative beaucoup plus considérable dans les contrées de l'ouest.

En effet, les régions où se portent l'immigration étrangère et le mouvement d'émigration de l'est, accusent un accroissement de population d'environ neuf pour cent. Il en est ainsi dans le Manitoba, dans le British Columbia et dans l'Assiniboia.

La conclusion s'impose. Un peuple cosmopolite se groupera au nord et à l'ouest des Grands-Lacs. Placé dans des conditions climatériques, agricoles, forestières et commerciales exceptionnellement avantageuses, le Far-West canadien deviendra, avec le temps, l'émule de l'Illinois ou de l'Ohio; Winnipeg, dans cinquante ans, sera peut-être un autre Chicago.

Des régions de l'ouest, les produits naturels trouveront leurs débouchés à travers la région anglo-saxonne de l'Ontario. L'industrie s'établira là, ainsi que le grand commerce et la haute finance. Les villes de Toronto et de Kingston, situées sur le lac, verront croître leur prospérité. La cité de Montréal même, placée au confluent de l'Ottawa et du Saint-Laurent, en même temps qu'à la jonction du chemin de fer transcontinental canadien avec les lignes de l'Atlantique, peut se promettre une ère de grandeur et de fortune qui la rendra la rivale des grandes cités de l'Amérique.

Un peu à l'écart de l'activité moderne, le vieux Canada continuera son développement normal et régulier, sa vie classique et pastorale. Il ira développant chaque année sa population, un peu plus que l'émigration ne la diminuera ; il gardera la langue, les mœurs et la foi que ses enfants iront semer au loin, dans le Far-West et jusque dans les profondeurs des Etats-Unis. Proportionnellement parlant, l'élément cosmopolite et l'élément anglo-saxon se développeront plus rapidement que le Canada ; mais, longtemps encore, l'influence canadienne restera prépondérante dans les conseils de la nation, et avec elle continueront à triompher, Dieu aidant, l'esprit de foi et le respect de la loi, de la moralité publique, de la propriété et de la liberté de tous, ces principes tutélaires des nations, qui ont assuré au Dominion, comme autrefois à la colonie française, un siècle de paix et de vrai bonheur.

Un jour viendra sans doute où les éléments multiples, les nationalités diverses qui se coudoient dans le Nouveau Monde, auront fini par former des groupes, des nations nouvelles. L'histoire de l'avenir ne peut être que l'histoire du passé.

Le Canada sera pour lors un peuple uni dans le

respect des lois et de la liberté ; il sera ce que ses fondateurs avaient rêvé, la Nouvelle France, la terre classique des souvenirs et des beaux-arts, la nation fidèle à Dieu, et la *Fille-Cadette* de l'Eglise. Qu'il en soit ainsi, tel est le vœu qu'en la quittant je forme pour la terre hospitalière du Canada.

FIN

VIGNETTES ET PLANS